Lecturas compulsivas

Félix de Azúa

Lecturas compulsivas

Una invitación

EDITORIAL ANAGRAMA
BARCELONA

Portada:
Julio Vivas
Ilustración: «Helenista», Friedrich Meckseper, 1968

Primera edición: septiembre 1998
Segunda edición: octubre 1998
Tercera edición: octubre 1998

© EDITORIAL ANAGRAMA, S.A., 1996
Pedró de la Creu, 58
08034 Barcelona

ISBN: 84-339-0565-1
Depósito Legal: B. 45667-1998

Printed in Spain

Liberduplex, S.L., Constitució, 19, 08014 Barcelona

Para Javier Fernández de Castro, Vicente Molina Foix y Javier Marías. Con ellos aprendí a leer y con ellos continúo aprendiendo a escribir.

SOBRE ESTA SELECCIÓN

Félix de Azúa ha escrito con regularidad en periódicos y revistas desde los primeros años setenta, y sus artículos están diseminados en una docena y media de publicaciones, de modo que esta selección ha partido de una considerable cantidad de textos de muy diversa índole. Aparecieron en la prensa diaria en muchos casos, pero también hay artículos de diferentes calados que se publicaron en varias revistas, muchas de ellas las llamadas «de pensamiento», la mayoría difuntas, aparte de colaboraciones ocasionales o regulares en semanarios de gran difusión. Quiero precisar que también hay aquí algunos textos que por primera vez llegan al público. Algunos no se imprimieron en su día por algún motivo que nadie recuerda, y otros se han preparado para esta recopilación, como es el caso del texto sobre Kafka, que me permito recomendar sin rebozo. Esto explica las grandes diferencias de tono y de tratamiento de los temas, en algunos casos muy notables, como puede advertirse en el artículo dedicado a *La cartuja de Parma* de Stendhal, el único que he encontrado sobre este autor y que se publicó en *CLIJ (Cuadernos de literatura infantil y juvenil)*.

No ha sido fácil diferenciar en el tratamiento de algunos temas lo específicamente literario de lo que no lo es, porque el interés de Azúa por el fenómeno de la creación literaria es omnipresente y siempre acaba por manifestarse de alguna manera, así se esté hablando de la guerra de Irak o de las

9

vicisitudes en el trato con los empleados de la largamente única compañía telefónica. Sirva lo anterior para justificar el interés por centrar esta antología en los valores reconocidos de la literatura universal, pero también en las complejas cuestiones que plantea el hecho de la creación, y que desbordan lo estrictamente literario para caer en el campo de la estética y la filosofía. El primer capítulo, que se ha titulado «Para qué sirve la literatura», agrupa varios textos sobre este último punto, y nos ha parecido la mejor introducción posible. En esta selección se han tenido en cuenta asimismo otras consideraciones, que surgen de la movilidad y agilidad que permite la publicación periódica. Me refiero al conjunto de textos que se dedican a un autor concreto y que aparecen aquí agrupados, como en el caso de Bernhard, que no sólo mereció de Azúa una de las primeras críticas que se hicieron a su versión al castellano sino también un interés apasionado por todas las novelas que se tradujeron hasta su temprana muerte. También he primado en la selección a los escritores contemporáneos, y a aquellas figuras de la literatura universal cuya sensibilidad puede considerarse moderna. En todos los casos los textos se han ordenado a fin de permitir ya sea una consulta concreta ya sea la visión global de las formas literarias y algunos de sus protagonistas, y, se puede añadir, del entusiasmo que provocan en un lector atento.

ANA DEXEUS

UNA INVITACIÓN

La desvergonzada publicación de estos artículos y reseñas sólo puede esgrimir una excusa: el entusiasmo que los hizo nacer y el entusiasmo que desean inducir en los siempre imprevisibles lectores. Ninguna otra puede ser su relevancia. Como el título confiesa, no son sino opiniones expuestas con impudor, ajenas a toda pretensión de objetividad y huérfanas del menor atisbo de demostración positiva. Son los juicios menos científicos que quepa imaginar y por lo tanto también los más injustos porque son pasionales, dogmáticos y compulsivos. ¿Puede tener algún interés semejante alud de confesiones literarias? Por sí mismas, ciertamente no; pero si la pasión que movió la mano del autor y que quiso, de propósito, inventar un estilo contagioso y popular, un modo de escribir levemente desabrochado que me ha valido severas descalificaciones; si esa militancia del contagio, digo, aún conserva un átomo de virulencia, unas gotas de sangre contaminada, entonces puede que induzca un efecto simpático y empuje a la lectura o relectura de alguno de los innumerables títulos que aquí se mencionan. Tal es la razón que me ha llevado a reunir mis lecturas más compulsivas. También (debo decirlo porque ya va siendo mi hora), dejar testimonio de una época.

Comencé a leer en serio cuando contaba once o doce años, como tanta gente de mi generación. Los niños de entonces

11

(hablo de los años cincuenta y sesenta) encontrábamos en la lectura todo lo que nos negaba aquella España cruel, analfabeta y católica. Muchos de nosotros pasamos jornadas enteras de lectura apasionada, huidos por estepas rusas, ciudades americanas o interiores burgueses del París ochocentista, lejos de la repulsiva presencia de lo cotidiano. Por la mañana, a hurtadillas, sosteniendo el libro sobre los muslos y bajo el pupitre mientras un fraile consumido por el hastío nos insultaba con su ignorancia; por la noche, mediante una linterna y bajo las sábanas, una vez nuestros padres habían apagado la luz del dormitorio. Nadie podrá quitarme el convencimiento de que aquella generación de lectores compulsivos fue la que transformó el mundo, para bien y para mal, entre 1960 y 1980.

He escrito «el mundo» y no «España» porque a lo largo de mi vida he ido encontrando lectores compulsivos entre americanos, italianos, alemanes, franceses o suecos de mi edad, y todos me han contado la misma historia, todos hemos vivido la misma vida. El mundo occidental, fuera cual fuese su régimen político, pasó por la misma transformación entre 1960 y 1980, lo que nos ayuda a adivinar hasta qué punto las quiebras históricas dependen de variantes oscuras, y lo muy desorientados que andamos cuando concedemos la máxima credibilidad a las informaciones económicas como últimas determinaciones del cambio social.

Por eso deseo contagiar el entusiasmo literario de estas páginas a los más jóvenes. Puede que algún día una futura generación de lectores compulsivos (los cuales probablemente ya no leerán en papel sino sobre soporte electrónico, pero seguirán leyendo, de eso no cabe duda) dé lugar a una segunda oleada de revueltas como las que vivimos nosotros, y nos liberen de la actual sumisión a lo correcto, de la humillación ante los resignados administradores de un estado de cosas cada día más cínico.

En segundo lugar, quisiera legar mi entusiasmo a los futuros escritores. En la dedicatoria de este libro figuran tres novelistas que han formado parte de mi vida, no sólo en tanto que narradores sino sobre todo como secuaces de lectura. El escritor joven que hoy suele vivir más fascinado por el cine que por la literatura debe saber que para el aprendizaje del oficio es imprescindible haber leído (casi) todo lo que se ha escrito. Sólo de ese modo podrá evitar caer en las ingenuidades y repeticiones triviales que hacen tan monótonas algunas novelas de menores de cuarenta años. Semejante tarea, leerlo *todo*, que puede parecer enorme, es perfectamente posible. Pero es además muy agradable cuando se comparte con los secuaces. Mis tres secuaces mencionados también lo han leído (casi) todo.

He pasado semanas enteras en una pensión de Pamplona devorando a Faulkner mientras en el camastro de al lado Javier Fernández de Castro devoraba a Thomas Mann. Por un milagro incomprensible ambos volvíamos la última página al mismo tiempo fuera cual fuese el grosor del volumen y, casi sin mirarnos, intercambiábamos libros. A la semana siguiente él comenzaba uno de Conrad, yo otro de James, y así sucesivamente. Sólo nos aventurábamos a deambular por las heladas calles de la ciudad para engullir a toda prisa una tapa de tortilla, y durante el paseo en busca de la cafetería más vacía, gélida y siniestra de la ciudad (amábamos a Beckett), discutíamos como posesos sobre las relaciones de Nafta y Setembrini, sobre la heroicidad de Lord Jim, sobre lo que Maisy sabía, sobre la belleza de Laverne, muchacha paracaidista a quien una multitud quiso comer viva.

He pasado noches enteras caminando por Madrid hasta la aurora, de su casa a la mía y vuelta a empezar, escuchando a Vicente Molina Foix razonar una interpretación sobre la poesía de Aleixandre o la de Octavio Paz, o sobre el oscuro Lezama Lima o sobre el radiante Raymond Radriguet, y le he visto esforzarse por exponer los argumentos más agudos y convincentes como si en ello le fuera la vida. Y aunque es mucho más joven que yo, he pasado tardes innumerables con Javier Marías observando cómo daba vueltas y más vueltas a un párrafo de Nabokov, de James, de Conrad, como un entomólogo fascinado por un díptero de singular rareza. Ésa fue mi juventud. Sin tales disputas y confrontaciones es muy difícil vivir compulsivamente la lectura. No niego que pueda darse el lector solitario y autónomo, el autodidacta que nunca habló con nadie sobre sus lecturas, pero no fue tal el caso de Rimbaud, ni de Kafka, ni el de Bernhard, ni el de Benet, ni el de Proust o Joyce, no ha sido el caso de (casi) ningún escritor relevante. Todos ellos han pasado días enteros, meses completos, años interminables colgados de las ramas del árbol literario en animada cháchara con otros pájaros del mismo plumaje colgados de otras ramas, intercambiando admiraciones, odios y lecturas compulsivas.

Cuando poco después tuve la suerte de conocer más lectores compulsivos como Eduardo Mendoza, Tomás Pollán, Ferran Lobo, Rosa Regás, José Ángel González Sainz o Fernando Savater, me encontré de inmediato en familia sin necesidad de dar explicaciones. Al instante de haber sido presentados y antes de que nuestro presentador pudiera impedirlo, ya estábamos preguntando: «Oye, ¿qué te ha parecido *Volverás a Región?*» Por la respuesta sabías si estabas en casa, en tierra de nadie, o en territorio hostil. También ellos habían pasado por la misma experiencia y también ellos habían tenido sus colegas juveniles de lectura compulsiva. Se llamaban Ana Dexeus, Diego Medina, Marisol de Mora, Elide Pitarello, Juan Aranzadi, Paloma Olivié..., eran sus secuaces en el reino de la ficción. Todavía hoy, cuando me encuentro con alguno de ellos por la calle o en alguna reunión, le consulto a toda velocidad, como a un oráculo, si debo leer tal libro de un novel madrileño, o tal título menor de Manganelli, y ellos hacen lo mismo conmigo. Los lectores compulsivos formamos una comunidad que, por fortuna, no tiene más nación que la página impresa ni más fidelidad que la pasión. Se nos reconoce porque si alguien pregunta «Oye, ¿has leído Tal Cosa?», siempre respondemos «¡Siiií!» con gesto de «¡por supuesto!», pero se nos adivina que no. Al día siguiente lo compramos.

Se habrá observado que entre los nombres citados los hay de fama internacional, como Javier Marías y Fernando Savater; otros tienen un público reducido y exigente, como Vicente Molina Foix, José Ángel González Sainz o Javier Fernández de Castro; y los hay también perfectamente desconocidos. La gloria, el reconocimiento, es un acicate indudable de la vocación literaria. Pero no vaya a creerse que el fracaso y el anonimato, o la simple reclusión eremítica, no tienen sus ventajas. Yo recomendaría a los escritores jóvenes que no abandonaran nunca la ambición de escribir una obra secreta y desconocida, una obra conspiratoria como la de Sánchez Ferlosio, guardada en innumerables carpetas. Sólo partiendo de esa ambición podrán sobrevivir al éxito, si éste les alcanza, sin sufrir sus castrantes imposiciones.

Porque el mejor público de una novela, de un poema o de un drama es el que está *antes* de la escritura, no después; el que viene después ya no es nuestro. Los rostros borrosos y ávidos que imaginamos cernidos sobre la página en blanco como futuros lectores de lo que vamos a escribir, ésos son los que forman el mejor público, el que empuja a seguir escribiendo, con o sin éxito. Y es el mejor público porque lo crea nuestra propia compulsión de escribir. En cada línea, el escritor verdadero pone su alma para que aparezca en este mundo un lector inexistente como surge milagrosamente la seta en medio del bosque; todo escritor, hasta el más despectivo con lo «popular», quiere dar nacimiento a un público que aún no se conoce a sí mismo y vive disperso hasta que el libro lo reúne. Cada línea pretende crear un lector compulsivo nacido de la nada, gracias a las frases que se van urdiendo bajo nuestra mano y que muchas veces parecen urdirse solas. Si la línea ensarta un lector, la bella página cubierta de líneas ha hilado un público. Un público que no es ni de hoy ni de mañana, porque el escritor quiere que su lector sea eterno (y en algún caso lo consigue). Ese lector es la única razón de ser de la escritura cuando ésta pasa a llamarse «literatura», hasta el punto de que sólo podemos llamar *buena* literatura a aquella escritura que añade un

15

lector *nuevo*, no una repetición, a la cadena. Jane Austen los añadió a su manera y Proust a la suya. Machado inventó lectores magníficos, pero, aunque modestos, los que inventó Campoamor no son en absoluto desdeñables. A veces el nuevo lector es humilde como el que crean las novelas rosas (en donde también hay revoluciones), a veces los lectores son tan terribles como los que crearon Lautréamont o Rimbaud. Pero siempre es un lector como tú, que acabas de aceptar esta invitación y no sabes si has obrado con cordura. Que haya suerte y que vivas muchos años.

FÉLIX DE AZÚA

I. Para qué sirve la literatura

El uso de una lengua se ha comparado mil veces con el curso de un río. Hacerlo una vez más carece de importancia. En sus orígenes el río corre entre peñascos hasta desarraigarlos con su empuje, cae por despeñaderos con elegancia de acróbata, arrastra animales y árboles. Así imaginamos los inicios de las lenguas romances, cuando se arrancaron de la mole latina. Los documentos de aquel hablar tanteante nos aparecen con una potencia expresiva inalcanzable. Aquella lengua marcaba huellas en la tierra y le daba su forma según la resistencia que encontrara. Su curso ponía de manifiesto una verdad escondida en la entraña terrestre que ahora aparecía gracias al zarpazo de la corriente.

En su tramo medio el río cabecea a derecha e izquierda, va de un lado a otro con el balanceo de un paquebote, fluye sin más obstáculo que su propia inercia, ahora gasta la ladera de un monte, ahora el meandro se abre como una hoz entre las huertas. Cuando leemos a Cervantes nos parece ir llevados por el más perfecto y elegante de los cruceros fluviales. Su voz se abre y expande hasta ocupar todo el horizonte y anima la vida artesanal y agrícola que bulle en los márgenes. La fuerza de la corriente puede arrastrar a un buey, pero apenas se percibe; una superficie lisa, temblorosa y resplandeciente se cubre de embarcaciones y de negocio.

Nosotros nos encontramos en el tramo final. Aquí ya no pasa nada ni hay vida ni negocio; el cauce es un mero depósito de basuras. La mezcla de vertidos, cloacas urbanas y aliviaderos industriales produce un fluido incoloro, sin carácter, cargado de restos orgánicos descompuestos. El río arrastra bidones oxidados, ratas muertas, neumáticos, plásticos polvorientos. A veces vemos en la ribera a un pescador de caña con su aparejo anacrónico tratando de pescar un «efecto»: es el castizo.

La población ya no acude a ver pasar la corriente. Hay demasiado tráfico en los puentes como para detenerse a observar y gandulear. Sólo unos pocos aún se entretienen mirando y comentando lo que aparece en el río: son los lectores de literatura y suelen discutir sobre las dos actividades mayores que todavía se dan en la desembocadura.

En ese tramo final, hay un grupo que trata de limpiarlo, aunque sea tarea inútil e imposible. Aplican carísimas técnicas de restauración con la esperanza de que una perca vuelva a nadar en estas aguas sin vida. Tanto es el dinero de las subvenciones, que daría para construir un río artificial y llenarlo de percas, pero están atados simbólicamente al cauce destruido y a la memoria muerta. Éstos son los funcionarios de la lengua, los embalsamadores.

Quedan por fin unos pocos que no tienen otra profesión y manía que la del río. Está podrido, es venenoso y mata, pero ellos no saben hacer otra cosa que meterse en él, tal y como es, y bracear. No quieren maquillarlo, ni subvencionarlo, ni normalizarlo, ni inyectárselo a la gente por vía de impuestos, ni siquiera tratan de idealizarlo. Se meten en el río porque son criaturas del río. Es cierto que duran poco. Las aguas son ahora mefíticas. Pero a veces su esfuerzo por nadar en ese muladar es lo más extraordinario que puede verse en el tramo final del río.

Así veo yo, por poner un ejemplo, los libros de Juan Benet, a quien tanto menosprecian y tachan de aburrido los castizos. Pero ellos, con su doméstica caña, jamás conocerán las aguas del río. Y nosotros, los aficionados a la literatura que aún miramos desde el puente, a los cinco minutos de observar la concentrada quietud del pescador de caña, preferimos suicidarnos antes que seguir con tan beatífica visión.

(Apareció en el año 1997 en la revista *Cultura*.)

UNAS NOTAS (APRESURADAS) SOBRE LA NOVELA

1) No puedo escribir un artículo sobre la novela en general, pero tampoco quiero desatender la invitación a escribir sobre la novela que me hace la revista *Archipiélago*, de manera que escribiré diez notas sobre la novela en particular, es decir, escribiré diez apuntes sobre las novelas que a mí me gustan –o me gustaría que existieran–, sin el menor afán pedagógico o militante.

Yo no sé cuáles son las novelas buenas y malas. Creo, por otra parte, que eso sólo lo sabe el Tiempo, pues es él quien decide ahora esto y mañana lo otro, sin que tengamos en ello otra intervención que la de simples inquilinos; en ningún caso propietarios. Y si a veces me siento tentado de discernir una novela (buena) de otra (mala) sé que lo hago tanteando, cavilando: ¿qué pasaría si la buena fuera ésta? ¿Cómo serían sus lectores? ¿Cómo sería el mundo? Porque las novelas las escriben los lectores, y los lectores cambian. Cada diez años, el contenido de *Robinson Crusoe*, o el contenido de *Absalón, Absalón*, es otro.

2) Porque es nuestro mundo lo que se encuentra realizado en las novelas. El mundo histórico y sólo histórico, el de sus habitantes o usuarios (hoy más usuarios que habitantes), a diferencia de la poesía, la cual no realiza el mundo sino la condición y el destino del mundo. No sabemos apenas nada de la poesía, de lo que *es* la poesía, pero sabe-

mos que la diferencia entre *Ilíada* y *Guerra y paz* es ésa: que la primera habla sobre lo que está por encima de los hombres, por encima del mundo, y la segunda sólo de lo que los hombres hacen consigo mismos. Igual relación podríamos establecer entre *Hamlet* y *El castillo*, porque el drama ha seguido siendo poesía hasta hace cuatro días. De manera que toda novela se sitúa, con respecto a su mundo histórico, en pleno centro. Y las grandes novelas sitúan el centro de cada mundo histórico. El núcleo más denso de significado de cada instante social es una novela y sólo puede ser vivido como una novela.

3) Pero no hablemos de grandes novelas, sino de novelas. Esas que no se sitúan en el mismo centro, sino algo más atrás (más adelante es imposible), un poco antes del centro, marrando la diana por poco o por mucho. Y de novelas de hoy, no de ayer o de hace siglos –aunque las de hace siglos sean tan actuales como las escritas ayer, siempre que alguien las lea–; las de hoy, con sus componentes determinados por barreras concretas, visibles, aunque quizás no identificables; las barreras de nuestra propia inteligencia, de nuestro campo de visión limitado. Esas novelas de hoy pueden responder a algunas condiciones, si el lector de novelas es exigente.

4) Para las novelas de hoy, creo yo, es condición necesaria la sencillez. Entiendo por sencillez lo contrario de la complejidad, no lo contrario de la artificialidad. Todo artefacto (y la novela es un artefacto) es artificioso, pero no tiene por qué ser complejo. Es complejo aquello que requiere un conocimiento de códigos previos a su descifrado, y es sencillo aquello que lleva incorporado su propio código de descifrado. De todos modos, no estoy planteando un concepto sino una sugerencia. Y en consecuencia puede ilustrarse por vía comparativa. Así, yo diría que Mondrian es más sencillo que Burne-Jones; Velázquez es tan complejo como Vermeer; pero Vermeer es más sencillo que Tiziano.

O bien, Conrad es más sencillo que Nabokov, pero Faulkner no es menos sencillo que Dickens porque ambos ofrecen suficientes elementos como para que su lectura no requiera acudir a ninguna información externa. El novelista más complejo del siglo es Joyce, tan complejo como un neoplatónico de la corte medicea o un gongorista español para cuyo descifrado es preciso dominar multitud de códigos (teológicos, mitológicos, formales, históricos, etc.); y el más sencillo es, seguramente, Kafka.

Lo que en 1910 era experimento de impostación científica, riesgo y ambición intelectual, hoy es rutina y preciosismo protegidos por la administración del Estado, a la cual sólo le interesan las «vanguardias», es decir, los catálogos formales complejos y garantizados por su inanidad moral. La explosión formal del primer tercio de siglo respondía a la explosión de un sistema de vida que iba a ser reducido a escombros mediante dos guerras mundiales. En 1950 la destrucción había alcanzado todos sus objetivos y el sistema artístico del Antiguo Régimen estaba totalmente arrasado. El más exacto relato de esa destrucción se encuentra en la *Recherche* de Proust; es el relato mítico de toda destrucción de Cualquiera Tiempo Pasado.

Las novelas aportaron su contribución al proceso de desmantelamiento, pero ya nada queda de todo aquello. Quienes continúan tratando de derribar algo («convenciones», las llaman) chocan con la doble impotencia de no poder construir pero tampoco derribar, porque no hay ya objetos que se les opongan. La asfixia de Beckett es el perfecto ejemplo de alguien que desea estrangular a un enemigo, pero no encuentra otro cuello que el suyo propio. Casi todo el teatro contemporáneo sufre de este academicismo negativo, con el escenario siempre ocupado por personajes abstractos, mudos, y muchas veces acróbatas. Así pues, sujeto, verbo y predicado. No hace falta nada más.

5) Moderar el delirio formal (o la abstracción negativa) es sólo una condición necesaria, pero la condición suficien-

te es no pretender escribir un poema. Las novelas no son poemas. El poema es siempre perfecto, o no es poema; y es perfecto incluso cuando aparece como un amasijo de restos, fragmentos, esbozos y tanteos; así ha llegado hasta nosotros buena parte de la obra de Hölderlin y toda la lírica arcaica griega. Pero la novela, que se presenta ante nosotros acabada y redonda, es siempre imperfecta porque es una construcción sin límites, cuyos bordes y cuyo encuadre no responden jamás a ninguna ley, sino al capricho, el cansancio, la impaciencia, la perentoriedad o el hambre. La novela no es una «composición», como la pintura, porque el tiempo no admite composiciones espaciales; las novelas comienzan y terminan sin composición: imperfecta y torpemente. No pueden ponerse puertas al campo, como no puede comenzarse y acabarse un relato; hay siempre un tiempo anterior y otro posterior que queda en la nada por causas perfectamente ajenas al oficio del narrador.

Faulkner lo repitió hasta la saciedad: de la novela sólo importa su fracaso, el límite inalcanzado pero soñado y presente en el texto. Mis narradores favoritos responden a ese criterio: simplicidad y fracaso. Son maestros del apunte, del dibujo rápido, de la concisión y de la forma descosida, antigeométrica, Dickens, Kafka, Proust, Faulkner, James, Dostoievski... Escritores, además, que pueden ser torrenciales, desmesurados, o digresivos hasta la chifladura, porque la concisión no es una virtud del pequeño formato, sino la síntesis de cantidad y calidad, es decir, mesura. Un breve párrafo de Gide es menos conciso que cien páginas de James. Nunca he podido terminar una greguería de Gómez de la Serna; son demasiado largas.

6) En cuanto al llamado «contenido», me gusta creer que las novelas son incitadores de la conversación y de la controversia, así como espuelas para la acción. Cuando, a los dieciocho o veinte años, leí a Jack Kerouac, quise de inmediato conducir un viejo automóvil por carreteras desiertas y beber whisky a morro. Ese delirio viajero y dipsómano

ha influido sobre mi generación de un modo más profundo que toda la enseñanza cristiana recibida en el colegio y toda la enseñanza marxista recibida en la universidad. Ahora comprendo que el icono de Kerouac, que parecía en los años sesenta contundentemente artístico, rebelde y viril, era tan ornamental y esteticista como el icono decadente que D'Annunzio impuso sobre miles de europeos exangües y degenerados hace decenios. Porque la identificación es siempre una máscara, y todas las máscaras son puertas de entrada en la muerte. Y la novela es un instrumento de identificación, enmascaramiento, y aprendizaje de la muerte.

Es evidente que, entre las acciones inducidas por la lectura de novelas, hay una acción suprema que es la propia escritura de novelas inducida por la lectura de novelas. Pero también las otras acciones más inmediatas son relevantes; la novela, como el cine, es un mecanismo de invención de conductas. La poesía, en cambio, sólo conduce a la reflexión; su materia es pensamiento. Aquella poesía que trata de incitar a la acción es por lo general mala poesía. De manera que el contenido de una novela (su materia temporal) debiera ser siempre claro, comprensible, inteligente, y nacido de un desarreglo concreto, de un desorden, asimetría o injusticia concretos que permita la construcción de un personaje, como si en este mundo todavía hubiera individuos. Ese desarreglo es y debe ser de muy diversa naturaleza; puede ser, incluso, el tedio, como en algunas novelas de Handke. Pero en las novelas de Handke siempre aparece un tedio concreto. Lo que hace insoportables a las novelas de Sartre es que exponen tedios inconcretos. Un buen desarreglo del mundo trae consigo un buen personaje. Si el desarreglo es colosal, incluso un héroe.

7) De ahí que cada novela plantee su propia necesidad formal (su materia espacial), porque cada caso singular precisa una forma singular. Ni siquiera aquellos novelistas que parecen invariables lo son. Kafka o Joyce varían enormemente de un libro a otro. Dentro de la *Recherche* hay diez no-

velas distintas. Algunos, como Faulkner o Flaubert, no tienen una sola novela igual a otra, a pesar de lo conspicuo de su estilo. Quienes están obligados a mantener una formalidad invariable son justamente los escritores de género, los de serie negra o rosa, los de ciencia ficción, los de «aventuras». La sobrevaloración de una cierta terquedad formal (como la de Lezama Lima o el primer Robbe-Grillet o aquellos italianos) es un efecto inducido por el éxito de las artes plásticas, pero contradice por completo la historia de la novela: basta comparar las distintas narraciones de Cervantes.

Es cierto que a veces puede uno confundirse porque en muchas ocasiones una forma singular es tan perfecta que puede repetirse incesantemente con buenos resultados. Creo que Bernhard es un ejemplo de invención formal deslumbrante, detenida, reiterada, y sin desarrollo. Repite una y otra vez la misma historia con una combinatoria exquisita, porque no puede abandonar esa única propuesta, y se resigna a ella, a su momificación, incapaz de imaginar el siguiente paso. Una cortina de hormigón separa a Bernhard de su propia continuación. Aun cuando la analogía pueda parecer absurda, es exactamente lo mismo que le sucedió a Hemingway.

Tampoco esclarece nada hablar de «evolución»; ése es un concepto tomado de la biología y relevante tan sólo cuando imaginamos intenciones divinas en un medio (la materia material) sin espíritu, es decir, sin lenguaje. Los cambios narrativos no responden a ninguna *evolución* del escritor sino a la necesidad de que cada novela exponga con claridad un problema singular, simple y perfectamente concreto. La insistencia en una formalidad dada, que en las artes plásticas ha dado excelentes resultados, en la novela no hace sino diluir los contenidos en abstracciones intercambiables. Una de las más perniciosas influencias de las artes plásticas sobre la narrativa ha sido el surrealismo, cuya inconcreción es apoteósica. Cuando en una novela el autor se ve en la necesidad de «contar un sueño», lo mejor es cerrar el libro.

27

8) El poeta expone la totalidad de una idea. Es decir, una Idea. Pero el novelista sólo puede exponer una imagen fragmentaria de idea. La fascinación que ejerce sobre nosotros un novelista eficaz se parece a la que siente el arqueólogo cuando descubre un fragmento de cerámica. A partir de ese pequeño pedazo de arcilla es posible imaginar una totalidad; pero la totalidad no satisface tanto como ese fragmento, porque, justamente, esa totalidad es puro pasado y así debe ser. Pasado perfecto. El fragmento, en cambio, es presente. En el buen novelista descubrimos un fragmento de mundo inexistente (y por lo tanto pasado) cuyo valor descansa sobre su inexistencia. Con ese fragmento de inexistencia hacemos nosotros, los lectores, un mundo liberado de la historia sin dejar de ser histórico. Un presente. El poeta, en cambio, nos ofrece la idea real, la verdadera. Y con ella no se puede imaginar un mundo, porque la idea verdadera *es* el mundo. De ahí el escasísimo valor de las utopías narradas, la inquietud que suscita la autobiografía ideológica, o la exclusión de los historiadores del departamento de narrativa. Y también, el cansancio que produce la lectura continuada de cuentos de Borges.

9) Escribir una novela seria (no una trivialidad) es una labor ardua, penosa. Durante años –dos, tres, a veces cinco o diez– el novelista obra sobre el papel como un artesano, cuatro, cinco horas diarias. El trabajo de una novela produce un objeto «hecho a mano», propio de siglos pasados, preindustrial. Un objeto lujoso e innecesario como los retablos góticos. Este trabajo no tiene compensación alguna de orden inmediato. El ebanista que lograra vender muy bien sus muebles, tras conseguir una sólida cantidad de dinero dejaría de ser ebanista e invertiría en bolsa o registraría una compañía inmobiliaria. Ningún novelista serio lo ha hecho; ni siquiera tras ganar fortunas, como Dickens o Balzac; incluso dedicándose a los negocios. Ver en ello una cuestión patológica o vanidosa es empobrecer el juicio. Muchos novelistas ejercen su oficio con pérdidas, a veces graves; la

vida, por ejemplo. Lo cual es incomprensible, dado lo insignificante de la tarea, la cual es una noble artesanía, pero no otra cosa. Sin duda, este misterio es estrictamente moderno. Los poetas se comportan de modo más sensato. Shakespeare se dedicó al comercio de cereales en cuanto pudo. Y Rimbaud al de armas. Los novelistas parecen, junto a algunos pintores, los últimos artesanos de la tradición gótica y urbana que todavía se toman en serio, muy en serio, la dignidad de los viejos oficios. Pero no acierto a explicarme por qué.

10) Estas notas pueden resumirse en siete condiciones. Las siete condiciones que suele reunir una novela cuando despierta mi atención:

– que no pretenda ser un poema
– que exponga un fragmento de mundo histórico
– que lo exponga con sencillez
– que tenga por asunto un conflicto singular
– que exponga ese conflicto en la forma que le es adecuada
– que no intente alcanzar una idea real y verdadera
– que esté trabajada conforme al oficio.

Falta, naturalmente, una última condición, pero no me es posible definirla. Muchísimas novelas cumplen con las siete condiciones hasta ahora mencionadas. Las cumple Françoise Sagan tan exactamente como las cumple Thomas Bernhard. Pero la octava condición es la que determina el valor, y no sé decir nada sobre ella. La octava condición es la que cumple aquel novelista capaz de renovar nuestra facultad para imaginar mundos a partir de fragmentos de idea. Imaginar mundos quiere decir habitarlos, y por lo tanto imaginar posibles modos de habitar el mundo. Ése es el valor de una novela y la octava condición, la cual posiblemente precise saltarse las siete condiciones previas. Pero la octava condición no está en las manos del novelista, cuya voluntad, que en las otras condiciones era soberana y efecti-

29

va, se muestra aquí impotente. El nombre clásico de la octava condición es la Gracia. Entre nosotros el concepto de «gracia» ha quedado reducido al ámbito de la ocurrencia. Por eso no sé decir nada sobre la octava condición. Voy a intentarlo, sin embargo, ya que ése era el compromiso.

Desde Cervantes y Defoe, desde Quijote y Robinson, es un tópico afirmar que la novela moderna concibe el mundo desde la ironía. Toda la novela moderna está más próxima a la caricatura que al retrato y es muy escasa la narración interesada ingenuamente en reproducir el estado de las cosas con «seriedad», con apariencia de seriedad. La desdichadísima Madame Bovary arranca carcajadas por el cruel y despectivo tratamiento que le impone Flaubert; la mayor parte de las novelas de James tienen como fundamento un chiste; los personajes más torturados de Dostoievski o de Faulkner están vistos con la lente deformadora de Daumier; las mejores escenas de Kafka o de Dickens son de una comicidad descarada; Beckett o Joyce no hacen sino seguir un destino general de la novela. Sin embargo, yo diría que la novela moderna no pertenece al género cómico, sino a la farsa. Sin un punto de vista paródico, sin distancia crítica, las novelas modernas serían inverosímiles.

Ése es el error del llamado «realismo», y su pariente pobre, el costumbrismo americano. Socialista o no socialista, da lo mismo, pues todo «realismo» es cristianismo en estado terminal. El «realismo» cree oponer valores a la ausencia de valores; quiere oponer un discurso moral y constructivo al nihilismo de la sociedad moderna. Entre lectores sencillos, este fingimiento tiene su eficacia. Muchas ventas masivas se fundan en un acuerdo de «realidad» entre lector y escritor que no es mimesis, sino moral: acuerdo sobre la localización y satanización de un enemigo. El capitalista, los ricos, el norteamericano, el policía, el burócrata; o bien, en el otro lado del espejo, el terrorista, el marginado, el comunista, el guerrillero, el ladrón. Los esquemas de «realidad» que emplean los escritores realistas equivalen al esquema de «trascendencia» que empleaban los sacerdotes en los sermones de hace una centuria. Y con la misma ambición: manipular y controlar la frontera de lo superior para distinguirla de lo inferior. De hecho: construir a los inferiores como inferiores. Cuando se presentan puramente neutros, entonces los «realistas» escapan a su función creadora de juicio moral para regresar al dominio de *l'art pour l'art:* el esteticismo. Raymond Carver y Juan Ramón Jiménez son lo mismo.

Entre lectores complejos, el fingimiento «realista» simplemente aburre porque cualquier ficción de realidad real, por ejemplo un asesinato concreto y específico con su parafernalia legal y penal, es mucho más rica que la ficción de «realidad» ficticia. Para el lector complejo no hay novela aceptable sin un punto de partida radicalmente crítico, sin un convenio de farsa. Pudo haber comedia cuando a la ausencia de valores fundados en la divinidad podía oponerse todavía algún valor fundado en el orden natural; hasta Sterne o Diderot, pongamos por caso. Pero ningún novelista contemporáneo un poco serio puede presentarse como aquel que posee valores, frente a un mundo (sin valores) constituido por unos lectores que si no le leen es por inmoralidad. Hay quien se presenta así. Como un hombre (o mujer) que debe ser leído, porque quienes le ignoran son unos hijos de puta. Y muchos venden ese producto sacerdotal, porque las gentes somos débiles y nos culpabilizamos con facilidad; nos gusta ser culpables, es voluptuoso. Por el mismo motivo se venden frascos de agua milagrosa en Lourdes, o se organizan tómbolas para recoger dinero y dárselo a los pobres de África (¿qué África?).

Al lector enterado sólo le satisface una honesta farsa, la cual, al mostrar la transitoriedad de los valores oficialmente circulantes (es decir, su falsedad), restaura el crédito general en los valores inexistentes. De ese modo se alimenta la máquina productora de valores transitorios y se funda la nada sobre nada. Las mejores novelas son aquellas que exponen el mercado de los valores en un momento histórico, mediante una farsa lo más seria posible, con el fin de dejar bien claro que esos valores sólo son históricos, y por lo tanto falsos (o si se prefiere, por timidez, efímeros). El modelo supremo es, naturalmente, la *Recherche*, y su fuente, el Génesis, primer relato de la transitoriedad, de la fragilidad y constante cambio de los valores.

Es preciso alertar sobre el peligro que desde esta perspectiva amenaza a la novela y la hace tambalearse continuamente. Porque el peor de los modelos de novela es hijo de la misma madre y es el de aquella farsa que pervierte su propia función al presentarse como pura y simple farsa, contra nada ni nadie, en la más desnuda formalidad (ni siquiera construida, ni siquiera artística) y como monumento de sí misma. La farsa autoritaria, podríamos llamarla, nacida de la más radical desesperación. En ese peligro está cayendo la novela continuamente. Todos hemos caído en ese peligro una y otra vez; desde los más dotados (Bernhard, Benet) hasta los menos dotados (Cela, D'Annunzio, el noventa por ciento de los escritores norteamericanos). El estilo de la farsa autoritaria sólo puede admitirse en la televisión, que es su medio natural, el lugar de la desesperación absoluta y del cinismo como protección de la impotencia adinerada. Allí sí deben construirse continuamente farsas autoritarias sobre farmacéuticas y drogadictos, matrimonios separados, abogados de obreros, muchachas que desean ser actrices (de hecho, lo son) o policías que sufren por su conciencia y por su familia con un bajo sueldo. Allí sí, cada día y a cada hora, debe mostrarse el verdadero aspecto de la nada cuando se admite a sí misma en quietud y sin evolución, como si fuera eterna serenidad y mansedumbre, como si fuera beneficio.

Pero en la novela jamás, porque su acción es todavía la de una nada móvil, la del caos atravesando las cosas, en transformación y perpetua construcción de máscaras. Sin embargo, es difícil saber cuánto tiempo podrá aún resistir la novela el tremendo ataque de las fuerzas futuras encarnadas no sólo por la televisión y sus ejecutores, sino por el simulacro universal. La aurora de un mundo desnudo y sin disfraces, en un presente constante de verdad verdadera, sin ficción, es el monstruo que se perfila en el encristalado monumento fúnebre de las democracias. La farsa autoritaria elevada a gobierno absoluto del planeta.

El fin de la novela será también la extinción del juego de las máscaras y la aparición de un astro muerto, la cegadora e insoportable cara de la nada en su perpetua y despiadada idiotez. Una idiotez, no hace falta decirlo, inmensa y mortalmente potente. Invulnerable.

Archipiélago, n.º 12, 1993

ESCRITORES QUE COMIENZAN

Con motivo de la Bienal de Barcelona ha pasado por mis manos un buen número de relatos escritos por jóvenes de ambos sexos. El calificativo de «juvenil» es, en nuestro tiempo y seguramente en todos los tiempos, un descalificativo; una manera amable de etiquetar algunos productos y personas como «no totalmente serios». Lo juvenil pide la tolerancia que antaño se tenía con los ciudadanos afligidos por un retraso intelectual, una malformación o desdichas involuntarias: los huérfanos, las viudas, los paralíticos, los simples. En cuanto esa palabra se instala sobre algo, producto o persona, lo rebaja inmediatamente al rango de lo que no debe ser enjuiciado por sí mismo, sino en consideración a su defecto.

Es un caso similar al del calificativo «nacional». Cuando un certamen de pintura aparece como pintura «extremeña» o «valenciana», de inmediato sabemos que lo que debemos juzgar es lo extremeño o valenciano del pintor, no su pintura. La unión de ambos descalificativos, por ejemplo «pintura joven sevillana», significa la parálisis total del juicio artístico.

Los cuentos de la Bienal, escritos por jóvenes, venían marcados con este defecto, pero en realidad el descalificativo no asumía tanta gravedad. La convocatoria ordenaba que los cuentos hubieran sido escritos por personas «menores de treinta años». Este criterio de «juventud» es de una notable liberalidad. ¿De verdad puede ser joven alguien mayor de dieciocho años? Los criterios legales son desconcertantes: si se puede votar, conducir un coche, recibir condenas de prisión mayor y tener hijos, ¿como va uno a ser «joven»? ¿En qué consistiría la madurez, entonces? De manera que los candidatos que presentaban sus cuentos a la Bienal estaban libres de la descalificación; no eran, en realidad, jóvenes. Casi todos trabajaban desde hacía años, y muchos tenían familia, a juzgar por los informes. Así pues, no había que tratarlos con mayor benevolencia que a un taxista de cuarenta y dos años. Sólo poseían una característica común, y un máximo interés: todos habían nacido después de 1960. Su información inmediata, lo que habían conocido por sí mismos, estaba marcado por una frontera, esa sí, objetiva.

La lectura de un buen puñado de narraciones escritas por hombres y mujeres nacidos después de 1960 ha sido instructiva. Que la selección era selecta, no cabe duda. El premio era lo suficientemente alto como para tentar a los más profesionalizados. Y en literatura, como en todas las artes, el oficio lo es todo.

La literatura no es como la medicina o las finanzas, cuya descomunal remuneración permite que se dediquen a ellas muchas personas en absoluto dotadas para la medicina o las finanzas. Un médico o un bolsista no gana más dinero cuanto «mejor» trabaja, sino que siempre gana mucho, aunque lo haga muy mal. Pero la literatura apenas tiene mercado. Caben dos o tres figuras emblemáticas que se enriquezcan vendiendo libros, pero nada más; y desde luego nunca llegan a ser tan ricos como los profesionales de la desvergüenza. Así que quien se dedica a la literatura lo suele hacer por obsesión del oficio. Un oficio que a nadie importa una higa. La literatura crea productos innecesarios, superfluos, perfunctorios, pero construidos en libertad y con mucho esfuerzo. No es de extrañar que el oficio esté ya prácticamente extinguido.

En el proceso de la extinción, desde las colosales construcciones del siglo XIX que hoy nos dejan estupefactos hasta lo que en la actualidad sabemos hacer, se han ido produciendo derrumbes, como en todos los monumentos a los que el tiempo les vuelve el rostro para mirar en otra dirección. La historia de esos derrumbes es la historia de la literatura contemporánea. Cada nueva hornada de artesanos olvida una técnica, un instrumento, un truco. Las narraciones de los noventa, en términos masivos, también traen sus peculiares rasgos de derrumbe. Su propia ruina.

Es evidente, por ejemplo, el abandono del esfuerzo estilístico. La prosa, en la mayoría de los cuentos presentados, es funcional, directa, de una sencillez periodística, sin voluntad de forma y movida por un impúdico deseo de «comunicar» (¿pero comunicar qué?). La influencia de los infames narradores norteamericanos, ha arrasado. Pero también se ha impuesto el modelo que por vía libidinal transmite la televisión: escenas breves, rápidas, ambientadas a toda prisa y de cualquier manera, con diálogos que se pretenden de mucho impacto y sucesos sorprendentes. El lenguaje, que sufre mucho al moverse en un escenario perfectamente abstracto, recurre entonces a efectos «realistas» con la ingenuidad –pero sin el arte– de los pintores góticos. Los efectos son una imitación fantasiosa de un inexistente lenguaje cotidiano que consiste en una combinatoria libre de «cojones», «hostia» y cosas por el estilo, típicas de los cineastas españoles, obligados a utilizar un lenguaje «realista» para justificar sus delirantes alucinaciones subvencionadas.

Pero lo más sorprendente es la elección obsesiva de un tema limitadísimo. El sexo es, con mucho, el motivo más frecuente. Pero el sexo *per se*, sin más, como si semejante asunto pudiera levantar algo más interesante que un aparato urinario. También nos sorprendería mucho que el tema obsesivo fuera la gastronomía y todos los narradores se hubieran lanzado a escribir historias «de cómo me comí aquel cerdo» o «menudo fracaso, la liebre aquella». Pero no; es el sexo lo que domina, seguramente porque presenta menos problemas descriptivos. Describir un banquete es arduo, pero un polvo lo describe cualquiera.

El dinero, en cambio, uno de los más específicos objetos de toda novela (Jane Austen, Balzac, Dickens, Faulkner son puros tratados de economía), ha desaparecido. Supongo yo que ha desaparecido porque está ya totalitariamente presente en todos los actos de nuestra vida, de manera que ha pasado a ser tan invisible como el aire. El dinero se ha convertido en inenarrable.

Por último, la peripecia se ha desarrollado monstruosamente hasta abarcarlo todo. En ausencia de una moralidad común para narrar, en ausencia de personalidades y lenguajes compartidos, en una sociedad ya por completo masiva y desintegrada, sólo queda el puro acontecer. No el tiempo perdido, ni el tiempo reencontrado, sino el tiempo muerto. Las narraciones, por lo tanto, tienden a elegir peripecias sumamente periodísticas: asaltos a un banco para poder comprar condones, rupturas con el novio tras conocer a un gíbaro reductor de cabezas, asesinato del proxeneta porque impide ver Tele 5, etc. Si recordamos que lo propio de los mejores cuentistas (Chéjov, James, Faulkner, Babel, Conrad) ha sido siempre lo contrario, es decir, el suceso apenas perceptible, insignificante, pero cargado como una bomba de relojería, llegamos a la conclusión de que, en efecto, el oficio se adelgaza y va dejando sus bártulos, sus conocimientos, en la cuneta.

Pero este panorama no es desolador. Si reuniéramos todos los cuentos recibidos y los peináramos un poco, podríamos hacer una excelente serie de televisión por capítulos; hasta tal punto son transitivos unos y otros. Eso quiere decir que, consciente o inconscientemente, muchos escritores están pensando ya en una de las derivaciones del oficio, en otro medio que no es el libro, en otro público. Quiere decir también que van a ganar mucho dinero. Pero no este premio. Serán pagados por las cadenas (¡qué excelente palabra!) de televisión. Pero no por esta Bienal.

Los cuentos seleccionados y los ganadores son –como es lógico– aquellos que más alejados se encuentran del modelo antes descrito. Ése ha sido nuestro criterio. Un criterio negativo, y por lo tanto quizás injusto, pero no teníamos otro. Incluso creo que no puede haber otro. Por lo menos, de momento. Nuestro criterio no debe tomarse como un menosprecio de los candidatos no seleccionados. Muchos de ellos tenían suficiente calidad como para encontrar acomodo en este libro. Pero sólo podíamos incluir a cuatro. Era más bien el abultadísimo conjunto de relatos recibidos lo que desprendía ese tufo familiar a miniserie que me ha parecido interesante resumir. Pero sin el menor asomo de pedagogismo. Muy al contrario: ¡quién supiera escribir para la televisión!

(La Bienal de Barcelona de 1991 organizó un concurso de narraciones. Actué de juez y éste es el prólogo que presentaba a los ganadores.)

No creo haber tomado el Talgo de Barcelona a París menos de cien veces a lo largo de mi vida. Cada estación, cada paisaje, los repetidos hábitos de pasajeros y equipaje, han ido trazando huellas en mi memoria y a estas horas un plieguecillo del córtex o una chiflada combinación de mi código genético repite en miniatura las voces nocturnas de la estación de Portbou, la suave carrera por el centro de Francia, los amaneceres verdes y fluviales de Lutecia.

En todos y cada uno de estos viajes me ha acompañado un libro elegido pacientemente durante horas porque su lectura iba a dar su música a la jornada. Con frecuencia me han acompañado dos libros; uno es el depositario de la esperanza, otro va como remedio contra la decepción. Porque si a pesar de todo me defrauda el libro espigado entre otros mil con tanto cuidado, entonces me resigno al de urgencia. No creo asombrar a nadie si digo que el de urgencia es un libro más aeronáutico que ferroviario; por lo general, un novelón eficaz que relata algún pormenor psicológico, casi siempre con protagonistas jóvenes de ambos sexos que viven una historia celeste. El primer libro, en cambio, no trata de actualidades angélicas; el libro ferroviario es guerreramente terrestre.

He de confesar que no tomo aviones hace ya quince años, desde que sufro ataques de vértigo, pero también gracias a cierta terquedad que ha acabado por convertirse en un rasgo de carácter, como aquel que, llevado a la sublimidad, permitió morir dignamente al falso general Della Rovere. Como él, un día me dije: «He soportado todas vuestras humillaciones, pero ya basta. A partir de hoy no me da la gana.» También yo creo haber hecho del miedo una palanca ética. O así me engaño. Pues bien, el primer libro que elijo para el viaje ferroviario es un libro escrito torciendo una debilidad hasta convertirla en virtud. Creo que eso es la literatura, y creo que por eso está casi extinguida o convertida en un híbrido de literatura aeronáutica y ferroviaria, como el Tren de Alta Velocidad.

La literatura ferroviaria verdadera, la que practicaron Sófocles, Kafka, James, Racine y Juan Benet, por dar algunos nombres, elige una debilidad (la naturaleza animal de los humanos, la maldad necesaria para hacer el bien, la ceguera de la consciencia, la maldición de una patria, el delirio de la razón) y a partir de esa debilidad levanta una fortaleza de la virtud. Este movimiento de lo más bajo a lo más alto se refleja en la lengua literaria, la cual no se corresponde en absoluto con la lengua hablada porque es un artificio personal que sólo más tarde puede llegar a ser colectivo.

Una buena lengua literaria (es decir, ferroviaria) tiene como correlato su propia alegoría. La prosa de *El proceso* es exacta y concisa, pobre y desnuda como un informe forense; la de Cervantes es luminosa, pero deformada e irónica respecto de su uso coloquial, una prosa tan razonable como delirante; la de Valle-Inclán es retorcida, deforme, tullida de alma y cuerpo, una estampa gubernamental; la de Benet es interminable, picajosa, seca, pelmaza, pedregosa, cruel y estéril como la España eterna.

Sin embargo, ya casi sólo se practica la literatura aeronáutica, es decir, aquella que cuenta una historia muy actual en breves escenas cinematográficas y con lenguaje televisivo. Una distracción honesta y burguesa que nos conduce de *finger* a *finger* en la lengua colectiva. Por eso cada vez que tomo un tren renuevo mi apuesta por la literatura ferroviaria. Creo que todavía queda un buen puñado de aficionados al viaje terrestre (mucho más amenazados que las focas) y contribuyo con mi escaso capital a su supervivencia. En esta ocasión me acompañaba un libro de Hartmut Lange, *El ángel exterminador del Doctor Schnitzler*. De Lange hay dos libros extraordinarios en español, *El concierto* y *La isla de los pavos reales* (Seix Barral). Pero no tuvieron éxito, de manera que el tercero y último hasta hoy, *El viaje a Trieste*, cambió de editorial y apareció en una traducción muy inferior que acabó de hundirlo. Lange prefiere los protagonistas infrecuentes: a veces ya están muertos antes de comenzar el relato; a veces no mueren porque nunca han vivido; a veces tan sólo atisban un modo de negociar con los muertos; sus personajes son casi siempre ancianos, jubilados, enfermos o suicidas. Como Bernhard, respeta la debilidad y detesta la prepotencia, pero es más estoico que el austriaco y no se queja.

Se me dirá que vaya novela más depresiva para llevar de viaje. Depende. A mí me deprime la prensa deportiva, la cual ha adquirido el riguroso carácter de la teología medieval y parece redactada por los catedráticos de Derecho Constitucional colaboradores de este diario. Y, sin embargo, la prensa deportiva es un triunfo popular indiscutible. De todos modos y por prudencia, llevaba yo de segunda lectura el último libro de un autor aeronáutico, eficaz y entretenido, aunque no hube de recurrir a sus servicios. *El ángel exterminador* se mostró satisfactoriamente ferroviario.

Lange, que ha pasado ya los sesenta años, trabaja un género insólito: el elogio fúnebre. Es algo así como un Bossuet metido a novelista, y si bien sus personajes parten de la más opresiva de nuestras debilidades, o sea, la mortalidad, sus narraciones invitan al entusiasmo. Parodiando el célebre verso, al término de sus novelas no es infrecuente exclamar: «¿Era esto la muerte? Pues volvamos a empezar.» El Lange que he leído en esta ocasión lleva un *incipit* de Heidegger que iluminaría a Ernest Lluch (ese héroe del pueblo) si fuera capaz de entenderlo, y dice algo así como: «Los humanos tenemos nuestro origen en la extrañeza.» Es menos sencillo y

41

menos breve, no dice «encontrar», sino «acordar» y tanto significa «recordar» como «afinar» o «poner a tono». Tampoco dice «extrañeza», sino «lo extraño» o incluso «el extranjero». Podría glosarse diciendo: «Los humanos sonamos a extranjero», o bien, «sólo hablamos lenguas extrañas».

En todo caso, me dormí a la altura de Montpellier, una vez concluido el libro, persuadido de que todos somos extranjeros y sólo la tierra puede acogernos. No el cielo. Allí no aprecian a los extranjeros.

El País, «Babelia», 14 de junio de 1997

¿ADÓNDE IREMOS A PARAR?

El mayor mérito del ensayo de Baier es su disciplinado resumen de las disputas teóricas sobre literatura que han logrado llegar hasta la opinión pública en la segunda mitad del siglo. El curso de las disputas revela un progresivo estrechamiento de la tarea asignada a la literatura, como si sucesivamente se le fueran retirando responsabilidades. En su primer momento se le atribuye a la literatura un valor intelectual supremo, pero en su último momento sólo se le concede una función de entretenimiento, en relación directa con la industria del espectáculo. Es conveniente advertir que Baier no habla de literatura, sino de «opinión pública» sobre la literatura. Sartre, en los años cincuenta, o Marcuse, en los sesenta, podían alcanzar a un público muy extenso. Todavía en los setenta había programas de televisión de cierta envergadura libresca. Aquella capacidad de los intelectuales para influir y adoctrinar a la opinión pública ha desaparecido.

Los momentos destacados por Lothar Baier son:

1. La disputa en torno a *¿Qué es la literatura?* (1948), de J. P. Sartre, en la que el filósofo francés presenta la literatura como el lugar en donde hablan «los que no tienen voz». Para Sartre la industria y la política como mecanismos destructores de lenguaje pueden ser combatidos por la literatura, la cual tiene como misión «salvar el significado». La literatura es la tarea de un héroe y el literato es un guerrero.

2. La disputa en torno a *El grado cero de la escritura* (1953), de R. Barthes. A la tarea heroica de Sartre (que Barthes considera idealista) se le opone una tarea más modesta, una tarea de laboratorio: la destrucción de las «formas burguesas de representación». El lenguaje literario que siempre parte de una herencia lingüística recibida, debe destruir (o «superar») esa herencia para acceder a una creación «libre» o «propia». La literatura es una tarea trágica y el literato es un vanguardista.

3. La disputa en torno a las *Notas sobre literatura* (1962), de Adorno, para quien la literatura tiene como finalidad, no ya la destrucción de las formas heredadas, sino la incomunicación pura y simple. Las artes en general, según el teórico de Frankfurt, no pueden seguir colaborando con la civilización de Auschwitz. La literatura es una tarea sin significado, o cuyo significado es la ausencia de significado, y el literato es un nihilista.

4. A partir de 1968 comienza a imponerse el punto de vista pragmático, del que Enzensberger podría ser un representante, pero también Steiner por el camino de la queja: ambos constatan la absoluta absorción de la literatura en el mercado del ocio y el triunfo de la industria del espectáculo sobre la industria cultural. La literatura regresa a su función de mero pasatiempo, se convierte en una artesanía y el literato en un profesional del entretenimiento.

Poesía y vida pública

En veinte años la opinión pública ha pasado de considerar a la literatura como una herramienta de combate social, a considerarla una diversión, lo que, entre otras consecuencias, ha significado que la poesía ha desaparecido de la vida pública. Ningún teórico influyente defiende en la actualidad responsabilidades morales o artísticas para la literatura, y si lo hace, como Vargas Llosa últimamente, es en términos de puro y nostálgico *wishful thinking*.

A mi entender, la actual opinión pública regresa al origen mismo de la literatura moderna: el teatro profano, la poesía sentimental, las novelas de caballerías y los centones como productos «populares» y puras mercancías de consumo, y sería una proposición teórica interesante si no apareciera una y otra vez infectada por los momentos heroico, trágico y nihilista.

Dado el enclaustramiento universitario y la pérdida de influencia de los intelectuales, lo que llamamos «opinión pública» es lo que establecen los comentaristas de libros en los diarios, en la radio o en la televisión. Algunos de estos divulgadores continúan presentando la literatura como una lucha de la Verdad contra un público que a veces puede asumirla pero otras veces no, de tal manera que acaban por inducir una cierta confusión entre el valor de mercado y la heroicidad individual, como si ambas estuvieran obligadas a coincidir. Es una pretensión tan loable como desear que la sexualidad se acompañe del amor, pero igualmente irrelevante a la hora de recomendar lo uno o lo otro.

A diferencia de los profesores de universidad, los comentaristas mediáticos han de ser respetuosos con los resultados de ventas, a los que deben prestar atención dado que su espacio es periodístico y no académico. La universidad sólo se ocupa de los muertos y un profesor puede dedicar toda su vida a un solo autor, pero los *media* son lugares donde se produce lo actual y en donde se presentan mercancías. Es evidente que los valores literarios de la universidad no pueden ser los que se usen para las actualidades. Entre el comentarista mediático (a veces llamado «crítico») y el profesor de universidad, media una diferencia similar a la que separa a un especulador de un operador económico. Según Josep M. Muntaner, los especuladores son aquellos que vigilan las reacciones de mercados ante las noticias y no se ocupan con los valores estables y fundamentales de una economía. Como consecuencia, los activos de los especuladores son más volátiles que los de aquellos operadores que, como los profesores, invierten a largo plazo y a quienes interesan sobre todo las líneas de fondo de una economía. Como es lógico, esta diferencia de funciones no evita que haya mucho profesor chiflado y algún comentarista notable.

Sin embargo, ciertos comentaristas no renuncian a presentarse como expertos en literatura a largo plazo, es decir, aquella que algún día será literatura «de muerto» y podrá ser estudiada en la universidad, para lo cual describen las actualidades como si fueran proyectos de futuro. Así se produce la siguiente paradoja: la irracionalidad de los directivos mediáticos que mantienen esas secciones (cien veces más caras que los libros que comentan), permite la supervivencia de uno de los escasos lugares públicos en donde la nostalgia se enfrenta al mercado.

Como un pescador

Según un criterio pragmático, deberíamos renunciar a ver en el escritor a un héroe moral, heredero del héroe revolucionario. El literato no es una «fuerza de oposición al arrasamiento», como querían Sartre y Marcuse. Y no lo es, no porque no «pretenda» serlo, sino porque no puede serlo, aunque a veces así lo crea o le animen a creerlo. Un escritor es como un pescador que echa las redes sin saber lo que un conjunto ilimitado de factores va a determinar como la captura. Confundir al escritor con su captura y creer que el pescador es el responsable de la captura es el desliz teórico de Sartre, de Adorno, de Marcuse y de Barthes.

Apartándose de la opinión pública pero sin abandonar los criterios pragmáticos, la narración y el poema pueden llamarse «literatura» cuando además de entretener imponen un orden. Lo pretenda o no el escritor, una buena narración y un buen poema es aquel que organiza un mundo como mundo. Desde luego la narración y el poema pueden lograr su coherencia mediante el desbaratamiento de un mundo anterior; así lo hizo Cervantes con las novelas de caballerías. Pero un orden deshecho sólo puede ser conocido como «orden concluido» cuando otro orden da cuenta de él y lo sitúa en el pasado.

46

Nosotros vivimos en un momento de transición entre el orden burgués (aquel que desde Hegel y a través de Marx nos llegó como relación mutua y determinante de fundamento y superestructura) y un nuevo orden del que por ahora (aunque quizá sea para siempre) sólo conocemos la superficie; un orden sin fondo ni substancia. No sabemos lo que la literatura va a ser en el nuevo orden, ni si podrá subsistir con responsabilidades que vayan más allá de las que incumben a la industria del espectáculo. No es, por lo tanto, tan irracional como parece acudir al mercado en busca de orientación.

Hasta hace veinte años, la literatura era aquello que decidía una élite de expertos, profesores, académicos y comentaristas, pero si aceptamos el criterio de la opinión actual, no hay más literatura que la que se lee y por lo tanto la que se vende. La que no se vende no es la literatura actual. Puede resultar extraño e incluso chusco que algunas novelas, como las de Gala, sean hoy por hoy la literatura actual, pero así debemos creerlo. Como corrección, junto a Gala hay que situar la demanda universitaria, de Sófocles a Benet, que también es actual porque sigue vendiéndose y leyéndose, pero cuya circulación no es apenas pública.

Pretender que la literatura actual es lo que escribe un escritor desconocido que algún *media* propone como nuevo héroe moral, me parece un error metodológico a menos de que se comprenda como una disimulada promoción mercantil. Más interesante sería averiguar por qué el modelo real y fáctico de la literatura actual es Gala y no otro. Sin embargo, como ya he dicho antes, la impostación heroica de algunos comentaristas cuando hablan a favor de una mercancía (no en contra; es estúpido que los comentaristas hablen en contra de posibles ventas) puede desviar ligeramente la tendencia del mercado. Pero ¿hacia dónde? ¿Hacia la heroica conciencia del comentarista? ¿Hacia su «buen gusto»? ¿Hacia un narcisismo compartido por la «aristocracia de la literatura»? Carece de legitimación y todo hace pensar que ha concluido el tiempo de los mandarines.

A quienes creen que «esto ya ha sucedido» o que «siempre ha sido así», que «los genios siempre son incomprendidos» y otros tópicos de los *media*, les diría que no. Hace veinte años, cuando alguien hablaba de literatura hablaba de poesía. En Francia los literatos eran Aragon, Eluard o Breton; en Inglaterra eran Eliot y Auden; en España eran Aleixandre, Gerardo Diego y Blas de Otero. La universidad todavía propone como literatura primera la poesía, no la narración. Hace veinte años, la novela era el segundo nivel de la literatura y eso en razón de su progresivo acercamiento a la poesía. Si Ulises poseía algún derecho a un análisis serio era por su proximidad a las técnicas y propósitos de la poesía.

Ficción de creación

Ahora todo lo ocupa la novela y una novela cada vez más alejada del trabajo poético. Como es lógico, muchos poetas imitan los métodos narrativos. Hablo, claro está, de fenómenos sociales, no de mundos privados. Hablo de opinión pública, no de teoría literaria; de diarios, no de universidades.

Por mi parte mantengo la creencia de que la literatura es un lugar que todavía tolera la presencia de un «autor» como instancia propia del texto. Lo cual implica, necesariamente, la presencia de un «lector» igualmente imprescindible para la construcción del significado. La literatura mantiene, por lo tanto, la ficción de ser una creación «humana» en el sentido arcaico: una producción de sujetos que dialogan. Razón por la cual, creo yo, también una parte de la filosofía ha adoptado métodos narrativos. Así como la narración fue el enemigo siniestro de la poesía antes de desplazarla, podría decirse que a la novela le está apareciendo un peligroso competidor por la izquierda.

En este sentido, como reserva de «lo humano», la literatura parece poder sostener una apuesta de alto riesgo dentro del extremado rigor, la inflexible lógica del mercado.

Quizás si se aguanta la tolerancia hacia el riesgo económico y se mantiene la distancia respecto del dictado de la opinión pública en algunas empresas muy ágiles y flexibles, la literatura puede sobrevivir algunos años como actividad no absolutamente espectacular y con alguna responsabilidad intelectual. Es posible, aunque debo añadir que lo veo poco probable, y, sobre todo, innecesario, porque los nuevos sistemas de difusión, como Internet, pueden revolucionar la situación de un modo aún imprevisible.

Me gustaría concluir diciendo con una visión de futuro totalmente infundada y periodística, que Internet es un medio ideal para producir un relanzamiento inesperado de la poesía. Pero aunque así fuera, es dudoso que ello devolviera sus pasadas y nobilísimas responsabilidades a la literatura. Porque la cuestión no es que usted y yo sepamos distinguir entre literatura (Gracq, Benet, Lange, Manganelli, Bernhard) y mercancía de consumo rápido; la cuestión no es ésa.

La verdadera cuestión es que tras las disputas de Sartre, Barthes, Adorno, Enzensberger, o incluso la curiosa disputa española sobre el realismo socialista que sigue siendo la única presente en muchos comentarios de críticos españoles, ya nadie parece saber cuál es la tarea de la literatura. Y cuando algunas voces claman por un regreso a la responsabilidad lo hacen desde la nostalgia, no desde una incitación vigorosa a la acción fundante.

A mi entender, la opinión pública ha renunciado a la literatura como instrumento intelectual y carecemos de herramientas para recusar a la opinión pública. Nos queda, eso sí, el refugio universitario, en donde podemos seguir reflexionando sobre la misteriosa voz de la escritura, e incluso utilizarla como medio de reflexión; con escaso éxito entre los héroes mediáticos, todo hay que decirlo.

(A partir del ensayo de Lothar Baie *¿Qué va a ser de la literatura?*, la revista *Lateral* organizó un coloquio sobre el futuro de la novela. Mi contribución se publicó en el número de enero de 1997.)

II. Modernos de todos los tiempos

DE LO JUVENIL EN UNA CARTUJA PARMESANA.
STENDHAL

Cuando Victoria me propuso escribir algunas páginas sobre una novela juvenil releída en la madurez (o provectud) pensé de inmediato que la Providencia me ofrecía la oportunidad de volver a un mamotreto, sin tener que aguantar los quemazos de la mala conciencia. Al fin y al cabo, me dije, va a ser una lectura *útil*. Tras este primer movimiento de astucia, decidí llevar un diario de manera que la útil experiencia quedara expuesta por lonchas, y no bajo la forma contundente de un jamón completo. De ese modo, el proceso de la utilidad aparecería en su desarrollo, desde el ocioso principio hasta la moraleja final. ¡Cuán lejos estaba yo de suponer que, en efecto, habría moraleja, e inesperada!

Primera deducción: tenía razón Josep Pla cuando afirmaba que a partir de los cuarenta años es muy doloroso leer novelas, y en especial novelas voluminosas. Precisan una simulación, un engaño del remordimiento. Lo que el humano maduro considera «útil» es un resultado de su experiencia. ¿Cabe imaginar un modo más inútil de plantearse la utilidad?

Pasé revista a las opciones. Ni siquiera de pequeño me sentí atraído por Julio Verne o Emilio Salgari, seguramente por parecerme difíciles de comprender dado su alto grado de abstracción. Las primeras convulsiones de lectura hasta la madrugada me atacaron hacia los trece o catorce años de edad, gracias a la burguesía francesa; una «aventura» mucho más fantástica que los submarinos o los piratas. Pero releer *Madame Bovary*, y, sobre todo, divulgarlo, podía inclinar a los jóvenes hacia los estudios de ingeniería, y releer *Las ilusiones perdidas* les iba a inclinar por la sociología y el parqué bolsístico. Sólo un relato me pareció incapaz de inclinar a un joven hacia la perversión adulta, un relato «de amor», y ese relato era...

«La cartuja de Parma»

Colgaba de mi memoria como una deshilachada telaraña de intrigas eróticas y aventuras guerreras, sostenidas y amenizadas por una cargante figura, la de Fabrice del Dongo, un chico guapo y necio, como debe ser. Pero ¿era realmente así? La no muy lejana relectura de *Rojo y negro* me había deparado la perpleja constatación de que Julien Sorel era un arribista ruin, un *saltataulells* de quien Stendhal hacía befa. Leído a los quince años, ese mismo Sorel se me había aparecido como el vivo retrato de la inteligencia y la virtud. ¿Sucedería lo mismo con Del Dongo? ¿Habría dejado de ser un majadero, tras treinta años de espera?

Segunda deducción: lo más notable de la lectura juvenil es su amoralidad. No concibe la ironía y por lo tanto confunde a los buenos y a los malos con un desparpajo envidiable. Se fía de las apariencias. Y lo que es más grave, no le importa que las apariencias engañen. Es más, ¡quiere ser engañado por las apariencias! Esta peculiar amoralidad de los jóvenes, la comparten con algunos adultos: Velázquez, por ejemplo.

Tomé el volumen de la biblioteca y lo manoseé como si se tratara de un melón, buscando el grado de madurez. Estaba en su punto. Era muy gordo, casi seiscientas páginas. ¿Podría mantenerme más o menos igual a mí mismo en una lectura tan extensa? O comenzaría siendo yo y terminaría siendo otro, no por obra de lo leído sino por el curso natural del tiempo, como las alcachofas? ¿Y cómo podría distinguir la labor del tiempo y la labor de la lectura? Suponiendo que al término del ejercicio mis ideas, principios y sentimientos se hubieran transformado, ¿cómo deducir si era por obra del insidioso espíritu de Stendhal, o porque en unos meses ya uno deja de ser lo que era?

Tercera deducción: los libros gordos son un peligro para la gente hecha y derecha. Su longitud es un desafío para el ánimo abismal que nos hace vivir sin futuro ninguno y en perpetuo presente provisional. Las lecturas «juveniles» sólo pueden emprenderlas aquellos que aún tienen asegurada su inmortalidad.

Lunes, 4 de febrero de 1991

El libro es gordo, pero Stendhal va a una velocidad de vértigo. En una página puede liquidarse dos generaciones de aristócratas lombardos. La presentación de los personajes, en los primeros capítulos del libro, es una prefiguración del *spaghetti-western* de alta calidad. Pero estoy convencido de que ningún joven puede comprender una sola palabra de lo que allí se narra. Así por ejemplo, ¿qué escolar conoce el desarrollo de la política exterior francesa desde la Convención hasta el Directorio? O incluso, ¿cuántas veces fue Milán protectorado austriaco y cuántas veces dejó de serlo entre 1790 y 1810? Y, sin embargo, se supone que *de eso* trata el libro...

Cuarta deducción: lo menos relevante de un relato es su rigor histórico. Lo posea o no lo posea, sea veraz o pura farsa, lo verdadero del relato se sitúa más allá de lo constatable. ¿Por qué entonces es imprescindible una simulación histórica o realista? Porque sólo podemos ser engañados en aquello que creemos verdadero; en la falsa realidad construida como verdad. Y esa falsedad es, para nosotros, la historia. Los adultos vivimos convencidos de ser historia y de hacer historia, aunque «estamos hechos de la misma materia con que están hechos los sueños»...

Política económica

Fabrice del Dongo cruza Europa de Milán a Bruselas, participa en la batalla de Waterloo, cambia cuatro veces de caballo, vive en París unos días, se disfraza de contrabandista, soborna agentes de aduanas, corrompe húsares, deslumbra granaderos, seduce taberneras y salva la vida al mariscal Ney, todo ello en diez páginas. Pero lo que es más sorprendente: tan interesante actividad la financia con unos napoleones de oro cosidos al forro de su manteo y unos diamantes cosidos en el forro de las botas. La expresión «estar forrado» tiene una sólida base etimológica. Ahora bien, si de algo entendía Stendhal era de economía turística. Toda su vida transcurrió viajando de la Ceca a la Meca, pagando albergues, conciertos, lencería y cambios de postas. Escribía, además, para su siglo. Así que, sin duda ninguna, uno podía pasear por la Europa de las guerras napoleónicas con unas monedas y unos diamantes cosidos en algún forro. Ningún problema para cambiar las descomunales piezas de oro en calderilla, ningún problema para tasar los diamantes. Uno se imagina a Fabrice, tras consumir una jarra de vino, diciendo, «espere usted un momento que ahora me descoso el forro». Las joyerías y los usureros debían de florecer como los actuales chiringuitos de cambio, con sus banderas, sus letreros (change, wessel...) y sus untuosos y rapiñadores ejecutivos.

El viaje de Fabrice para asistir al estreno de Waterloo nos hace sentir terriblemente infelices. ¡Cuánto más sencillo y cómodo era viajar por la Europa del XIX, sobre todo en plena guerra! ¡Cómo se ha reducido nuestra movilidad desde que se inventó el aeroplano! ¡Qué quietos estamos y qué despacio vivimos, cuántos controles, cuántos registros, cuántos tropiezos, si osamos salir de la esfera vigilada por la estanquera del barrio y la caja de ahorros de nuestra calle!

Quinta deducción: éste es un libro indudablemente juvenil porque habla de un mundo juvenil: aquel territorio europeo donde aún era posible decapitar reyes y formar ejércitos populares para derribar tiranos y cambiar fronteras. Las facilidades turísticas están en directa relación con las facilidades guerreras. Sólo durante las guerras estalla una libertad semejante. La literatura de retaguardia de la guerra civil española está llena de ejemplos.

Política demográfica

En la página 115 la condesa Pietranera, tía del protagonista, se considera *une femme agée* y teme hacer el ridículo si su interés hacia Fabrice traspasa los puros límites del afecto maternal. El conde Mosca cree haber llegado a la vejez con dignidad, aunque su pobreza le obligue a aceptar cargos de responsabilidad en la corte del tirano de Parma; quiere retirarse con algo de dinero. Pero la condesa tiene veinticinco años y el conde Mosca cuarenta y cinco.

No es que la llamada «esperanza de vida» haya crecido y ahora, siendo más longevos, lleguemos más tarde a la vejez. También entonces abundaban los octogenarios que eran y son la medida de la vida. Tampoco es que la medicina mantenga la salud hasta más tarde, y por lo tanto se haya ampliado la plenitud y el vigor vitales, más bien al contrario. Lo cierto es que el asombroso cambio en las estrategias propias de cada edad es sólo una cuestión de cultura. Hace un siglo, una mujer que continuara la búsqueda sexual a los veinticinco era una viciosa o una perturbada; un hombre de cuarenta y cinco sin familia ni responsabilidades era un bala perdida. No es preciso pensar en el siglo XIX. Nuestros abuelos todavía respondían a este «sentido común».

Sexta deducción: ¿qué quiere decir, entonces, la frase «liberación de las costumbres»? ¿A qué liberación *personal* se refiere? Hoy lo escandaloso es que un hombre de cuarenta y cinco años quiera jubilarse, odie ser un atleta, deteste conducir deportivos y le avergüence seducir secretarias. Las mujeres de veinticinco años son todavía muchachas, o, como máximo, se encuentran en el predivorcio. ¿No es una pura sumisión, la misma y eterna sumisión de la manada? La «liberación» ha sido masiva, no personal, y por lo tanto no supone riesgo ni conciencia. Esta novela es juvenil porque habla de una época en la que los jóvenes recibían muy pronto la confianza de los poderosos, y aceptaban responsabilidades. En nuestros días la única parcela de responsabilidad que se concede a los jóvenes se aplica en el área denominada «delincuencia juvenil».

Política política

Fabrice mata a un miserable del modo más tonto, en una de sus excursiones arriba y abajo de la página. Su tía, la «mujer entrada en años», se moviliza para evitar el castigo. El rey de Parma y su administración aparecen al fin como un mecanismo político real, con sus jueces, sus ministros, sus obispos, su partido de la oposición, y todo lo que haga falta. Pero uno no puede evitar la impresión de que aquella monarquía absoluta se administraba como una pequeña y mediana empresa y que el tirano no pasa de ser un capataz. Aun cuando el protocolo y el ritual simulan la existencia de un soberano, de una aristocracia, de un tercer estado, de un mundo clásico, estamos ya en el despacho de importación de ultramarinos que Balzac elevará a la categoría heroica. No es monarca quien así se denomina, sino quien puede representar la figura. El rey de Parma es ya un vulgar pez gordo, categoría que sólo es posible en el mundo del comercio.

Séptima deducción: para un lector joven, la extrañeza que supone imaginar la vida de una monarquía absoluta, por ejemplo el mundo representado en *Guerra y paz,* pone obstáculos insalvables para la comprensión cabal de la obra, del mismo modo que a todos nos es incomprensible el mundo griego. Sólo con mucho estudio y amplia erudición puede uno reconstruir aquella desconcertante forma de vida. Pero eso no sucede en *La cartuja,* porque la monarquía absoluta allí descrita nos es perfectamente familiar: el Banco Central, el Corte Inglés, o cualquier otro consorcio similar poseen exactamente las mismas características y el mismo personal.

Política erótica

El conde ama a la duquesa, pero la duquesa ama a Fabrice, el cual ama a Clelia, a quien ama Crescenzi; pero también el heredero Ranuce y el poeta Ferrante y el Príncipe aman a la duquesa, casi todo el mundo ama a alguien que suele amar a otro. El ochenta por ciento de la novela se va en arabescos amorosos que aburren poderosamente al adulto incapaz de entretenerse ya con el aspecto ideal de la reproducción. Pero los jóvenes, en efecto, tienen el ochenta por ciento de su existencia ocupada por el arabesco amoroso, única forma del poder, junto con el deporte, que les está permitida. En consecuencia, novelas tan monstruosamente eróticas como ésta les parecen de lo más natural, y aun realistas. El mundo, para ellos, es exactamente así: caligrafía sentimental con incrustaciones competitivas en uniforme.

Octava deducción: para el adulto, es imposible asistir al espectáculo del arabesco sentimental sin experimentar una incómoda sensación de rencor. ¿Cómo, por qué y cuándo renunció o fue apeado de aquel poder, de aquella política tanto más universal y más fuerte que cualquier otra política? Pero hay algo más miserable. El adulto que quiere mantenerse en la esfera sentimental y erótica está condenado a las revistas de peluquería y a los seriales televisivos. A ser él mismo una revista de peluquería.

18 de febrero de 1991

¡Dios mío! En quince días me he plantado a cien páginas del final. He podido percatarme de ello porque en esta fatídica página 432, Fabrice que (en eso no me traicionaba la memoria) ha venido comportándose como un perfecto majadero, comete una estupidez tan sobrecogedora que el lector adulto desea de todo corazón que le maten de una vez. ¿Alguien puede creer que él mismo, por su propio pie, se entregue a sus asesinos, con el único propósito de ver y estar cerca de su amada (y pelmaza) Clelia, hija del carcelero? ¿Por qué ha de ser justamente el amor lo que convierta en un mentecato a este hombre? ¿Por qué no lo hace más inteligente, por ejemplo? ¿Por qué el amor le estrecha el cerebro en lugar de ensanchárselo? Stendhal sólo tiene una respuesta: *parce-que il est jeune*, identificando de ese modo lo juvenil con lo insignificante. El Romanticismo fue el primer paso hacia la destrucción de responsabilidades «juveniles», primer paso para consolidar la actual gerontocracia, primer paso para hacer de los jóvenes un ejército pasivo y derrotado que se hacina en el campo de concentración llamado «discoteca».

Novena deducción: Stendhal tomó venganza de su juventud perdida (era un cuarentón cuando escribió la novela) corrompiendo a sus lectores juveniles. Les hizo creer que sólo valían para la intriga de dormitorio; que la fuerza del intelecto y la energía moral son cosa de viejos. Creó un modelo de joven atolondrado, acéfalo, infantil, faldillero y agotadoramente activo que fue inmediatamente adoptado por los adultos. La conspiración para mantener a los «jóvenes» en la imbecilidad romántica hasta bien entrados los treinta años no ha perdido fuerza. Ésa es la actualidad de Stendhal.

19 de febrero de 1991

Ayer me dieron las tres de la mañana, pero no podía dejarlo hasta el final. ¡Y qué final! A semejanza de aquellas tragedias que concluyen con la muerte de toda la compañía, incluida la acomodadora, aquí se muere todo el mundo. Un disparate, sin duda. Pero en quince días me he leído una historia que ocupa treinta años, he sido engañado por la ficción, me he irritado con los personajes, he sido arrastrado como cuando de niño devoraba novelas. ¡Estas mismas novelas! ¿Recuerdo haberme irritado entonces? Durante la lectura me he dicho una y otra vez que lo «juvenil» de la novela me repugnaba. Pero ahora, una vez concluida, me asalta una sospecha.

Bien mirado, las majaderías de Fabrice, las locuras de la duquesa, la rapacidad del príncipe y el sentimentalismo de Clelia son más propios de las actuales personas maduras que de los adolescentes de cualquier época. Un ministro de Hacienda abandona sus responsabilidades por el amor de una intrigante filipina. Una gran dama de las finanzas destruye a su marido, otro gran caballero de las finanzas, porque le han sorprendido con una buscona. Un eminente escritor, galardonado por todas las academias y en hedor de senectud, abandona a su familia para liarse con una admiradora. ¿No será que los personajes «juveniles» de Stendhal son, en realidad, cincuentones y cuarentonas disimulados? ¿No serán, como él, adultos sin esperanza, nostálgicos de la irresponsabilidad, sentimentales anegados de autocompasión? ¿No estará Stendhal endosando a la juventud (esa entidad esencialmente beata) los excesos de la madurez? ¿No son sus propias historias en sórdidos consulados italianos las que se adonizan aquí, tratando de reparar el malestar moral del burócrata desocupado?

Llevado por la inquietud, consulto a aquel inmenso conocedor del paso del tiempo que fue el príncipe de Lampedusa. He aquí su respuesta: «Escrita por una persona madura, para los ancianos, es preciso haber superado los cuarenta años para comprenderla» (*Stendhal*, Trieste, 1989, p. 101). Estoy en total acuerdo con el príncipe; he sido engañado desde la primera página.

Décima y última deducción. La moraleja: La cartuja de Parma es una de las más grandes calumnias que jamás se hayan escrito sobre la juventud. No es una novela juvenil, sino de senectud. Los jóvenes deben leerla con el exclusivo propósito de averiguar qué infamias cometen sus padres y abuelos amparándose en la excusa del amor.

Así y todo, y a pesar de haber superado con creces la cuarentena, no estoy seguro de haber comprendido a Stendhal enteramente. ¿Tendré que volver a leerle dentro de veinte años? ¿Aguantará hasta entonces mi ingenua fe en la inmortalidad?

Clij, n.º 30, julio/agosto, 1991

LOS FANTASMAS DE UNA INSTITUTRIZ. HENRY JAMES

Las innumerables interpretaciones que ha suscitado *Otra vuelta de tuerca*, de Henry James, suelen enredarse tenazmente con la presencia real o imaginaria de los fantasmas, como si se tratara del argumento esencial. Quizás recordará el lector (y si no, más vale que lo recuerde) cómo el criado Peter Quint y la señorita Jessel, la institutriz, abandonan la tumba para regresar a la vieja mansión donde viven aislados los pequeños huérfanos con una nueva institutriz cuyo nombre no se pronuncia en todo el relato. Como es natural, vuelven con las aviesas intenciones que necesariamente caracterizan a alguien que repite en un lugar como éste. Pero tratar de averiguar la consistencia específica de estos fantasmas es tan imposible como inútil, pues James escribió el relato con el deliberado propósito de que no pudiera esclarecerse por ese camino, procurando, en cambio, que la presencia de los muertos fuera absolutamente indiscutible, no por su esencia, sino por su función. La pregunta obtusa, tal y como suele plantearse, vendría a ser algo así: «De haber estado yo en aquella casa, ¿habría visto a los fantasmas?» Naturalmente hay datos en favor de una presencia comprobable de los fantasmas (si es que ello es posible), como la alucinada descripción de la nueva institutriz, la cual coincide con el aspecto real de los difuntos; pero también los hay en contra. Resumiendo: el único que ve fantasmas, sin sombra de duda, es el narrador. Pero el narrador es bastante fantasmal.

El relato comienza en una tertulia elegante a la que se supone que asiste Henry James. Y digo se supone, porque, si no, preciso sería imaginarlo disfrazado de personaje de Henry James. La voz narrativa inicial, la que habla desde el principio (a nosotros, los que no *vemos* nada), explica que uno de los invitados, Douglas, ha prometido contar una historia pavorosa. Pero no la dicta, sino que ordena a su criado que vaya a buscar un viejo manuscrito. El tal manuscrito es obra de una institutriz que murió hace veinte años. Se supone que lo luego narrado en el libro es ese manuscrito sin cambio alguno, como si finalmente lo leyera Douglas en voz alta delante de «Henry James». Pero nosotros no estamos en la tertulia y tenemos todo el derecho a desconfiar; sobre todo porque no imaginamos a una institutriz bastantes años más joven que James escribiendo como el propio James. Hay, pues, tres voces en una: la primera persona, que es indudablemente James; la de Douglas, a quien James cede la palabra, y la de la institutriz, a quien no se sabe quién le cede la palabra, o si es un fantasma de James. La triple ocultación del testigo ocular es suficiente como para desanimar a cualquiera que pretenda buscar razones sólidas para comprobar fantasmas.

Lo que la voz anónima relata es, en términos generales, la historia de una corrupción, o de una doble corrupción. Todo comienza con un modelo histórico de maldad: el criado y la institutriz muertos habían tenido relaciones sexuales tanto más perversas cuanto que ambos pertenecían a distintas clases sociales. Sobre este telón de un pasado sexual y social atroz, se insinúa la perversa pedagogía que debieron ejercer sobre los inocentes huérfanos, Miles y Flora (el soldado y la primavera). Pero esta primera corrupción *posible* pertenece al terreno fantasmal del relato, porque a la única corrupción que asistimos es a la que perpetra la nueva institutriz, la anónima autora del relato.

Con sutil ironía, el comentario inicial de Douglas fue: «Si raro y difícil es que un fantasma se aparezca ante un niño, ¿qué pensarían ustedes si se apareciera ante dos niños?» Porque lo irrazonable es pensar que un niño puede ver los mismos fantasmas que un adulto. El fantasma del adulto sólo puede aparecer cuando a la conciencia de la muerte individual se une la de la eterna desaparición de los cuerpos y su opuesto inmediato: el imposible retorno del cadáver. Suposiciones todas ellas que rara vez se dan, como no sea entre filósofos (piénsese en la incapacidad de la Iglesia para convencer a la gente de que la carne resucita; no se lo ha creído nadie todavía). Miles y Flora no son filósofos, pero son huérfanos y tienen, por lo tanto, una idea clara de la muerte. Tienen la idea colegial y competitiva que proporciona la orfandad, ese halo misterioso de los niños que no tienen a sus espaldas un banquero, un médico o un tornero-fresador. Si pudieran creer en el regreso de los muertos, podrían desear el regreso de sus padres; al fin y al cabo se trata de niños ingleses y no tener padres, a esa edad, no está bien visto entre la alta burguesía. De hecho, James juega con esa ausencia de los padres a la que nunca se alude, no por temor a caer en sentimentalismos, sino para insinuar que los niños están callando su más íntima convicción, fingiendo que carecen de ella.

La institutriz sospecha que los niños le guardan un secreto, aunque tarda en comprenderlo quizás porque acaricia la idea de convertirse en «la madre», es decir, la dueña de la mansión. Cuando por fin cae en la cuenta, comprende que los niños ven lo mismo que ella: fantasmas, muertos que regresan a cuidar sus propiedades. Los inocentes sólo son puros en apariencia. No hay ventajas para el adulto, sólo una endeble disposición teatral que en los niños se da con una espontaneidad prodigiosa. El horror con que se ve forzada a admitir la maldad que supone compartir sus fantasmas con los niños, da paso a un espanto todavía mayor que se resume en la espeluznante frase: «Tal vez les guste.»

¡Qué bien mienten los niños! ¡Cómo se les nota que mienten! Es posible que todo cuanto en un adulto es desagradable por causa de la constante usura del bienestar social, haya sido gusto y placer en un momento remoto. La institutriz, llevada por el carisma falaz de lo primitivo, concluye que los niños encuentran un gran placer en la ocultación, como esa amistosa camaradería con los muertos, o esa seriedad con la que viven la ficción. La institutriz se da cuenta de que los juegos son algo corrupto y que los niños saben que esos juegos corruptos son sobre todo corruptos para la institutriz. No sólo lo saben, sino que gozan sabiéndolo y ocultándolo. El niño ya no es inocente por amputación de una mitad del saber (el conocimiento de «lo malo»), sino por simulación. El niño *se hace* el inocente, y mediante tan sencilla estratagema carga toda la corrupción sobre las espaldas del adulto. Los niños, según cree la institutriz, son como ella. Ésta es la primera fase de la corrupción.

La segunda fase de la corrupción comienza valorando el ocultamiento. ¿Por qué disimulan los niños? ¿Por qué ocultan la maldad consciente de sus juegos? La pregunta, como es evidente, está destinada a descalificar la inocencia infantil. El niño imaginado por la institutriz se preguntaría cómo es posible tanta inocencia en una mujer adulta; porque la inocencia que la institutriz *pone* en el niño, no es sino la suya al juzgarlo corrupto. La institutriz se ve obligada a trastocar inocencia por corrupción para seguir manteniendo su estatuto de adulto bueno. La institutriz, como gran parte de la filosofía, se ve en la obligación de curar al niño de su maldad obligándole a una inocencia legal que restablezca el equilibrio entre el adulto bueno y el niño malo, entre hombre ilustrado y hombre pagano, entre ciudadano responsable y botarate. Pero ese trueque no es fácil, porque la corrupción del niño, la perversidad esencial del juego no es otra cosa que aquella «suspensión voluntaria y momentánea de la incredulidad» con la que Coleridge definía la esencia de la poesía. Y lo esencialmente poético del juego es lo único que puede ser calificado de inocente.

La institutriz, que no había leído a Coleridge, prepara su plan con cuidado, pero comete un error de principio. Sabe que su obligación es corromper, mostrar, iluminar en una dirección, enseñar lo malo de la maldad; pero también sabe

65

que no debe dar por supuesto que los niños ya lo saben, porque entonces fingirían: se harían los inocentes. Debe, pues, disimular, fingir, jugar, hasta introducir en ellos la sospecha. Pero ante tamaño error estratégico (el error que condena a toda democracia) Miles reacciona de un modo fulminante: una noche *finge* ser malo y escapa de la mansión: «para que creyeras que soy malo, por variar un poco», le dice a la institutriz. ¡Por variar un poco! Miles ha tomado las riendas del juego: ¿no quería jugar la institutriz?, pues que aprenda. El niño acepta fingir, en sentido adulto, como un nuevo juego; y dado que fingir es para él su propia esencia (y su propia esencia es «ser malo»), finge ser malo para *variar*, introduciendo un juego dentro del juego, fingiendo fingir, y coloca de ese modo a la institutriz ante una barrera del entendimiento que si no me equivoco se llama silogismo biscornuto. La institutriz no puede reducirlo, no puede corromperlo con métodos infantiles (del mismo modo que los demócratas no pueden dejarse arrebatar la democracia por métodos democráticos), porque éstos son en sí mismos malvados. Todo juego es un engaño dirigido contra los adultos para mantenerlos en su incómoda posición: «Su belleza más que natural, su bondad absolutamente extraterrena... ¡Son un juego, una táctica y un fraude!», exclama exasperada la institutriz tras ser derrotada. Los niños explotan desvergonzadamente su estado de maldad.

Pero la institutriz comprende la lección y opta por el camino adulto: la fuerza bruta, el uso de la inocencia adulta, esa seguridad en lo *serio* que autoriza a cometer crímenes. Y entonces obliga a la niña a que confiese la presencia de muertos visibles. La niña niega, se revuelve contra el pedagogo que no entiende nada de nada, y acaba por enfermar y desaparecer del relato. El último comentario que leemos sobre ella es el de una criada que se asombra ante el aspecto de la niña: parece como si se hubiera hecho vieja instantáneamente. Cuando Miles sufre la misma violencia (violencia que a la institutriz se le ha hecho imprescindible, pues unas líneas más arriba se preguntaba: «si él es inocente, ¿qué soy yo entonces?»), y se ve obligado a su vez a confesar, sucumbe simbólicamente. Ahora ya es todo un hombre; es decir, un niño muerto. «Estábamos solos, el día era apacible y su pequeño corazón, desposeído, había dejado de latir.» La institutriz escribe estas líneas con serenidad, con la conciencia sosegada, como sumida en ese beatífico sopor que sucede a las fatigas adultas. Ha cumplido con su deber.

La presencia de los fantasmas del adulto es, por lo tanto, real. Pero sólo en este sentido: que debemos elegir entre aceptar la locura de la institutriz o la acefalia infantil y en ambos casos gana ella. Lo que es juego para un niño, acaba siendo realidad coercitiva para un adulto. Y ello es así, lo queramos o no, ya que la infancia es axiomáticamente un estado efímero, moralmente obligado a suprimirse a sí mismo. El mundo fantástico y gozoso, el mundo infantil, es sólo una locura del adulto. Conviene tener esto muy presente cuando uno se pone a leer novelas de aventuras.

(*Camp de l'Arpa. Revista de Literatura*, n.º 65-66, julio/agosto, 1979.)

MADAME BOVARY ERA ÉL. GUSTAVE FLAUBERT

¿Qué se puede hacer en una vida para seguir vivo al cabo de cien años? Se puede, por ejemplo, escribir tres libros, *Madame Bovary, Salambó* y *La educación sentimental.* Parece escaso, pero fue preciso sacrificar una entera vida de sesenta años, con la tozudez de un caudillo militar, con el tormento de un mártir religioso, con la fuerza intelectual de un científico, de un filósofo, para conseguirlo. Ésa es la vida que llevó Flaubert, una de las más sórdidas, monótonas, grotescas que jamás se hayan escrito. La biografía de Lottman la resume, semana tras semana, en 500 páginas. Es la historia del más sorprendente sacrificio que ha producido la literatura moderna. La historia de un santo laico y ateo, un verdadero santo nihilista.

Flaubert, como hombre moderno, no creía en nada, pero tenía una fe ilimitada en su escepticismo. Se chanceaba de las descripciones generales y abstractas que propone la economía, la sociología, la religión, la filosofía, la ciencia... Sin embargo, ponía una fe de carretero, una fe inconmovible y beata, en el arte de la prosa. Siempre vivió solo, célibe, estéril, apartado de la sociedad, amargado por la estupidez de sus contemporáneos, comido de enfermedades (sobre todo venéreas), matándose a escribir hasta catorce horas diarias, todos los días de su vida. Una sola página podía precisar hasta tres meses de esfuerzos. Cada escena, cada detalle, cada minúscula descripción estaba documentada con toneladas de páginas. En el año de su muerte llevaba leídos cerca de 1.500 libros para documentar *Bouvard y Pécuchet*, su última e inacabada novela. Se arruinó, le arruinaron. Acabó subsistiendo gracias a una pensión gubernamental tras perder su fortuna tratando de ayudar a la única relación familiar que estimaba, su sobrina Caroline, casada con un piernas. Se burlaron de él, no alcanzó más que éxitos esporádicos en la venta de sus novelas, fracasó en el teatro y, a los cincuenta y tres años, absorto en la contemplación de los hijos y nietos de George Sand, confesó: «Fui cobarde en mi juventud. ¡Tuve miedo de la vida!»

¿Miedo? Quizás no sea la palabra más exacta. Puso un coraje descomunal, una valentía inaudita, una voluntad inflexible al servicio de otra vida, la vida *del arte*, de modo similar al trapense que pone su valentía y tenacidad al servicio de otra vida, la eterna. Lo sorprendente es que esa fuerza religiosa, con su voto de pobreza, obediencia y celibato, se entregara a un dios tan menor y novedoso: la prosa. Como Nietzsche había descubierto, el nihilismo puede conducir a una teologización del arte tan destructiva como el cristianismo. El sacrificio estético, el martirio moderno, ha producido santos como Flaubert, Kafka, Proust o Joyce, negadores del mundo y de la vida social, teócratas de la narración; pero también ha producido a sus hermanos gemelos en el mundo de la acción malvada: Hitler tachaba razas, naciones o alemanes degenerados con el mismo absolutismo estético con el que Flaubert tachaba un adjetivo. La estética es la religión contemporánea y el verdadero opio del pueblo.

El mártir de la estética, sin embargo, no está fuera del mundo como un monje trapense, pero su existencia mundana es mera servidumbre. Cada acto y experiencia sólo tiene valor si es materia prima para la obra de arte. No vive, sólo engulle y digiere, el artista moderno. El padre de Flaubert será el doctor Larivière de *Madame Bovary;* la cena en el palacio del marqués de Pomereu, a la que asistió el escritor cuando contaba dieciséis años, será la escena de Emma en el castillo; el examen de Derecho que aparece en *La educa-*

ción sentimental es el que pasó Flaubert a los veintidós años; los sucesos de 1848 vividos por el joven escritor serán el armazón de *La educación sentimental* veinte años más tarde; del viaje a Oriente de 1849 nacerá *Salambó* en 1862; la primera mención del nunca acabado *Diccionario de tópicos* data de 1850; en fin, un discretísimo número de acontecimientos y experiencias personales, una vida mínima, se aprovecha en sus más insignificantes detalles y se amplía hasta construir una metáfora del universo.

La fe del mártir

Ésa es la fe del mártir artístico. No cree en las verdades conceptuales y abstractas, pero sí cree en las verosimilitudes concretas. Las grandes cosmologías, los hallazgos de la física y de la astronomía, las afirmaciones de la religión y de la historia le producen hilaridad. Pero cree que la minúscula descripción de personajes microscópicos, animada por el arte, forma una alegoría del mundo capaz de darle sentido y habitabilidad. La ciencia y la filosofía son tareas vanas; sólo el jeroglífico de una novela o de un poema representa verazmente el cosmos, con el verbo hecho carne. Ésta es la religión del mártir de la estética, y, en consecuencia, las gentes ilustradas y eficaces no pierden el tiempo leyendo novelas, ni mucho menos poemas. Aunque sí las leen aquellas otras gentes que, en su sencillez, aún confían en hallar un significado del mundo que les permita morir menos perplejas.

«La historia de un piojo puede ser más bella que la de Alejandro», le aseguró Flaubert a Feydeau. Porque la veracidad literaria, a diferencia de la científico-filosófica, no es jerárquica, no conoce lo grande y lo pequeño, lo principal y lo subordinado. Todo lo que aparece en el poema o en la prosa es grande si está concebido con grandeza, es decir, si el lenguaje es viviente y vivificador. La ballesta del ballestero en el romance, y la retirada de Napoleón en Tolstói, lo mismo. Esta grandeza no es coercitiva ni policial, no persigue la sumisión del lector. A diferencia del pensamiento conceptual, el pensamiento literario no exhibe musculatura, no utiliza armas automáticas. «El autor, en su obra, debe estar como Dios en su universo, presente en todas partes y visible en ninguna», escribió Flaubert a Louise Colet, la prostituta de la literatura que trató de tentarle como a un San Antonio; con bastante éxito, todo hay que decirlo. El cosmos que construye la prosa, único y verdadero cosmos, es la creación de un dios minúsculo que no se oculta para desesperar y aniquilar a sus criaturas, sino para dejarlas libres de dar un sentido propio al mundo, sin amenaza, sin asfixia. En la prosa seca, analítica, transparente de Flaubert habla la única voz que es al mismo tiempo universal y terrena, humana y divina, mortal e inmortal. Aunque sobre todo mortal, claro está.

Entierro de la Bovary

Cuando el cortejo que acompañaba al cadáver de Flaubert ascendía por la pendiente que conduce al cementerio de Canteleu, Jules Claretie comentó con su compañero: «¡Pero si es el entierro de la Bovary!» En efecto, los paisajes, el camino, el dispositivo fúnebre, los amigos y conocidos hablando de sus cosas, el pueblo curioso y cruel..., todo había sido ya creado, inventado, muchos años antes y con toda exactitud. Ahora Flaubert ocupaba el lugar de su personaje, aquella mujer adúltera que tanto intrigaba a los periodistas y de la que había dicho: «*Madame* Bovary soy yo», con el fin de evitar el torrente de identificaciones que se estaba produciendo. Flaubert, que había sido Emma Bovary en vida, seguía siéndolo en la muerte y ahora repetía el entierro que él mismo se había preparado bajo la envoltura carnal de una pobre mujer de provincias demasiado afectada por las novelas.

El País, 6 de octubre de 1991

71

¿CÓMO SE HACE UN DOSTOIEVSKI?

Podríamos comenzar por la célebre distinción que Coleridge establece entre *fancy* e *imagination,* según la cual son narradores fantásticos aquellos que construyen a partir de experiencias infrecuentes, imposibles o sobrenaturales, desde el cuento de hadas hasta *Robinson Crusoe* o el *Yarfoz* de Sánchez Ferlosio; y son escritores imaginativos aquellos cuyo material está directamente relacionado con la experiencia cotidiana, la cual no tiene por qué aparecer en estado bruto (como en el realismo) sino que admite toda suerte de estilizaciones, como *El proceso* de Kafka.

En este segundo grupo se da, con frecuencia, una confusión entre lo narrado y lo biográfico. Se supone, por ejemplo, que Stendhal narra lo que realmente vivió en persona; o bien que Tolstói describe en *Guerra y paz* su propia campaña como soldado del zar. Ésta es una inútil distorsión, excepto en contados e infrecuentes casos. Son muy escasos los escritores que únicamente transmiten y elaboran su propia y biográfica experiencia. Pero incluso éstos lo hacen con el propósito de convertir en general lo que es particular o singular. Es el caso de Ernst Jünger, o el de E. T. Lawrence (el recluta, no el coronel)... y es el caso de Dostoievski.

La aventura literaria que llamamos «dostoievski» sigue en paralelo la aventura vivida por un ciudadano ruso llamado Dostoievski, y es uno de los pocos ejemplos en los que el conocimiento de la vida del ciudadano es recomendable para el buen entendimiento de los escritos que llevan su firma. El ciudadano Dostoievski es un modelo ideal de experiencia moderna, es decir, de experiencia del nihilismo, coincidente con la de cualquiera de los personajes de «dostoievski».

Empleamos la palabra «nihilismo» en el sentido que le da Nietzsche, y no en el de otras acepciones más recientes, como la absoluta y globalizadora de Severino. El nihilismo que conoció Dostoievski es el que Nietzsche analiza en su fragmentaria producción filosófica: la destrucción de todos los valores, comenzando por la muerte de Dios y acabando por el paso a «cosa» de lo humano. Esa vida de Dostoievski y esa obra que llamamos «dostoievski» formulan una interminable pregunta sin respuesta: ¿es posible vivir cuando lo humano se convierte en una forma de pasado? ¿Cómo puede soportarse la existencia cuando el concepto de «humanidad» se convierte en un término técnico y en una designación más de lo mercantil?

En el recorrido de su larga pregunta, Dostoievski pasa por todas y cada una de las etapas que configuran el nihilismo moderno: *a)* rechazo de la vida social, *b)* salvación por el terrorismo, *c)* muerte absoluta, y *d)* salvación por la locura, es decir, por la religión (por *una* religión, sea ésta de carácter teológico o político, o bien la unión de ambas que solemos llamar «nacionalismo»). Cada una de las etapas conduce a la siguiente: el rechazo de la vida social conduce al terrorismo y la experiencia de la muerte absoluta (la aniquilación) conduce a la locura.

Es importante remarcar que si Dostoievski es uno de los más importantes escritores de la modernidad, ello fue posible porque pasó por estas cuatro etapas *antes* de escribir ningún libro importante. Como veremos, esta experiencia le ocupó los primeros cuarenta años de vida, y sólo *después* pudo poner por escrito lo que había averiguado.

En consecuencia, para nuestra exposición nos basaremos exclusivamente en ese Dostoievski que todavía no es «dostoievski», pues, paradójicamente, cuando ya estaba en condiciones de escribir las obras que han hecho de él un clásico, Dostoievski deja de tener interés: la obra lo explica todo por sí misma e incluso va más lejos de lo que humanamente da de sí el ciudadano Dostoievski.

Dicho de otro modo: nos interesa averiguar cuáles son las condiciones de posibilidad de la obra, y ésta es la justificación del título elegido para este artículo. Así pues, seguiremos paso a paso su biografía (que, por otra parte, es la de cualquiera de nosotros) basándonos en el monumental trabajo de Joseph Frank, de cuyos cuatro volúmenes han aparecido ya tres con la información pertinente sobre los años de formación. Este artículo debe considerarse un comentario a la obra de Frank.[1]

Cuando Dostoievski nace, en 1821, el pensamiento y la literatura europeas se encuentran todavía impregnados por la influencia del romanticismo tardío, es decir, por la prehistoria del nihilismo europeo. Lo característico del romanticismo tardío, desde nuestro punto de vista, es el abandono del humanismo tradicional, el que imperó desde el renacimiento hasta la Revolución Francesa, sin por ello despegarse de sus fundamentos teológicos. El romanticismo tardío es un teísmo antropológico, una divinización de la voluntad, suyo sistematizador supremo fue Hegel: sólo lo humano es divino. El hombre, por su propia voluntad, pone valores y fines, sin intervención trascendente; el hombre es el técnico constructor de la Idea Absoluta y el instrumento del Espíritu, el cual, a su vez, no es otra cosa que lenguaje, *nuestro* lenguaje.

Las primeras experiencias intelectuales de Dostoievski fueron las comunes a su tiempo; como poshegeliano, era testigo del hundimiento de la sociedad tradicional, ya que nada volvería a ser como antes tras la experiencia napoleó-

---

1. Joseph Frank, *Dostoievsky*, vol. I. *Las semillas de la rebelión*, FCE, 1984; vol. II, *Los años de prueba*, FCE, 1986; vol. III, *The Stir of Liberation*, Princeton U.P., 1988.

nica europea, pero carecía del instrumental espiritual preciso para sobrevivir a ese hundimiento. Aun cuando no perteneciera (como Tolstói o Turguéniev) a la aristocracia o a la alta burguesía, el padre de Dostoievski, funcionario de cierta categoría, se esforzó por dar a sus ocho hijos una educación capaz de empujarlos en el ascenso social. La primera consecuencia de esa voluntad paterna fue que Dostoievski no salió de su casa hasta cumplir los doce años. Hasta entonces vivió bajo un severísimo régimen disciplinario.

Pero el acontecimiento decisivo de esta etapa juvenil no fue el descubrimiento del mundo en la escuela (como es el caso del alumno Törless), sino el asesinato de su padre, a manos de los siervos, en 1839. Este suceso, consecuencia de la muerte de la madre tres años antes, tras la cual el padre cayó en una progresiva degeneración alcohólica, será objeto de especulación por parte del escritor hasta su completa y total maduración en *Los hermanos Karamazov*, cuarenta años más tarde (1880).

En el asesinato del padre intervienen los siguientes factores: *a)* culpabilidad de los siervos, precisamente esos «humillados y ofendidos» que configuran toda la obra de Dostoievski y por cuya liberación cumplirá diez años de trabajos y reclusión en Siberia; *b)* culpabilidad del padre, un tirano degenerado que humilla sexualmente a sus siervos, y *c)* culpabilidad del hijo, para pagar cuyos estudios el padre explota a los siervos. Este encadenamiento de culpabilidades se construirá como un proceso ascendente en sucesivos libros, en la segunda mitad de su vida: *Crimen y castigo* (la culpabilidad en el asesinato individual), *El idiota* (la salvación individual), *Los demonios* (la culpabilidad en el asesinato colectivo) y *Los hermanos Karamazov* (la salvación colectiva).

Veamos, paso a paso, cómo se realizó el proceso. Ya hemos dicho que las primeras influencias de Dostoievski son las típicas del romanticismo tardío. Así por ejemplo, sabemos que la primera impresión violenta de una obra literaria se la produjo *Los bandidos* de Schiller, a cuya representación asistió a los diez años de edad, sufriendo una conmoción que aún recordaba a los cuarenta años de sucedida (*vid.* carta del año de su muerte, 18 de agosto de 1880). Recordemos que la obra pone en escena a un criminal, Karl Moor, que elige el crimen como único recurso para afirmarse contra la autoridad paterna y la omnipotencia divina. Mucho hay de Karl Moor en los Karamazov, pero el camino de la rebeldía es largo.

Si debiéramos resumir sintéticamente el núcleo primitivo de la cuestión del nihilismo, podríamos hacerlo con la siguiente pregunta: ¿qué quiere decir «autoridad» en un mundo sin valores? O, si se prefiere: ¿cómo fundar una conducta moral, cuando ya no hay garantía divina para la ética? Dostoievski se pregunta, como todo moderno, sobre el significado de una libertad que, tras haber alcanzado su absoluto («si no hay Dios, todo está permitido»), se ha convertido en terror.

Dostoievski conoce muy bien las ataduras de la obediencia. Sus estudios superiores le condujeron a la Academia de Ingenieros Militares de San Petersburgo, lugar en donde regía el código castrense y el castigo corporal; lugar en donde la cadena de mando aparece en estado puro: los alumnos novatos son torturados por los veteranos, quienes son torturados por los mandos inferiores, quienes son torturados por los oficiales, quienes son torturados por los jefes, quienes son torturados por la aristocracia militar, la cual recibe su máxima sanción del zar, el cual la recibe de Dios.

La escala de la tiranía, en su propia familia, tiene un componente añadido: el padre neurótico, despótico, alcohólico, tuvo un hijo ilegítimo el año anterior a su asesinato; los Dostoievski siempre sospecharon que el móvil del asesinato había sido una venganza sexual.[1] De manera que el novelista a los dieciocho años escribe en una carta: «el hombre

---

1. Lo más asombroso del caso es que hoy sabemos que ni siquiera hubo asesinato, sino muerte natural. Posiblemente un vecino urdió la calumnia buscando el castigo de los siervos, con el fin de comprar mano de obra barata. Pero Dostoievski nunca lo supo (*vid.* Frank, vol. I, p. 116 y ss.).

es un enigma... yo me ocupo de este enigma porque deseo ser hombre», y tal ocupación le va a conducir a la rebelión contra el padre, contra el zar y contra Dios.

La rebelión, en tiempos de Dostoievski, se encuentra en un callejón sin salida. Tras el deísmo racionalista y revolucionario, la rebelión había tomado la forma de un humanismo filantrópico; el primer socialismo, romántico y cristiano, se basaba en la piedad y la compasión hacia los débiles; era un despotismo ilustrado de «almas bellas» que la burguesía podía permitirse sin perder sus privilegios. Esta compasión hacia las pobres gentes encuentra su escenario ideal en la puesta en escena de Balzac, cuyas «fisiologías» tuvieron un tremendo impacto en Dostoievski. Pero fue Gogol quien creó el escenario urbano en lengua rusa; de manera que los primeros trabajos de Dostoievski, en los años cuarenta, puede decirse que son compasivas escenas de socialismo cristiano, en el escenario urbano de Gogol y con la ambición épica de Balzac.

Ahora bien, en un lapso de tiempo brevísimo, entre 1843 y 1848, el socialismo filantrópico se transformó en algo infinitamente más agresivo: de ser algo así como un cristianismo puesto al día, pasó a ser una teoría *científica* de la insurrección proletaria. Es en la justa mitad de esta metamorfosis cuando publica Dostoievski su primera novela, *Pobres gentes*, en 1846, con un éxito inmediato: los desvalidos de la sociedad aparecen ennoblecidos y dignificados por la compasión, en severo contraste con las grotescas caricaturas de Gogol. Dostoievski se pone de moda porque su novela *coincide* con la reflexión política de sus contemporáneos más influyentes, como Belinski, Nekrásov o Turguéniev, todos ellos partidarios del socialismo filantrópico y compasivo. Era un primer éxito *falso*, como se vio de inmediato, y basado en un malentendido. El conocimiento de la abyección social debía dar un paso adelante y, de la noche a la mañana, los mismos que le habían encumbrado se convirtieron en sus peores enemigos. Dostoievski carecía de buenas maneras, no sabía comportarse en sociedad (como el torpe príncipe Mishkin de *El idiota*); al percatarse de ello, sus valedores se avergonzaron, pero Dostoievski reaccionó con soberbia satánica y logró ponerse todavía más en ridículo. El elegante círculo de Belinski que le había dado su apoyo, viéndose en peligro por culpa de un patán, decidió hundirlo. En menos de un mes le trituraron del modo más salvaje.

El rechazo de los escritores «de buena familia», monstruosamente cruel, empujó a Dostoievski hacia sí mismo. A partir de ese momento concibió un resentimiento que ya nunca pudo superar hacia los escritores, artistas e intelectuales «distinguidos»,[1] pero simultáneamente, lo que es más importante, se persuadió de que el socialismo humanitario y cristiano era una ideología decorativa, adecuada para rentistas y explotadores hipócritas. Dostoievski se convirtió en un personaje ridículo de la sociedad petersburguesa, pero también en un personaje peligroso, exactamente igual que los héroes de sus futuros libros.

Ese mismo año de 1846, tras ser expulsado del círculo mundano de Belinski, ingresa en un círculo mucho más radical, el de Máikov, Beketov y Petrashevski, al que cabría calificar de socialista-utópico, es decir, partidario del comunismo de Fourier. Este fluctuante conjunto de intelectuales comenzó a reunirse en casa de Petrashevski y pronto se reputó como el círculo más radical de San Petersburgo.

Si el círculo de Belinski estaba dominado por ideas de vago filantropismo cristiano, en el nuevo club rige el positivismo y la ciencia, es decir, la ideología del nihilismo en su forma actual. Desde estos presupuestos, la lucha contra la tiranía ya no puede depender de la buena voluntad de un puñado de patricios; la liberación requiere una etapa de enfrentamiento abierto, de manera que a partir de 1847 Dostoievski se dedica a labores de conspiración. Pero de doble

---

1. Es de sobras conocido el despiadado retrato de Turguéniev en *Los demonios*. Todavía no le había perdonado.

conspiración, ya que en el círculo petrashevskista anida una célula revolucionaria secreta, un auténtico grupúsculo revolucionario que utiliza la pantalla de Petrashevski para ocultarse.

En realidad los petrashevskistas eran inofensivos; sólo aspiraban a hablar interminablemente y su única obsesión práctica era promover la liberación de los siervos, una reivindicación que el propio zar habría bendecido. Pero las revoluciones europeas de 1848 vinieron a precipitar los acontecimientos. La policía secreta, inquieta por la extensión de la onda revolucionaria, comenzó a espiar al círculo de Petrashevski, e incluso infiltró al eficaz agente Antonelli. Ahora bien, en el interior del círculo, el auténtico núcleo conspirador (que pasaría inadvertido incluso a la propia policía) estaba capitaneado por Nikolái Speshnev, figura premonitoria de lo que serán los terroristas-nihilistas del final de siglo.

Speshnev es el modelo de Nikolái Stávroguin, uno de los personajes más fascinantes de la muy fascinante novela *Los demonios*. Se trataba de un político sumamente avanzado: comunista, partidario de la dictadura, oportunista, científico, ateo, pragmático, inclinado a la acción violenta y convencido de que sólo una élite de revolucionarios fanáticos podía dirigir la sublevación de las masas. Éste es el catecismo de la extrema izquierda y la extrema derecha de los años treinta, para las cuales la fuerza, es decir, el terror, es la única política posible en una sociedad tecnocientífica de masas en la cual la actividad propiamente política no tiene la menor relación con la moral: es un asunto técnico, un asunto de eficacia y de especialistas. Tal sigue siendo el credo político de algunos grupos terroristas de ideología prehistórica como ETA.

Durante 1848 y parte de 1849 la célula secreta de Speshnev utilizó como base de operaciones la inocente tertulia de Petrashevski, pero la policía del zar Nicolás, asustada por las convulsiones europeas, decidió dar un escarmiento espectacular y eligió a los inocuos petrashevskistas como objetivo. El 23 de abril de 1849, una redada ponía en la prisión

79

de Pedro y Pablo a un numeroso grupo de intelectuales, entre los que se encontraba Dostoievski. Los conspiradores mostraron auténtica madera revolucionaria, pues ni una sola información sobre el círculo secreto salió a la luz durante los interrogatorios.[1] Pronto fueron declarados inocentes y liberados 24 de los detenidos, pero los interrogatorios continuaron durante muchos meses hasta el veredicto de 15 condenas. El 16 de noviembre, Dostoievski y sus 14 compañeros eran sentenciados a muerte.

A partir de ese día de noviembre, y tras las dos primeras etapas (rechazo de la sociedad y recurso al terror), entra Dostoievski en la tercera: la muerte. Sin duda el personaje del príncipe Mishkin de *El idiota*, escrita veinte años más tarde, en 1867, es la descripción más exacta que jamás se ha escrito sobre el conocimiento de la aniquilación y sus consecuencias. El 21 de diciembre, los condenados fueron dispuestos ante el pelotón de fusilamiento y, tras un macabro simulacro, se les conmutó la pena de muerte por la de trabajos forzados en Siberia. Algunos compañeros de Dostoievski no soportaron la experiencia: Nikolái Grégoriev perdió la razón; seguramente Dostoievski la ganó. El día de Navidad de 1849 fueron atados a grilletes de cinco kilos y comenzaron un viaje de dieciocho días hasta Omsk; una escena que todos hemos reconocido en el último capítulo de *Los hermanos Karamazov*.

La experiencia de cuatro años de trabajos forzados y seis más de conscripción militar en Siberia a partir de 1854, diez años durante los cuales Dostoievski vivió apartado de la vida social y literaria, aislado del mundo e incapacitado para escribir, forman el laboratorio reflexivo que haría posible la decantación de los elementos esenciales para una obra de arte realmente seria. Sin esta ascesis Dostoievski

---

1. A título de curiosidad vale la pena señalar que el comandante de la fortaleza de Pedro y Pablo y jefe de la Comisión Investigadora, era el general I. A. Nabokov, tío bisabuelo de Vladimir, quien habla muy bien del mismo y bastante mal de Dostoievski en sus memorias.

habría jugado un cierto papel dentro del mercado literario ruso e incluso europeo, como Turguéniev, pero sin traspasar jamás el límite de lo históricamente datable.

En el campo de trabajos forzados, como relatará en el maravilloso y nunca superado reportaje que es *Memorias de la casa de los muertos*, conoció en estado puro la convivencia del bien y del mal exentos de cualquier edulcoramiento social y civilizado. Todo se convirtió en material bruto para su posterior elaboración. Enumero tan sólo algunos ejemplos: el abyecto mayor Krivtsov, director del presidio; Aristov, el aristócrata degenerado que prefigura *Crimen y castigo*; Ilinski, el parricida que se convertirá en Dmitri Karamazov; los ataques de epilepsia que asaltarán a muchos de sus personajes; el lenguaje de infinita variedad y riqueza de los condenados, oriundos de todas las regiones del continente; el odio y el desprecio de los presos campesinos y proletarios hacia los presos intelectuales y burgueses; la espantosa atmósfera de violencia perpetua; las orgías y borracheras, la criminalidad engendrada necesariamente por la miseria; la ridiculez del mito del buen salvaje aplicado a las clases populares, y, en fin, el verdadero sustrato de la inmoralidad, es decir, la esclavitud.

Pero también vería con sus propios ojos la emergencia de otro orden, el que Nietzsche en su *Genealogía de la moral* describe como una jerarquía biológica de señores y siervos y cuya ética está «más allá del bien y del mal». Consecuencia inmediata de esa visión fue, claro está, el convencimiento de Dostoievski de que los intelectuales burgueses jamás podrían encabezar una revolución proletaria, lo que, en cierto modo, equivalía a la imposibilidad misma de la revolución. Y en esto acertó, hasta que setenta años más tarde Lenin diera otra vuelta de tuerca en una Rusia extraordinariamente distinta.

Es preciso señalar que si bien el Dostoievski nihilista que entró en prisión aún conservaba por lo menos la esperanza en la acción liberadora de la política burguesa, tras su paso por el campo de trabajos forzados, ese nihilista ya no veía ninguna posibilidad de acción liberadora, de manera que se recluyó definitivamente en la única actividad para la que estaba preparado: la escenificación literaria de todas y cada una de las imposibilidades; el gran retablo de la nada, la épica de la muerte absoluta, del aniquilamiento y de la locura salvífica.

Porque la pura nada del nihilista es incapaz de proporcionar el impulso gigantesco necesario para producir cuatro de las más grandes novelas de todos los tiempos. La pura nada es inactiva y se complace en el nirvana de su destrucción lúcida, como el adicto a la heroína se complace en su propia muerte. Como dije al comienzo, tras el conocimiento de la muerte, si la aniquilación no es completa queda un último refugio: la locura. Pero no una locura equivalente a la muerte social por reclusión (que es lo propio de la aniquilación), sino la locura bajo la forma de creencia irracional y mística que aparece como salvación alucinada y colectiva. Las diversas formas de esta locura, es decir, la religión, el nacionalismo, la artisticidad y otras similares, permiten prolongar la actividad del nihilista bajo formas oníricas. Dostoievski fue tomado por todas estas locuras: la locura religiosa (se convirtió en un feroz defensor de la ortodoxia), la locura nacionalista (se convirtió en feroz eslavófilo) y la locura artística (se convirtió en feroz escritor).

El antiguo revolucionario ilustrado, el padre y liberador de las masas, se había transformado en un hijo pródigo que suplicaba el reingreso en la gran familia rusa y ortodoxa, que imploraba el perdón del padre zar y que sólo ansiaba disolverse en esa divinidad secular llamada «pueblo ruso». De hecho, Dostoievski utilizó todos los recursos estéticos del nacionalismo; en sus novelas el «pueblo ruso» recibe un tratamiento similar a las catedrales góticas, es algo incomprensible, inmenso, de una fuerza descomunal, algo que ya no podemos repetir y que debe ser conservado tal y como está ahora, a toda costa. Ante semejantes monumentos el viejo nihilista revolucionario habría preguntado: ¿por qué hay que conservar esas cosas y esas personas miserables? El nuevo nihilista ya sólo respondería con argumentos estéticos disfrazados de religión nacional.

Recordemos que Hegel defendía la eliminación progresiva del campesinado; o que Marx recomendaba a los ingleses el exterminio de las masas rurales en la India, con el fin de crear masas obreras. No otra es la razón por la que la religión nacionalista está en la raíz de los movimientos nazi y fascista, en tanto que el movimiento comunista, cuyo fundamento es «científico» y no estético, es internacionalista.[1]

De manera que el fundamento estético de la religión nacionalista se convierte en el motor de la empecinada actividad literaria de Dostoievski a partir de su liberación en 1860. Esa actividad no será otra cosa que la representación transfigurada de todo lo hasta aquí expuesto sobre su vida, sin más añadidos,[2] y esta será, a los ojos de Dostoievski, una empresa mesiánica ya que las nuevas generaciones, es decir, los futuros terroristas cuyos atentados caracterizan el fin de siglo, son enteramente distintos de los bienintencionados burgueses que Dostoievski conoció antes de entrar en presidio. Espantado por lo que lúcidamente cree que va a suceder sin remedio, es decir, el terror indiscriminado, combate con todas sus fuerzas a los nuevos técnicos de la insurrección.

El choque fue frontal, y aún dura. Así por ejemplo, Chernishevski, típico representante de la nueva hornada de revolucionarios (éstos ya de extracción semiproletaria), defiende en su tesis doctoral, que lleva por título *La relación estética entre el arte y la realidad*, la inutilidad de todo arte que no esté al servicio de la revolución, lo que le valió el apodo de «cucaracha apestosa» por parte de Turguéniev.

1. El paneslavismo, como explica Hanna Arendt en su impecable trabajo sobre el totalitarismo, es el precedente del pangermanismo; ambos fueron movimientos antisemitas y ambos están en el origen del nazismo.

2. Todo lo más, su primera mujer, viuda de un militar alcohólico, se convertirá en la Katerina Marmeladov de *Crimen y castigo*, también casada con un borracho. O bien transfigurará su propio infierno en las mesas de juego, en el relato *El jugador*. Detalles menores.

Pero Dostoievski sabía que los días de las «almas bellas» y los burgueses bienintencionados como Turguéniev estaban contados y que serían las «cucarachas apestosas», es decir, los técnicos, los científicos, los especialistas en la manipulación de las masas como Lenin o Trotski, quienes acabarían con ellos. Cuando en 1860 se reintegra a la vida civil, a la sociedad de los vivos, está en mejores condiciones que ningún otro de sus contemporáneos para suprimir todo lo superfluo y exponer únicamente lo esencial y necesario; para aproximarse a la pequeña zona de luz comprensible en el nuevo mundo de la nada, del terror y de la aniquilación que se estaba forjando; la nada del mundo tecnocientífico, el terror del totalitarismo, la aniquilación de las guerras planetarias y el holocausto nuclear; en fin, los componentes del mundo que nos ha hecho como somos. A partir de 1860 y paradójicamente sostenido por la locura, ya sólo podía escribir la verdad, único y auténtico objeto de la obra de arte. Dostoievski había muerto en Siberia y ahora sonaba la hora de «dostoievski».

(Intervención en el Curso de Literatura Universal de l'Institut d'Humanitats de 1989.)

TRES NOVELAS QUE CAMBIARON EL MUNDO. FRANZ KAFKA

El humorista

Algunos personajes célebres están marcados por un hábito o gesto singular que, sin que nadie acierte a explicar la razón, se convierte en su emblema y en su caricatura. En la imaginación popular Napoleón siempre será un hombre con la mano metida por la botonadura del chaleco a la altura del vientre. A su vez, Kafka nunca podrá escapar al gesto incendiario, a la orden de quemar sus papeles que por fortuna Max Brod no obedeció.

Este episodio, que parece poseer una tremenda importancia, es, en realidad, una trivialidad, pero ha sido interpretado como el gesto de rechazo, de autoaniquilación, que mejor convenía para esa caricatura del santo y del mártir del Arte que, como tantos tópicos posrománticos, tan eficaz se muestra para una divulgación masiva.

Pero Kafka no fue ni un santo ni un mártir. Uno de sus rasgos más sobresalientes como escritor indica todo lo contrario; me refiero a su humor corrosivo, a medio camino entre el expresionismo germánico y la *self deprecation* a lo Woody Allen. Ese trazo acentuadamente expresivo, tan propio de las vanguardias centroeuropeas anteriores a la Primera Gran Guerra, es también un signo inequívoco de la testaruda voluntad literaria de Kafka: sin la menor duda, deseaba que sus lectores se rieran a carcajadas de la esencia trágica de nuestra existencia.

Debe descartarse de una vez por todas la imagen mística y masoquista de un Kafka que sólo trabajaba para él mismo (para el Arte), decidido a morir como un hindú sobre la pira de sus propios libros, angustiado y destruido por la culpa metafísica. Quizás hubiera algo de eso en sus últimos años como tuberculoso terminal, aunque tampoco es verosímil porque son los años de su relación con la atractiva Dora Diamant y el conmovedor proyecto de montar con ella un restaurante en Palestina; en cualquier caso, no durante toda su vida anterior. Kafka luchó por publicar y por ser leído. Buscó el reconocimiento y el éxito. Kafka era un artista, no un cura.

Tan es así que su célebre *Carta al padre* pretendía, creo yo, cazar a un lector inaccesible y acorazado, su inculto y brutal padre, aquel mercader que nunca pudo soportar haber engendrado un hijo con vocación de escritor. Es de sobras conocida la noche en que Kafka, temblando de emoción, llegó a casa con la intención de obsequiar a su padre el primer libro recién publicado; éste no se dignó ni mirar la cubierta; siguió jugando a los naipes con su atribulada esposa mientras Kafka se retiraba con la cabeza hundida entre los hombros.

El sufrimiento profundo con el que Kafka soportó el desdén de su padre se hace patente en la extensísima *Carta* en cuyas páginas se las ingenia para incluir la única «novela» capaz de interesar al tirano: la historia de su desprecio y del desolado dolor que causó en su hijo. Pero el viejo Kafka tampoco leyó aquella novela escrita exclusivamente para él; la madre de Kafka, a quien había sido confiada, nunca osó entregársela.

Si Kafka fue capaz de escribir una novela (epistolar) para ser leída por un solo lector, táctica que empleó con éxito en numerosas ocasiones, debemos suponer que sus novelas y relatos iban dirigidos al mayor número posible de lectores y que fue un desmesurado rigor crítico contra sus propios escritos, y no un ridículo misticismo, lo que originó que muchos de ellos quedaran incompletos, inacabados o en esbozo. Consciente de los defectos inherentes a sus narraciones interrumpidas, Kafka pudo querer destruirlas, pero no por una pulsión narcisista sino por severidad intelectual, por elegancia.

Tres novelas incompletas, salvadas del fuego, pueden parecer poca cosa. Son, sin embargo, tres enormes estirones en la ya larga vida de la novela moderna que se había iniciado con un talento literario muy similar al de Kafka, el de Miguel de Cervantes.

Proceso

Un cierto número de familiares de Felice Bauer, la prometida de Kafka, se reunió en un hotel de Berlín el 12 de julio de 1914 con el propósito de examinar al pretendiente, pero tras un minucioso y hábil interrogatorio le comunicaron que no era aceptado como marido e incluso le hicieron ciertos reproches por haber intentado acceder al himeneo.

Se supone que Kafka inició la escritura de *El proceso* en 1914, tras haber soportado este juicio y consecuente condena. Sabemos que comenzó por lo que hoy es el primer capítulo y siguió con la conclusión en la que se ejecuta al procesado, quizás porque en su caso el interrogatorio también había sido una farsa para encubrir una condena inapelable. En 1916, sin que sepamos las razones precisas, Kafka se desentendió del proyecto y la redacción quedó interrumpida. Los restantes capítulos quedaron tan solo esbozados. A partir de 1917 Kafka fue recluyéndose cada vez más en sí mismo, preocupado por su salud y decepcionado por el mundo literario. Nunca más volvió sobre su novela.[1]

En aquella época, entre 1914 y 1916, Kafka gozaba de cierta reputación en los medios intelectuales germánicos. Se sabe, por ejemplo, que el 16 de noviembre de 1916 leyó *La colonia penitenciaria* en Munich ante un público entusiasta entre el que posiblemente estuviera Rilke. Max Pulver cuenta

1. S. L. Gilman, *Franz Kafka. The Jewish Patient*, Routledge, 1996.

que tres mujeres se desmayaron de espanto ante la crudeza del relato.[1] De todos modos, una vez finalizada la Primera Guerra Mundial, el expresionismo, movimiento al que Kafka había sido adscrito por la crítica, era ya una antigualla.

Murió en 1924, pero *El proceso* no se editó de un modo mínimamente riguroso hasta 1935, a partir de los fragmentos que Max Brod pudo rescatar del ansia destructiva de Kafka. Brod ordenó los capítulos recordando algunas conversaciones mantenidas con su amigo y siempre afirmó que los títulos de cada capítulo eran del propio autor.

Todavía hoy se sigue editando *El proceso* con notables variantes. Así, la traducción española más competente hasta la fecha, la de Feliu Formosa, proponía el fragmento llamado «La amiga de la señorita Bürstner» como el número 4; Bernard Lortholary, el mayor experto francés, la coloca como número 2; pero Reuss y Staengle lo sitúan como número 3.

Estas variantes se deben a la actividad, por una parte salvadora pero por otra mistificadora, de Max Brod, el cual no devolvió a la familia de Kafka los originales del escritor hasta 1960. Los herederos, a su vez, legaron la colección a la Biblioteca Bodleian de Oxford y sólo a partir de 1962 pudieron ser consultados por los expertos.

Las ediciones y documentos de Brod deben tomarse como testimonios indispensables, pero también con suma precaución. El modo un tanto despreocupado con que trataba los papeles de Kafka se pone de manifiesto en una anécdota que cuenta Jeremy Adler. Cuando visitó a Brod en Tel Aviv, a finales de los años sesenta, éste le recibió jubiloso: «¿Ya sabe usted que se ha descubierto otro cuento de Kafka?», le dijo.

«¡Excelente! ¿Y dónde ha sido?», preguntó Adler. «¡Cómo que dónde! ¡Pues aquí, en mi escritorio!»[2]

---

1. J. Unseld, *Franz Kafka, une vie d'écrivain*, Gallimard, 1982, p. 158.
2. J. Adler, «Stepping into K's head», *Times Literary Supplement*, 13 de octubre de 1995, pp. 11-12.

La expiración de los derechos de Kafka, en 1995, permitió proceder a un conjunto de ediciones más rigurosas que permiten leer al checo sin pasar por el filtro de Brod.

Muy pocas novelas tienen el privilegio de convertirse en el espejo de una época. La España barroca es *El Quijote*, como la Francia en vísperas de la Revolución es *El sobrino de Rameau*, o la Rusia de los nihilistas es *Demonios* de Dostoievski. Pero *El proceso* parece simbolizar no una época, nación o sociedad, sino a toda la especie humana del siglo XX, lo que no deja de ser sorprendente habida cuenta de que carece de héroe, de caracteres psicológicos, de peripecia, de aventura, de fantasía, de paisaje, de imágenes, de información... y que ni siquiera se habría editado de no haberla salvado la precipitada muerte de su autor. *El proceso* no es una obra de arte acabada sino un documento. Un documento muy apropiado para la época del *acabamiento del arte*.

Son sus carencias lo que han convertido a este montón de fragmentos en uno de los más poderosos faros de navegación del siglo XX. El siglo de las masas, del anonimato, del nihilismo, de las dos guerras mundiales, del fascismo, del nazismo, del estalinismo, de las tecnocracias, del holocausto y del *goulag* no parece susceptible de verse representado por una obra acabada y entera. Si el siglo XIX fue «el siglo idiota», como dijo Flaubert, el siglo XX está siendo «el siglo asesino». No es fácil representar un crimen *verdadero*.

Sin embargo, debemos evitar una lectura en exceso simbolista de la novela. Ya advertía Benjamin contra las metáforas religiosas de los intérpretes y él prefería hablar de «fábulas». Ésta no es la novela de la «muerte de Dios», ni una alegoría del Estado burocrático-militar austrohúngaro, ni una anticipación del existencialismo francés de los años cincuenta, por interesante que sea la opinión de Camus. Es todas estas cosas, naturalmente, ya que una obra literaria sólo es lo que sus lecturas la *obligan* a ser; pero también puede ser otras cosas; está siendo otras cosas.

Ciertamente, tampoco hemos de aceptar la visión estrictamente formalista de la academia estructuralista y posestructuralista, ni la de los freudianos y lacanianos, o la puramente ideológica de marxistas y posmarxistas. Tampoco es únicamente un aparato retórico que deba estudiarse con procedimientos entomológicos. No es una pieza de *l'art pour l'art*, ni una parábola religiosa. Es, por encima de todo, un relato incompleto que debe leerse como un puro relato. Pero un relato puede contener fábulas estratosféricas, como *El corazón de las tinieblas* de Conrad, o *Dr. Jekyll y Mr. Hyde* de Stevenson, o *La carta a Lord Chandos* de Hoffmanstahl. A tal estirpe de narraciones pertenece *El proceso*.

Es justamente su capacidad fabuladora lo que hace inagotable la lectura de *El proceso*. Thomas Mann, por ejemplo, opinaba que era un excelente relato de humor, pero Frederic Jameson, marxista y sin embargo posmoderno, asegura que el proceso al que se ve sometido el personaje es lo mejor de su existencia, la cual, sin tan lamentable contratiempo, sería aún más tediosa e insoportable. Es decir, más kafkiana.[1] ¿Por qué se pueden avanzar dos juicios tan paradójicos, con los que estoy fundamentalmente de acuerdo?

Que la novela tiene lugar en un presente estático es evidente por la propia dinámica narrativa: la sucesión de acontecimientos carece de temporalidad fija («una mañana», «durante la semana siguiente», «durante el siguiente período», «una mañana de invierno») y no podemos asegurar que los sucesos hayan sucedido ni que estén sucediendo en el momento de la redacción. La consecuencia es desconcertante; Kafka detiene el tiempo narrativo como si preparara un final esclarecedor, a la manera de las novelas de detectives en las que los sucesos van proporcionando datos para un silogismo cuya formulación concluye la novela («dado que A y siendo así que B, en consecuencia C»), pero Kafka no concluye nada; parece *inconsecuente*. La última frase dice: «Era como si la vergüenza hubiera de sobrevivirle.» El

1. F. Jameson, *Teoría de la posmodernidad*, Trotta, 1996, p. 230 y ss.

subjuntivo posee una ambigüedad admirable que permite cualquier conclusión en una temporalidad abierta.

Al leer la novela entramos, por lo tanto, en un tiempo suspendido sobre una sociedad desconocida, y no se nos relata una aventura, un devenir (los cuales transcurren en el tiempo proyectivo), sino un destino (el cual está fuera del tiempo o en un tiempo cuyo principio coincide con su fin). Ese destino, además, no es exclusivamente el de K., sino el de cualquiera que tenga la desdicha de ser procesado, algo extremadamente frecuente según se desprende del relato. Es un destino común que tiene lugar en una sociedad desconocida y en el que alguien se ve obligado a demostrar su inocencia.

Debe subrayarse, sin embargo, que el personaje K. colabora en su propio proceso; no lo boicotea ni lo sabotea. Está conforme en ayudar al funcionamiento de la terrible maquinaria, por mucho que la desprecie y sepa que como instrumento de justicia es una farsa, o quizás un error. Digamos, a propósito de esta espontánea colaboración, que uno de los testimonios más espantosos del *lager*, el de Primo Levi, se refiere constantemente a la incomprensible entrega voluntaria de las víctimas para ayudar a sus verdugos en los campos de exterminio; un rasgo común a todas las grandes masacres. El condenado es una parte activa del proceso, sin su apoyo no habría proceso.

Pero observamos también que todos los demás personajes, ujieres, empleados de banco, la criada Leni, los magistrados, el capellán de la catedral, el comerciante Block, el pintor Titorelli, incluso la señorita Bürstner, todos colaboran en el eficaz desarrollo del proceso con exquisitos modales, mostrando gran delicadeza y deferencia hacia el procesado. No hay oposición, no hay excepciones, nadie está fuera del proceso y nadie desea detener el mecanismo, ni siquiera lo ponen en duda o en entredicho. El protagonista dirá, en un momento de la novela, que el proceso es un *gigantesco negocio*.

Esto es muy chocante porque desde el comienzo mismo de la novela sabemos que K. es inocente (quizás le han calumniado) y también sabemos que va a ser condenado irremisiblemente (de modo que es culpable ante la ley, por extravagante que ésta sea). Sabemos también que no se trata de una condena cualquiera sino de una condena a muerte. ¿Qué *negocio* puede ser éste?

Evidentemente, para que haya proceso el procesado ha de *simular* que no cree que vaya a ser condenado, ha de fingir que se defiende, que se esfuerza por comprender el mecanismo procesal y que trata de negociar con él. Sin esta primera aceptación o sumisión al proceso no habría proceso; si el procesado se suicidara, o se mantuviera en una actitud totalmente pasiva, el proceso sería imposible o claramente fraudulento. Para la credibilidad del proceso es indispensable que el condenado colabore en su propia sentencia y dé muestras de estar esforzándose por conseguirla.

Todos los restantes personajes de la novela practican la misma táctica; todos *simulan* estar convencidos de que K. no será condenado, de que K. es inocente y va a salvarse, y todos le ayudan como pueden para llevar adelante el proceso, cada uno desde su papel social específico, unos como guardianes, otros como parientes, las mujeres en esa perpetua situación de bisagra sexual entre despachos que les proporciona un poder marginal gigantesco.

Sin embargo, desde el comienzo, todos están persuadidos de que K. ha sido ya condenado a morir. Se trata por tanto de simular, de pasar el rato, de matar el tiempo llevando a cabo una actividad capaz de conducir a la absolución o a una condena menor, aunque todos saben que eso es imposible. Se trata de mantener en marcha la dinámica de una ficción, de una *representación*.

Así que debemos cambiar nuestro planteamiento inicial: no hay tal proceso de un inocente, sólo hay condena de un culpable, pero estamos obligados a llenar el tiempo de espera hasta su aplicación y lo hacemos mediante un simulacro de proceso en el que colabora toda la sociedad. Nos agitamos de aquí para allá fingiendo que podemos hacer algo,

92

aunque en realidad sólo podemos distraernos esperando a que llegue de una vez la ejecución.

Esta distracción nos la proporciona, por ejemplo, la racionalidad, la capacidad de los humanos para llenar el tiempo que transcurre entre el nacimiento y la muerte con simulaciones de sentido, lo que suele calificarse como «el saber», «la ciencia» o los trabajos de «investigación de la verdad». El estudio del mundo, del cosmos y de nosotros mismos. En *El proceso* hay frecuentes y extensos discursos muy bien razonados y una constante argumentación lógica sobre asuntos perfectamente delirantes. Son entretenimientos.

También nuestras complicadísimas relaciones sociales y sus rituales cívicos nos distraen; el amor, la política, la guerra, el arte, la filosofía, el dinero, son entretenimientos que ocultan y disimulan el hecho cierto e inevitable de que estamos condenados desde el mismo instante en que nacemos, y vivimos esperando la ejecución de una condena, ocupados con el pretexto de una (imposible) defensa, o incluso con la simulación máxima de que ya nos hemos salvado porque somos inmortales.

Muchos años antes, Coleridge había resumido el proceso kafkiano con estos versos:

Nuestro pensamiento es el juguete
que cuelga del cabezal de un lecho
donde agoniza un niño mortalmente enfermo.

Por eso Mann considera la narración de Kafka como un relato de humor negro, pero Jameson, lector de Schopenhauer, asegura que sólo gracias al proceso los personajes de la novela se mantienen con vida. Ambos tienen razón: no conocemos otro modo de pasar nuestra existencia que el de inventar constantemente entretenimientos para prolongar todo lo posible el proceso y hacer lo más divertida posible la representación antes de que llegue la ejecución. Por ejemplo, convirtiéndola en un negocio.

¿Hay algún final para este negocio? Sí: uno y sólo uno. Nadie puede llegar al final de la narración de Kafka sin sentir todo el peso de su lúcida desesperación. Una vez los verdugos han «retorcido dos veces» el cuchillo en el corazón de K., el personaje dice sus últimas palabras y el narrador añade su propio juicio a las mismas; un comentario, por cierto, perfectamente externo al relato y muy poco ortodoxo desde un planteamiento académico de la narración:

«"¡Como un perro!", dijo; era como si la vergüenza hubiera de sobrevivirle.»

Este sentimiento de vergüenza ¿es el que K. se lleva consigo al silencio eterno? ¿O es más bien el del narrador, testigo impotente del asesinato? ¿Se avergüenza K. o se avergüenza el lector? Pero ¿por qué habría de avergonzarse el lector que, por ejemplo, se divierte mucho y sin la menor culpabilidad con los cientos de asesinatos que aparecen en la televisión o en las novelas y películas de éxito? ¿Qué clase de vergüenza es ésa?

Para todos los lectores es indudable que han asesinado a un inocente, pero nos sobrecoge también la *inocente culpabilidad* de quienes han colaborado en la ejecución. Ahora bien, siendo así que *todo el mundo* colabora en ella, incluido el procesado, la conclusión sólo puede ser una y es vergonzosa: en la representación o simulacro de proceso que solemos llamar «vida humana», no hay jueces, no hay acusados, ni mucho menos inocentes y culpables, sólo hay verdugos.

* * *

Hemos comenzado comentando *El proceso* porque en su propia fragmentariedad concentra la esencia del mundo narrativo kafkiano y su presentación resume mucho de lo que hay que decir sobre las otras dos novelas. Sin embargo, de haber elegido un criterio cronológico, deberíamos haber comenzado por *América*, cuya redacción data de 1912. Pero ya hemos apuntado que la cronología es poco relevante en el estudio de las novelas de Kafka, todas ellas fragmentarias y redactadas a golpes con vacíos temporales muy significativos. Por eso ahora comentaremos *El castillo,* cuya relación con *El proceso* es muy estrecha, dejando para el final la más misteriosa y poética de las tres narraciones, la de un personaje desaparecido en «América».

Castillo

Unas semanas antes de iniciar la redacción de *El proceso* en 1914, Kafka escribió un curioso relato que también quedaría inconcluso, *Tentación en el pueblo,* en donde es posible ver un primer esbozo de *El castillo* ya que se trata de un viajero que, habiendo llegado a una aldea desconocida, decide instalarse en ella, lo que le obliga a complicadas negociaciones con unos vecinos totalmente opuestos a su presencia. A la manera del viajero del cuento, también el agrimensor K. (o quizás «el falso agrimensor K.») quiere penetrar en un castillo y pasa toda su vida negociando con los habitantes de la aldea aledaña un acceso que se va mostrando cada vez más improbable.

La coincidencia temporal de ambas ideas, la que condujo a la redacción de *El proceso* y la que mucho más tarde daría lugar a *El castillo* (comenzada en 1922 e interrumpida por la muerte del escritor), nos indica la fraternidad de ambos relatos. Pero así como no conocemos con certeza el plan de la primera, el orden de los capítulos de *El castillo* no presenta dificultad. Falta, eso sí, la conclusión, pero la ausencia de un desenlace (como la inconclusa Novena Sinfonía de Bruckner) da una absoluta libertad al lector para concluirla a su manera. Veremos, sin embargo, que existe un posible final canónico.

Entre ambas novelas, *El proceso* y *El castillo,* hay sin embargo una diferencia que puede parecer de mero detalle pero que determina la interpretación, y es la presencia de un segundo personaje, Bernabé el mensajero (o «el falso mensajero»), cuya historia se desarrolla en el interior de la principal (del capítulo 16 al 22) en contrapunto muy notable con la historia del agrimensor K. El mensajero Bernabé parece haber accedido al castillo e incluso se diría que ejerce de enlace entre algunos castellanos y los habitantes de la aldea. De todos modos, ni siquiera el propio Bernabé osa afirmarlo, ni puede asegurar que sus mensajes vengan realmente del castillo, ni que su contenido no sea un delirio suyo, lo cual nos confirma que la accesibilidad del castillo no es tan sólo un problema particular de K. sino una inaccesibilidad universal. Y con ello volvemos a las lecturas parabólicas.

Desde que Thomas Mann, inspirado seguramente por Max Brod, afirmó que el Joseph K. sometido a proceso era un hombre que buscaba la *Justicia* divina, pero que el agrimensor K. incapacitado para acceder al castillo era un hombre que buscaba la *Gracia* divina, muchísimos comentaristas se han apuntado a tan ingeniosa lectura. En efecto, ¿no parece de sentido común que el joven rebelde que exige justicia se modere con el paso de los años y acabe por ser un hombre maduro cuya ambición ya sólo es comprender, aceptar y ser aceptado?

Resulta tentador suponer que a medida que Kafka se aproximaba a su fin iba abandonando la estéril irritación juvenil (la lucha por la justicia), y que habiendo aceptado los hechos «tal y como son» tras percatarse de que la sabiduría sólo consiste en comprender la *necesidad* de que las cosas sean lo que son, ya sólo buscaba una revelación consoladora, una «gracia», para morir en paz. La afirmación de que «todo lo real es racional» parece, sin duda, el momento de máxima madurez del pensamiento ilustrado europeo.

Es una versión tranquilizadora, pero Mann olvidaba lo más evidente, es decir, que Kafka en efecto había sido alguien a quien nunca le dejaron entrar en el castillo, alguien cuya experiencia diaria era la de estar excluido, un ciudadano que en toda circunstancia y lugar debía ingeniárselas para no ser castigado por existir, siendo así que los judíos laicos de Praga eran despreciados por los checos, por los alemanes y por los judíos ortodoxos. La exclusión era para él, por lo tanto, algo habitual, y si no murió en los campos de exterminio, como sus tres hermanas, fue porque desapareció, junto con «su vergüenza», unos años antes.[1]

En realidad Mann no lo olvidaba. Poco antes, en el mismo artículo escribía: «el fatigoso esfuerzo para transformar un extranjero en un autóctono, es idéntico al esfuerzo de K. por mejorar sus relaciones con el castillo». Pero Mann no podía admitir que el argumento fuera *únicamente* esto, así que añade: «es decir, sus relaciones con Dios, para llegar a la gracia».[2]

Debía de ser consolador para un liberal alemán opuesto al antisemitismo elevar el argumento de Kafka a alturas teológicas, pero también inútil porque nada en *El castillo* invita a hablar de Dios; todo es allí perfectamente humano. La peripecia del agrimensor K. no es la de aquel que debe demostrar su inocencia (bien inútilmente), sino la de quien ya ha sido condenado. Que Dios practique la misma política con los mortales (y algunos ángeles) no le convierte en el protagonista sino en un imitador de esta novela.

Sería un error, sin embargo, leer *El castillo* como puro testimonio de la experiencia judía en un país antisemita, ya que del mismo modo que en *El proceso* nos identificábamos con el falso inocente, así también todos, judíos y gentiles, gitanos y payos, catalanohablantes y castellanoescribientes, monoteístas y ateos, cultos y analfabetos, ricos y pobres, homosexuales y heterosexuales, abertzales y txakurras, gordos y flacos, todos sin excepción estamos excluidos de alguna sociedad en la que querríamos ser admitidos.

Mejor aún: estamos excluidos de una sociedad en la que creemos tener derecho a ser *reconocidos,* aunque de nada nos valgan nuestros ilusorios derechos; incluso aquellos que como Bernabé parecen haber sido aceptados, carecen de razones para sentirse seguros y en cualquier momento pueden descubrir que todo era un espejismo y que, en realidad (como sucedió en la ex-Yugoslavia y como les sucede a los

1. K. Wagenbach, *Kafka,* Alianza, 1970, p. 12.
2. Th. Mann, *El artista y la sociedad,* Guadarrama, 1975, p. 245.

97

campeones de boxeo sonados que piden limosna tras haber conocido un cuarto de hora de gloria), somos todos tan extraños al castillo como el propio K.

Joseph K. moría ejecutado con crueldad y vileza; la vergüenza le sobrevivía. No sabemos cuál habría sido el destino del agrimensor K. de haber vivido Kafka para contarlo, pero Max Brod ha dejado testimonio de una conversación en la que el escritor le sugirió un posible desenlace:

«Kafka no escribió ningún capítulo final [para *El castillo*], pero en cierta ocasión me lo contó [...] El supuesto agrimensor recibe satisfacción, por lo menos parcialmente. No cesa en su lucha, pero muere por extenuación. En torno a su lecho de muerte se congrega la comunidad [de la aldea], y en ese momento llega una nota desde el castillo con un fallo judicial según el cual, si bien K. carece de todo derecho a vivir en la aldea, considerando ciertas circunstancias accesorias se le permite vivir y trabajar allí.»[1]

Este breve testimonio no es sólo un documento notable sobre las intenciones de Kafka, sino también un excelente resumen del espíritu de la novela, el cual no es un espíritu metafísico o teológico sino un espíritu *trágico*. La muerte del agrimensor K., como la de Joseph K., nos conmueve sin que podamos señalar una causa evidente a nuestra emoción: no son personajes realistas, ni psicológicos, no permiten la identificación costumbrista de la novela popular. Nuestra emoción obedece a aquel efecto que Aristóteles llamó *catharsis* y que se produce cuando, por medio de la agonía del protagonista que se agita sobre el escenario, concebimos la *ilegalidad* de nuestra vida en la tierra.

En efecto, también nuestra presencia en este mundo es ilegal, pero se nos tolera una permanencia provisional. Como canta el coro de *Antígona*, los humanos carecemos de lugar propio y estamos forzando constantemente el cambio y el movimiento de todos los lugares como si buscáramos

1. *Escritos de Kafka sobre sus escritos*, Anagrama, 1974, p. 115.

acomodo; no obedecemos las leyes naturales porque nos excluyen y nos matan; en consecuencia, allí donde hay un río tendemos un puente, y si topamos con una montaña perforamos un túnel; del día hacemos noche y de la noche día mediante la electricidad; domesticamos animales salvajes y pescamos con arte los más recónditos peces; comemos uvas en diciembre y naranjas en agosto; y si nos empeñamos en volar, volamos hasta alcanzar los astros.

Somos inmigrantes ilegales, marginales, delincuentes en nuestra propia tierra o en la tierra que tomamos por propia, es decir, como *propiedad* a la que tenemos derecho. Nuestro comportamiento en la tierra y el del agrimensor K. ante las puertas del castillo (desconsiderado, tiránico, agresivo, trepador, chulo) son uno y el mismo comportamiento.

Lo paradójico es que tanta actividad y desasosiego, tanta inquietud y fatigoso esfuerzo contra las leyes de la tierra sólo buscan nuestro acomodo en la misma, nuestro reconocimiento. Queremos habitar la tierra como si fuera nuestro hogar, aunque para ello debemos reventarla y explotarla hasta dejarla irreconocible. Somos forasteros molestos, sucios, ruidosos, ladrones, funestos para el lugar que nos acoge; robamos lo que no es nuestro y lo despilfarramos estúpidamente; somos una plaga, pero nos empeñamos en que nuestras víctimas nos amen. Estamos constantemente pidiendo ser aceptados por una tierra a la que destruimos porque no nos gusta en absoluto; pero no por eso dejamos de solicitar con denuedo que nos declare hijos suyos.

Así que nuestro paso por la tierra es un asunto ilegal, pero *tolerado*. A la manera del agrimensor K., seguiremos tomando medidas, levantando planos orográficos y topográficos con vistas a la depredación hasta que la muerte nos comunique que somos *tolerados* como inquilinos provisionales. Entonces la tierra (que como ya intuíamos nos estaba destinada de pleno derecho desde el principio) nos acogerá eternamente y por fin podremos estarnos quietos. Las fábulas de Kafka son esencialmente trágicas.

América

Dada su singularidad, he dejado para el final la primera novela que escribió Kafka (entre 1912 y 1914) y que ha quedado tan incompleta como las demás. De nuevo debo advertir que la edición original fue obra de Max Brod y por lo tanto está sujeta a toda suerte de sospechas. Y eso desde el mismo título, *América*. Seguramente Kafka habría preferido llamarla *El desaparecido*, pero Brod le dio un título que ha hecho fortuna, y con razón. Veremos por qué.

La América de esta novela es el único ámbito realmente alegórico de todos cuantos inventó Kafka, precisamente por ser el único que tiene una localización o referente geográfico e histórico. El tratamiento expresionista del texto, muy típico del Kafka juvenil y vanguardista, está sin embargo tamizado por una voluntad de austeridad y control lingüístico que Adorno califica de «épica».[1] Puede, en efecto, hablarse de *América* como un relato épico y alegórico, anterior a las fábulas trágicas de la madurez.

El referente americano es una metáfora de la redención o de la salvación, como se pone de manifiesto desde el primer párrafo cuando el protagonista, Karl Rossmann, entra como inmigrante en el puerto de Nueva York y ve la estatua de la Libertad empuñando una espada en lugar de la célebre antorcha. Podría tratarse de un error, desde luego, pero cuando Kafka revisó el texto con el fin de editar el primer capítulo en forma de separata (con el título de *El fogonero*) lo mantuvo tal cual.

Hay muchos más «errores» en el texto, como que el protagonista pague con chelines del imperio austrohúngaro, que San Francisco se encuentre «al este» de los Estados Unidos, que Nueva York aparezca unida a Boston por un puente (Brod corrigió: «Brooklyn»), y tantos otros. De hecho a Kafka le era indiferente el aspecto «realista» de América, como se desprende de un comentario en su correspondencia con Felice:

1. Th. W. Adorno, *Prismas*, Ariel, 1962, p. 280.

100

«¿Has visto las manifestaciones que tienen lugar en las ciudades americanas la víspera de las elecciones para juez de distrito? Seguro que las has visto tan poco como yo, pero en mi novela se están produciendo, ahora mismo, tales manifestaciones» (28/29 de diciembre de 1912).

El aspecto onírico (o surrealista, si se prefiere un calificativo anacrónico) de esta América fantástica no propone un escenario en el que los lectores proyecten su experiencia común, sino que reproduce el lugar mítico que en aquellos años encarnaban los Estados Unidos como puerta del futuro por la que penetraban millones de emigrantes, transformados en astros de la pantalla, plutócratas o poderosos gángsters de la noche a la mañana, como (en parte) les había sucedido a algunos parientes de Kafka.[1]

El protagonista, Karl Rossmann, sufre el habitual rosario de rechazos, expulsiones y desdichas, pero la novela se interrumpe cuando llega al «gran teatro de Oklahoma», último fragmento redactado, ya en 1914. No sabemos lo que Kafka habría dispuesto para su héroe en Oklahoma, pero de nuevo acude en nuestra ayuda Max Brod. He aquí lo que escribió en su postfacio a la primera edición de *América:*

«En términos enigmáticos, Kafka me sugirió sonriendo que su héroe volvería a encontrar en el teatro "casi ilimitado" de Oklahoma, como si se tratara de un paraíso encantado, un oficio, la libertad, una certeza para seguir viviendo, puede que incluso su país natal, y hasta a sus propios padres.»[2]

De haberla concluido, seguramente *América* sería la única novela afirmativa de Kafka, aunque ya hemos ido viendo que las novelas se interrumpían en cuanto aparecía la posibilidad de un final «redentor». Con aquella «América» fantástica, Kafka habría intentado, seguramente, imaginar un lugar en donde todo fuera posible, la patria del futuro, del progreso y de la libertad. Cuando publicó el primer capítulo en la editorial de Kurt Wolff, el director de la colección, Franz Werfel, futuro

---

1. A. Northey, *El clan de los Kafka*, Tusquets, 1989.
2. C. David, *Kafka. Oeuvres Complètes*, Gallimard, 1976, vol. I, p. 940.

marido de Alma Mahler, eligió como portada un grabado en el que figuraba el puerto de Nueva York... en el siglo XIX. Esto desagradó a Kafka quien, en una carta al editor, lo comentó con suma prudencia: «Cuando vi la ilustración de mi libro quedé muy sorprendido pues contradecía el Nueva York ultramoderno que yo había descrito» (25 de mayo de 1913).

El joven Kafka, el primer escritor de lengua alemana que utilizó literariamente la palabra «aeroplano», quería inventar otro sueño «ultramoderno»; un rasgo muy propio de las vanguardias anteriores a la Primera Guerra Mundial. En ese futuro tecnológico todo es desmesurado, como el ascensor del hotel donde trabaja Karl y en donde cabe un vagón de ferrocarril, o las autopistas por las que circulan (¡en 1912!) interminables filas de camiones de cinco en fondo. Se trata, sin embargo, de un paraíso turbulento en el que aparecen manifestaciones, huelgas, grupos de obreros en paro, fábricas donde se practica una salvaje explotación, o ese «gran teatro de Oklahoma», un invento con la fuerza visionaria de la *Metrópolis* de Fritz Lang.

En el escenario futurista, Karl Rossmann había de ser «un pariente lejano de David Copperfield y Oliver Twist», según confesó Kafka a su amigo Gustav Janouch, porque deseaba «escribir una novela dickensiana enriquecida con tonos más violentos», como dejó escrito en su diario (8 de octubre de 1917). Esta faceta próxima a la picaresca pronto dio pie a una lectura ideológica, sobre todo por parte de los comentaristas marxistas, quienes vieron en Karl un antecedente del Charlie Chaplin de *Tiempos modernos*.[1]

Pero en 1933 los nazis incluyeron a Kafka en el catálogo de «artistas decadentes» y una vez llegados al poder prohibieron sus libros. Más tarde, en 1948, los comunistas checos también lo prohibieron por considerarlo un crítico premonitorio del estalinismo. El colmo del ridículo se produjo cuando intelectuales comunistas como Lucio Leonardo Radice tuvieron que salir en defensa de Kafka contra la interpretación

---

1. E. Faye, *K.*, Autrément, 1996, p. 111.

de Luckács y otros burócratas del estalinismo. Según Radice, en los héroes kafkianos son evidentes «los rasgos de heroísmo y sólido compromiso de lucha»; en el teatro de Oklahoma ve «un mañana posible en la tierra», el paraíso del proletariado en versión kafkiana positiva, y con grandilocuencia operística implora para el autor de *América* la «ciudadanía en el socialismo», dando fe, con ello, de *otra* ciudadanía de la que Kafka también habría sido expulsado... una vez muerto.[1]

Desde la tumba, Kafka sigue produciendo situaciones kafkianas porque sus novelas (como todas las grandes novelas, por otra parte) no representan historias particulares, singulares o «reales» (es decir, de identificación costumbrista y psicológica), sino aspectos universales y permanentes de la condición humana a los que de un modo clásico cabe llamar «trágicos».

La condición humana ha sido la misma desde que Adán y Eva fueron expulsados del Paraíso por no respetar una ley que ellos no habían legislado y que les condenaba al estadio animal para toda la eternidad. Desde esa primera expulsión, los humanos estamos fuera de la ley, exiliados en la tierra y expropiados de nuestra propiedad (es decir, enajenados), por una ley incomprensible que nos condena a ser mortales sin que sepamos cuál ha sido nuestra culpa ni la de nuestros padres, si es que la culpa ha de heredarse de padres a hijos.

No es un gran consuelo, pero gracias a Kafka ahora podemos, por lo menos, llamar «kafkiana» a esa desoladora condición. Dar nombre al horror lo hace más llevadero. Incluso, como Kafka deseaba, a veces invita a la risa. Las novelas de Kafka, como tantas obras maestras del siglo XX, son un conjunto de sonoras carcajadas que hielan la sangre.

(Prólogo escrito para unas obras completas de Kafka cuyas laboriosas negociaciones acabaron con la paciencia de la parte contratante de la primera parte, etc. Era en 1997.)

1. L. L. Radice, *El acusado Kafka*, Icaria, 1977.

EL DIARIO DEL SIGLO. THOMAS MANN

Es imposible resumir la importancia de los *Diarios* de Thomas Mann, no sólo para los aficionados a sus novelas, sino también para historiadores, sociólogos, filósofos, políticos y curiosos de la cultura occidental. Los tres volúmenes de la edición alemana constituyen, con toda seguridad, el documento personal más notable del siglo xx.

El azar ha hecho que las primeras anotaciones del diario comiencen en 1918, es decir, cuando Mann es ya un hombre casado, reproducido, notorio y cuarentón. Nos ahorramos así mucha paja juvenil. La primera constatación es la de que este caballero era en 1918 un superviviente del siglo xIx. El círculo en el cual vivía era el diminuto núcleo casi estamental de aquella élite burguesa, ilustrada, que mantenía escasos contactos con la aristocracia y cuya masa específica era muy elevada: si alguien tocaba el piano en una reunión, era Bruno Walter, y si se hablaba de Schiller, era con Rilke.

Nación en quiebra

La segunda constatación es que en plena hecatombe, con los ejércitos en retirada, la nación alemana en quiebra y el horizonte social al borde de la revolución, Mann puede recibir una fuerte cantidad en pago por su último libro, reeditar *Los Buddenbrook*, y preparar una edición de lujo (¡de lujo!) de *Amo y perro*.

Que la guerra no afectara a la burguesía esclarecida, ni siquiera en 1918, más que en términos morales y patrióticos lleva como contrapartida una permanencia de la dignidad de clase perfectamente feudal. Este Mann de cuarenta y pico de años es de un racismo y de una soberbia incomprensibles desde la perspectiva de la burguesía contemporánea, si es que queda alguna. La irracionalidad de semejante actitud se pone de manifiesto cuando Mann asegura preferir el comunismo (a su entender, un modo de conservar el elitismo) a la democracia, la cual se enjuicia como mera tiranía de la mediocridad. Naturalmente, Mann invertiría su ideología con el paso del tiempo, pero incluso en su lúcida crítica del Tercer Reich hay un resto de pseudoaristocratismo burgués: lo peor de los nazis es que son tenderos ascendidos.

El lastre de sus prejuicios, sin embargo, no impidió a Mann intuir con asombrosa sagacidad los acontecimientos futuros. Que previera, por ejemplo, a finales de la primera guerra una segunda guerra, inevitable, entre «Europa y América»; que advirtiera el peligroso impacto político del deporte en las Olimpiadas de 1934; que no se engañara sobre las posibilidades de éxito de los sublevados españoles en julio de 1936, cuando los propios políticos republicanos estaban ciegos de optimismo.

Pero el diario es, sobre todo, una mina de información literaria incomparable. Está continuamente presente el talento caricaturesco de Mann, capaz, incluso, de emplear el sarcasmo al comentar el trascendental discurso del káiser derrotado, aun cuando esa derrota sea también la suya y la de su familia. En el diario se puede seguir, casi hora tras hora en su edición alemana, al escritor durante los sucesos de 1919, el golpe de Estado de Kapp, la revolución comunista o la construcción del liberal y humanista Settembrini y del comunista ultrarreaccionario Naphta, quienes van tomando cuerpo como si chuparan su vida artística del suceso cotidiano. O asistir al crecimiento de *José y sus hermanos*, contemporánea del ascenso nazi. O ver esbozarse las primeras ideas de *Doctor Faustus* y de *Lotte en Weimar*, mientras la tiniebla va tomando por asalto el Estado alemán. O seguir sus caóticas y múltiples lecturas, desde los jocosos comentarios a las primeras ediciones de Kafka hasta su reacción frente a escritores contemporáneos. En fin, la totalidad de la vida cultural alemana aparece testificada por un hombre de excepcional lucidez.

Por fin, también está presente el cuerpo. Es muy divertido comprobar hasta qué exagerado punto era Mann consciente de su cuerpo. No hay día que no reseñe una molestia, un dolor, un prurito, una preocupación física. Muelas, ojos, vísceras, miembros, junto con la totalidad de las funciones secretoras, digestivas, eyaculatorias o defecatorias, ocupan buena parte del diario. Aquel Buddenbrook secundario, neurasténico y patético, indiano derrotado y zángano inútil, no era otra cosa que la angustia corporal de Mann trasladada a una máscara literaria admirable.

Homosexualidad

Junto a este protagonismo de la fisiología, la sexualidad ocupa un lugar de primer orden, mercantilmente aprovechado por los publicistas. No quisiera hacerme cómplice de ellos: las relaciones homosexuales de Mann carecerían de interés de no ser por el talento con el que transfiguró literariamente el recuerdo de alguno de sus amantes masculinos.

Si Mann sigue vivo entre nosotros es porque su habilidad artística era de una calidad excepcional. El gran escritor, aquel que consigue hacerse leer por más de una generación de lectores (algo cada vez más improbable), no puede dejar de unir la más intensa capacitación profesional con una ambición sin límites. La falta de ambición es uno de los elementos más destructivos de la buena literatura. El martes 22 de mayo de 1934, comentando con extrema admiración *El Quijote*, anota Mann en su diario: «El final de la novela es más bien lánguido, no lo suficientemente conmovedor; yo pienso hacerlo mejor con Jacob.»

106

Todos aquellos que no se sientan con fuerzas o desvergüenza suficientes como para escribir una frase similar, quítense el sombrero y guarden un minuto de silencio sobre su máquina de escribir. O un silencio eterno.

El País, 19 de marzo de 1987

INAUGURACIÓN DE UN AEROPUERTO.
WILLIAM FAULKNER

En 1935, Faulkner publicaba *Pylon*. De hecho, su máxima preocupación en aquel momento era la continuación de *Absalón, Absalón,* un manuscrito abandonado en 1934 por excesos de concentración y alcohol. Creyó conveniente relajarse escribiendo una aventura de pilotos de competición, para regresar más tarde a la historia de incesto y desolación con la cabeza más serena. Escribió *Pylon* apresuradamente, corrigió las pruebas por encima y siempre la consideró una obra menor. A pesar de que en términos generales se trata, en efecto, de una de sus novelas más convencionales, *Pylon* sigue siendo un impresionante hervidero de genialidades.

Con el dinero ganado tras la adaptación cinematográfica de *Santuario*, Faulkner se había comprado un aeroplano en 1933, y ese mismo año había acudido a la inauguración del aeropuerto Shushan, en Nueva Orleans,[1] escenario inmodificado de la tragedia que escribiría un año más tarde. En aquella inauguración, un grupo de cínicos empresarios organizó un festival aéreo en el que perdió la vida un piloto (Charles Kenily) y otros varios sufrieron accidentes de distinta gravedad. Los empresarios ignoraban que entre los asistentes se encontraba alguien a quien aquellas muertes rituales y aquel grupo de desarraigados que volaba en torno

1. Michael Millgate, *William Faulkner,* Barral Editores, 1972.

a la inmortalidad por un sueldo de miseria, le inspirarían un relato glorioso, una venganza de los muertos.

La narración es muy lineal, pero está escrita desde esa portería del infierno que alguien alquiló a Faulkner a cambio de su vida. El centro de la peripecia es un reportero cuyos ojos «semejaban los dos agujeros negros que quedan al atravesar una cartulina con un palo encendido». Ese reportero, otro realquilado del infierno, será el encargado de conducir a un trío de aviadores (una mujer y dos hombres) a su destrucción, con la más prístina de las inocencias. En una maniobra de largo alcance, Faulkner inspira su relato en *La tierra baldía*, de T. S. Eliot, y si el reportero es una Némesis disfrazada de J. A. Prufrock, el piloto ahogado es Flebas, el fenicio muerto y redimido por las aguas.

Los aviadores de competición habían captado la atención de Faulkner no sólo por cierta simpatía de colega, sino sobre todo por su inútil y lujosa existencia. Malviviendo de carrera en carrera, con los dólares precisos para llenar de nuevo el tanque y llegar a la siguiente competición, siempre en peligro de quedar varados como cetáceos sin aliento en una ciudad extraña y enemiga, Faulkner bien sabía que se trataba de aves en trance de extinción. El aspecto heroico de lo efímero se le aparecía en aquella imprevisión o ceguera que empujaba a los pilotos a tratar de correr más que la muerte. De uno de ellos dice: «Como no prestaba atención, sólo pudo percibir ese pesado silencio que rodea a un hombre cuando cruza el eterno Rubicón de su maldad, en el preciso instante que precede al terror y antes de que el triunfo se vuelva desaliento, mientras la criatura humana grita su desesperado "¡Yo!" en un desierto lleno de incertidumbres y temores.»

Y entre los pilotos, una mujer, Laverne (¿el Averno?), compartiendo su sexo con una pareja masculina y su destino con un hijo de quien ignora el apellido. Es ella quien excita la inexorable ayuda del reportero y quien indirectamente destruye el trío. Luego abandonará a su hijo para poder seguir adelante con un nuevo embarazo. Por desgracia, los lectores de la edición española no leerán la escena clave de Laverne, no por humillaciones de la censura, sino por humillaciones de la desidia. La correcta traducción de Yáñez se vio obligada a suprimir en tiempos de Franco un coito mal visto por los fariseos del Ministerio de Información. Ese coito no ha sido restituido en la edición actual, no por el gusto emasculador de los verdugos estatales, sino por la opaca inercia de los industriales. Laverne, antes de su primer descenso en paracaídas, aterrada por la idea de no volver a ver al piloto tras el descenso, le obliga a fornicar en pleno vuelo. Cuando salta, el traje se hace pedazos por la fuerza del aire y al caer en tierra desnuda, es acosada por una horda de espectadores y policías simiescos que están a punto de lincharla. En la edición española, desaparecidos los elementos sexuales de la escena, el entusiasmo orgiástico de la muchedumbre es de todo punto incomprensible.

Un último personaje, Jiggs, hace de bisagra entre los pilotos, seres esenciales que se han acoplado a sus máquinas como se acoplan entre sí («si se abrieran las venas, en lugar de sangre saldría aceite lubricante»), y el inconsciente delegado de Caronte, el reportero. Impasible, más parecido a un caballo que a un ser humano, Jiggs colabora en la urdimbre destructiva y brilla como mensajero de la oscuridad: «Había introducido su gorra en el bolsillo trasero del pantalón, doblándola y arrugándola, y la ausencia de dicha prenda en su indumentaria personal le daba el aire de un ciervo herido.» Faulkner está señalando la calvicie de Jiggs, el lugar en donde la muerte ha comenzado a trabajar, y en donde se insinúa la calavera como una herida mortal. Jiggs será el único aliado del reportero, del superviviente.

Porque al final el reportero se libra de la destrucción y regresa a su periódico como Ismael regresó al suyo tras ver morir a Ahab en una carrera no menos interesante. Del mismo modo que Faulkner regresó a *Absalón, Absalón*, una vez concluido *Pylon*. Pero tuvo que interrumpirse de nuevo al llegar al capítulo 5, pues, ocho meses después de la publica-

110

ción de *Pylon*, su hermano se mataba en un accidente aéreo. Se mató pilotando el aeroplano que Faulkner había comprado con los derechos de adaptación cinematográfica de *Santuario*. El aparato se llamaba, como él mismo, *William*.

Triunfo, 3 de junio de 1978

NABOKOVIANA

En una ocasión, Vladimir Nabokov me propinó el siguiente consejo: «El escritor verdaderamente creativo debe estudiar con sumo cuidado las obras de sus rivales, incluido el Todopoderoso.» Las obras del Todopoderoso son variadas; en prosa sólo nos ha dejado la Biblia, pero en drama nos ha dejado la vida misma. Y dentro de ese drama hay personajes que merecen particular estudio, como por ejemplo las niñas entre los doce y los dieciséis años.

Reducir *Lolita* al proceso de posesión y disfrute de una impúber por obra de un maníaco, es quitarle toda la carne para señalar jesuíticamente el esqueleto. En la triste, desesperada historia de H. H., el adulto que sólo desea copular con niñas menores de dieciséis, hay mucho más y mucho menos. En cuanto a copulación, mucho menos, porque Lolita copula como quien hace solitarios, y mira disimuladamente por encima del hombro de su propietario para no perderse el programa de televisión mientras H. H. jadea abismado en su tesoro. No hay libro menos excitante, menos erótico que *Lolita*, en toda la literatura occidental. Los elementos afrodisíacos nos vienen dados por la imaginación sobrecalentada de H. H.; es él quien describe una y otra vez las rodillas de Lolita, sus orejas, el tendón de la ingle, la rozadura sonrosada en el extremo de las nalgas, la goma del slip hincada en la

112

carne del muslo, pero siempre para hacernos entender su excitación, nunca buscando que la compartamos. A fin de cuentas, si se hace un catálogo de los elementos descritos por H. H., se obtendrá una figura bastante vulgar: la típica adolescente delgadita, sin pecho ni caderas, cara de pepona y maneras de tendero. H. H. evita, de otra parte, describir la acción misma, el modo en que ese instrumental puede ponerse en uso. Sólo sabemos que de vez en cuando, a veces con frecuencia, a veces espaciadamente, la somete a perforaciones brutales, sádicas y algo gimnásticas.

De eso, pues, hay poco. Pero en cambio hay una extraordinaria vivisección de la adolescente *tout court*, sometida o no a un pedófilo, virgen o arrasada, lista o tonta, gorda o flaca, hispana o goda. Esa adolescente en estado puro, incapaz de reflexionar sobre sus sentimientos, ausente de su propio cuerpo, moralista, tirana y algo estúpida. La adolescente inútil, caprichosa, cobarde, envenenada de grandes principios, tan fanática en su progresismo como en su horror a la pobreza y a la soledad. Esa adolescente que parece, efectivamente, un mero instrumento pensado por el Todopoderoso (ese rival) para servir de utensilio a todo el mundo: a los padres para descargar sus amarguras, frustraciones y humillaciones; a los profesores para servir de válvula de escape a sus explosivos deseos de poder, de tiranización; a los adolescentes de signo contrario para exponer ante un público selecto sus primeras y lamentables proezas sexuales. Esas adolescentes nítidas, acéfalas, rellenas de música pop y refrescos cancerígenos, cubiertas por prendas mínimas pagadas a precio de oro, rodeadas de fotografías en sus habitaciones (cuando las tienen) y de desodorantes, depilatorios, aceites, vapores y demás parafernalia en los sucísimos cuartos de baño de sus hermanos mayores. Esos frutos todavía un poco ácidos, a los que todo el mundo puede echar mano.

Elizabeth Taylor, que no había leído a Kafka, cuenta su infancia como una pesadilla kafkiana. A los trece años era ya una Lolita hecha y derecha. Los hombres la miraban por la calle como los jugadores de rugby miran el melón de cue-

113

ro; «tenía miedo de resbalar y caer al suelo», dice, «porque sabía que entonces se tirarían todos sobre mí». Esta turbadora paranoia, tan frecuente en las adolescentes peripuestas que caminan por las calles luciendo el último tejano o la última camiseta sin sostenes, contiene al tiempo su salvación y su condena. De un lado el terror que les inspira saberse sabidas como mero instrumento; y de otro la sumisión con que aceptan jugar ese papel, la convicción con que enfilan, hundiendo el estómago, el pantalón, y la expresión de mortal ansiedad con que responden al que pregunta la dirección de un estanco.

En esa soledad ensimismada, las adolescentes como Lolita desarrollan perversos deseos: quieren ser madres de familia, quieren votar, quieren ser como todo el mundo y acudir los viernes al supermercado, y ser objeto de una encuesta sobre las guarderías del barrio, y acompañar a sus maridos una vez en la vida a un congreso en Barcelona sobre industria papelera. El desarrollo de esos instintos, magistralmente descrito por Nabokov en esta obra maestra, no puede darse como en las personas normales bajo la forma de un envejecimiento precoz; se da poco a poco y de manera fraccionada. Suele consistir en un ir y venir de poseedor en poseedor, hasta que aprenden la técnica de la explotación, hasta que no les falta por adquirir ni uno solo de los trucos de la posesión y el ahorro. En ese arduo aprendizaje, la cadena de sinvergüenzas, macarras, chorizos y hombres de buena fe es sólo un primer eslabón pedagógico que se olvida por completo una vez alcanzado el primer amor conyugal. La memoria de las Lolitas es sólo nuestra (es sólo de H. H.), porque ellas, al cumplir los dieciséis (o los dieciocho, o los veinte, según las culturas), se olvidan por completo de lo que fueron. Y se olvidan de verdad, radicalmente, sin recurso, sin remedio.

Ésa es la historia de *Lolita*, o la verdadera historia de Lolita; su aprendizaje hasta el matrimonio. Y no hay escena más emocionante, más convincente, en toda la novela, que el encuentro de H. H. con la Lolita que, al cabo de los años,

114

ya no es nada Lolita. El viejo amante, el canalla, le pide perdón; está arrepentido de haberla forzado, amasado, estrujado, explotado, a tan tierna edad. Pero Lolita no guarda ningún rencor a H. H.; casi ni se acuerda de él. Sí recuerda, en cambio, al siguiente, y dice: «No te preocupes, al fin y al cabo tú sólo me destrozaste la vida; en cambio, Kilt me rompió el corazón.» La aventura sexual con H. H. fue sólo un aspecto mecánico, un error de engranajes; la aventura con Kilt fue la verdadera educación sentimental. Y, ahora, Lolita, la señora Lola, sin vida ni corazón, puede casarse con Dick.

Cuando H. H. abandona el hogar de la señora Lola, como nosotros cuando abandonamos esta soberbia narración, ya no tiene otra idea que matar. Matar algo, a Kilt, a Dick, a Lola, a sí mismo, al primero que pase, porque ha asistido a eso tan frecuente: la desaparición de una adolescente. Fenómeno que miles de familias contemplan arrobadas, y que unos cuantos seres sensibleros se empeñan en considerar la más grandiosa de las catástrofes.

¿Dónde están las Lolitas de antaño? ¿Aquellas flacas cardadas que bailaban el twist? En los libros de Nabokov. También hay una en un poema de Jaime Gil de Biedma, y otra en *El río*, de Renoir, muchas en la pintura de Balthus..., y la mayoría, por la calle, encuadernadas en tela y seda, con repujados de cuero, pendientes de no tropezar, tensas, curiosas, condenadas a sufrir toda la pedagogía del mundo.

(Este prólogo fue escrito para la edición de bolsillo de Grijalbo, pero nunca se editó. No recuerdo por qué. Era el año 1982.)

LA SOMBRA DEL HÉROE

La reciente muerte de Vladimir Nabokov se llevó de este mundo al último gran maestro –por otra parte considerablemente agotado– del arabesco, la filigrana y el arte ornamental. Los libros de Nabokov, incluyendo la omnipresente *Lolita*, confundida efímeramente con una historia erótica japonesa, son por completo ajenos a la pretensión pedagógica, moral, social, política y universitaria que suele dar carta de naturaleza a la literatura contemporánea. Pertenecen al dominio del arte sólo del mismo modo que pertenecen a él algunos problemas de ajedrez, algunos *bibelots* de finales de siglo y el incomprensible mundo del deporte. Es decir: ocupa una parcela reservada a hinchas y correligionarios.

Ahora aparece en una colección de bolsillo una de sus obras más retorcidas, enrevesadas y barrocas, el glorioso *Pálido fuego*. ¿Qué hace esta miniatura de laboratorio en una colección de bolsillo? No se sabe, pero desde su lejana edición americana (allá por el 61 o 62) ésta es la segunda en lengua española; o mejor dicho, es reimpresión de la sudamericana de 1974. Lo cual es una suerte, pues la traducción de Aurora Bernández es inmejorable.

Uno de los tópicos más caros al profesorado tradicional es el de que la cultura occidental no es más que un conjunto de notas a pie de página de los *Diálogos* de Platón. Nabokov sugiere que la vida de los hombres es una serie de notas a pie de página de una vasta y oscura obra maestra inconclusa y nos propone en esta novela la historia de uno de esos hombres como comentario de un hermético e inconcluso poema. El poema es obra de John Shade (sombra de alguien, como luego se verá) y el hombre es simultáneamente Charles Kinbote, profesor paranoico, y Charles Xavier Vseslav, apodado «el Bienamado», último rey de Zembla. En Zembla, como muchos lectores de Nabokov ya saben, hubo una vez un reino pacífico, liberal (especialmente en cuestiones sexuales), alegre, culto y desprovisto de proletariado. En la actualidad, Zembla vive bajo el terror impuesto por una camarilla a cuyo frente se encuentra un ser innominable, pariente próximo del célebre Sapo, de *Barra siniestra*. Cuando estalló la revolución en Zembla, el rey Charles escapó con una treta infamante para la policía secreta: vestido de payaso y ayudado por sus múltiples seguidores, todos ellos homófilos disfrazados a su vez de payasos con el fin de desconcertar a los estúpidos esbirros zemblanos, mientras su rey huía por las montañas.

Un rey en el exilio corre el peligro de pasar a la historia rodeado de campeones de tenis y peluqueros célebres, a menos de que sea capaz de inspirar un poema épico. De Mío Cid al Aga Khan sólo hay un paso, el mismo que separa la épica medieval de las revistas de peluquería. Charles el Bienamado es consciente del peligro que corre y se sujeta como una garrapata al mejor de los poetas americanos, John Shade, con el fin maquiavélico de sugerirle mediante la charla, la seducción y el vino húngaro el tema de un poema épico sobre Zembla y el heroico rey Charles. Para lo cual se hace pasar por el doctor Charles Kinbote, alquila un chalet al lado de Shade y comienza a atormentar al anciano poeta. Pero, mientras tanto, las redes asesinas de la camarilla revolucionaria zemblana se están tendiendo sobre el incógnito magnate: el sucio criminal J. G. se aproxima con una pistola en un bolsillo y un bocadillo de jamón sintético, muy reblandecido, en el otro.

El desenlace da al traste con toda la tradición histórica del héroe. Lo normal es que muera el héroe y el poeta escriba su historia; aquí quien muere es el pobre Shade (el asesino J. G. nunca tuvo buena puntería) y el rey Charles sigue más vivo que una anguila y con un poema terminado bajo el brazo. Pero la venganza de Shade no se hace esperar: su poema no tiene absolutamente nada que ver con Zembla, ni con su ingenioso exiliado; evidencia que le cuesta al rey Charles un soberano disgusto y el trabajosísimo deber de enmendar el poema mediante notas a pie de página que desvirtúen en su totalidad el contenido íntimo, familiar y algo *folk* de los versos de Shade, hasta aproximarlos a una leyenda épica. El héroe se convierte en *editor*. Kinbote consigue su propósito, pero sólo tras escapar a sus perseguidores bajo un nuevo disfraz: el de un viejo profesor ruso, feliz, saludable, heterosexual que algún despistado puede confundir con el doctor Pnin, o incluso con Nabuco.

Este fastidioso resumen tiene la pretensión de dar idea de la cantidad de posibles combinaciones a las que se presta la partida de ajedrez de Nabokov: *a)* Kinbote es un enajenado (todo es una fantasía destinada a apropiarse del poema); *b)* Shade no existe (es un invento de Kinbote); *c)* quien no existe es Kinbote (Shade es también el autor de las notas, urdidas para burlarse de los pedantes eruditos profesionales); *d)* Kinbote existe, pero en realidad se llama Shade, etcétera. Y también para extender tersamente las filas y columnas por las que Nabokov evoluciona como Nijinski: la ambigüedad, el juego, el *trompe-l'oeil,* los claroscuros. En sus torpes intentos por seguir la pista de este zorro, el lector se pierde en innumerables ocasiones, pero Nabokov, como quien atrae palomos tirando miguitas cada vez más cerca, va entregando delicados obsequios («por su orilla caminaba un murciélago enfermo, como un tullido con un paraguas roto»), atractivas fruslerías que obligan a seguir la lectura con excitación («el tan encarecido cisne, ganso serpentino con un cuello sucio de felpa amarillenta y palmetas de caucho negro como un submarinista»). Y al final, cuando el lector, como el poeta en medio del rey y del asesino, llega a la línea de fuego, Nabokov aprieta el gatillo y nos obliga a despertar: una vez más, distraídos por las piruetas de los actores, habíamos olvidado que alguien alzó el telón y que ahora, soberanamente, vuelve a bajarlo. ¿Cuándo se alzará de nuevo?

El País, 4 de diciembre de 1977

«MEMORIAS DE UNA JOVEN CATÓLICA».
MARY MCCARTHY

Nosotros, es decir, quienes hemos vivido la versión estatal del catolicismo, corremos el peligro de creer que hay *otro* catolicismo posible. Acostumbrados a la faz sórdida, soñamos con un rostro amable, la madre que sustituya al inquisidor. Cuando se argumenta ingenuamente sobre los miles de millones que pagamos a unos sacerdotes seguros de sí mismos, trayendo a colación otros países, otras culturas, en las que los sacerdotes son pagados por su clientela, se olvida que el catolicismo, además de una inmensa y jactanciosa factura, es un modo de concebir la existencia toda, y no sólo la transmundana.

Y eso es lo que más choca en el delicioso libro de Mary McCarthy, es decir, el aspecto realmente ecuménico del catolicismo. Los católicos, a la vista de la experiencia que relata Mary McCarthy, por muy distinta que sea la circunstancia en la que laven o ensucien su alma, por distintos que sean los castigos y gratificaciones que ofrecen los varios paraísos terrestres, son uno y lo mismo todos ellos. O se es católico, o no se es. Y si se es católico, no hay más remedio que asumir las consecuencias.

Mary McCarthy tenía dos familias, la de su madre, protestantes severos, racionalistas contemporáneos, y la de su padre, católicos, enemigos de la ilustración, prehistóricos. Ambas familias eran igualmente ricas, igualmente americanas, igualmente vulgares en su contexto. Sin embargo, prevaleció el genio del catolicismo. Muertos sus padres cuando contaba seis años de edad, Mary McCarthy fue a parar con sus tres hermanos (padre católico, prole azarosa, *après moi le delûge*, ya nos veremos en el cielo) a la protección de los abuelos católicos. Los abuelos católicos, consecuentes con su tradición, se sacudieron de encima el problema alquilando a un abyecto matrimonio dickensiano, lejanamente emparentado con la familia, para que se hiciera cargo de los niños a cambio de una razonable pensión. La pensión iba a parar a los bolsillos del tutor, y los niños McCarthy crecieron como los Oliver Twist de todas las épocas, molidos a palizas, abrumados para el resto de sus días y con un rencor a cuestas que sólo la religión católica podía encaminar debidamente.

El rencor de Mary McCarthy fue encaminado debidamente por las Damas del Sagrado Corazón. Y aquí empieza la primera estación del vía crucis. «No eran monjas *corrientes*, se nos decía con altanería, sino hijas de buena familia, enclaustradas mujeres de mundo, de la misma manera que las niñas del Sagrado Corazón no eran católicas *corrientes*, sino hijas de las mejores familias.» ¿Hay algo más hermoso, en la religión católica, que este concepto de «buena familia»? Ustedes lo deben de recordar, pero piensen que ahora estamos en Seattle, en el corazón industrial de la América protestante y frankliniana. El catolicismo es indisociable de la «buena familia», sin ella se encontraría como sin santos de escayola, sin vírgenes fluorescentes, sin razón de vivir. Porque la religión católica, y eso lo han comprendido astutamente los amos del Opus Dei, basa toda su estrategia proselitista en una clara concepción del privilegio. «Mi madre estaba orgullosa de su conversión al catolicismo. Su actitud nos indujo a creer que ser católico era una gran cosa, un privilegio y lo máximo que se podía ser.» Porque, a pesar de todos los esfuerzos que hacen los teóricos por disimular el rabo, no debemos ser llevados a engaño; sólo una cosa distingue al catolicismo de toda otra religión multinacional: que se considera *la única religión verdadera*. Si uno pertenece a la única religión verdadera, no es de extrañar que admire con poco disimulado entusiasmo a las buenas familias, que son las únicas familias verdaderas. «Nuestra familia, como muchas familias de nuevos ricos irlandeses y católicos, albergaba ciertas ilusiones de aristocracia.» ¡La aristocracia! Hasta tal punto Mary McCarthy es honrada en estas memorias que, mucho después, confesará con candidez: «a fin de cuentas, la señorita Gowrie era celta, lo mismo que yo». Mary McCarthy o la reina de los celtas. Esa pasión, tan propia de nuevos ricos católicos, por un linaje que cuando menos hunda sus raíces en el fango de las cuevas de Altamira, es otro rasgo de estirpe inequívocamente religiosa. No hace mucho, un majadero de Barcelona, nuevo rico y católico, alardeaba de su pureza aria porque se apellidaba Alemany.

Todo iba bien

Pues bien, Mary McCarthy entra en el colegio de las Damas del Sagrado Corazón y comienza su formación católica. Al principio todo iba muy bien: «Soñaba con ser monja carmelita o casarme con el pretendiente al trono de Francia»; para las pretensiones aristocráticas de un católico nuevo rico, un monarca es lo perfecto. O bien, «el colegio del Sagrado Corazón tenía cierto aire aristocrático», en Seattle (USA). Pero no tarda en descubrir la cruel realidad: no basta con estar en el seno de la única Iglesia verdadera, también allí hay buenas y malas familias, también hay aristócratas y nuevos ricos, curas hartodeajos y príncipes de la Iglesia, lentejas y caviar. «Los nombres tienen más significado para los católicos que para los demás mortales.» Esto lo dice por lo del santo patrón y la angelical poesía de calendario bávaro, pero también porque «los nombres extranjeros, fueran franceses o alemanes, o sencillamente ingleses, lucían como rosas de concurso entre layas». Es preciso relacionar esta preferencia por lo europeo (lo «extranjero» es exclusivamente europeo, un chino no es extranjero, es objeto-no-identificado) con el sueño de reconquistar el trono de

Francia, a poder ser casándose. El catolicismo es Europa, y el viejo continente es *todo él* de buena familia. Europa es elegante, es culta, es... la historia. Pero aquí entramos en la segunda estación del vía crucis.

La educación. «Las nuevas disciplinas que debía estudiar no eran disciplinas corrientes, como ortografía y aritmética, sino retórica, francés, literatura, doctrina cristiana, historia de Inglaterra»; un programa muy cabal si tenemos en cuenta que la Iglesia católica no prepara a sus huestes para esta vida sino para el otro mundo, y es evidente que en el Paraíso es mucho más importante hablar francés que escribir correctamente. La niña McCarthy está ya preparada para su última lección en el colegio. Es una joven americana convencida de ser europea (¡celta!), de buena familia, con aspiraciones monárquicas, un sentido refinado de la selección que llega hasta el deletreo de apellidos, y una olímpica indiferencia hacia cosas mundanas como la pobreza: «La última utilidad de mi formación católica fue darme a conocer el concepto de puro y simple derroche que siempre escandaliza a los no católicos, quienes, por ejemplo, no pueden soportar el contraste entre las riquezas de la Iglesia y la pobreza de la gente en el sur de Europa.» Es, pues, un alma sumamente católica, preparada para la lección final.

Un lugar entre la élite

El salto definitivo, un capítulo titulado *C'est le premier pas qui coûte*, en francés, claro está, es una auténtica joya y sólo por él debe recomendarse este libro con toda energía. La joven McCarthy descubre que la aristocracia del colegio le da la espalda (las ricas de verdad, las de apellido «extranjero», las altas, las guapas, las listas). Quizás lo determinante era su condición de huérfana, ya que el huérfano, en el catolicismo, es un capítulo aparte (las «gratuitas», etcétera); también pudo ser lo obvio e hiriente de su avasalladora ambición: ¡qué placer, pararle los pies al trepador! Al principio lucha noblemente por hacerse un lugar en la *élite;* pero fracasa. De modo que decide lo que todo católico debe decidir alguna vez en la vida si quiere hacer carrera: perder la fe. A sus doce años comprende el prestigio que le atraería un acto de rebeldía, seguido, como es natural, de un arrepentimiento artístico y bien ornamentado. Pone en marcha su plan durante un retiro espiritual (inteligente momento estratégico que indica las futuras cualidades de la novelista McCarthy) y obtiene un éxito rotundo. Pero lo que sus doce años no podían calcular es que, como el amor, la fe, una vez puesta en juego aunque sea momentáneamente con el fin de que los jerarcas nos admitan a su servicio, es ya difícil de recuperar. Los esfuerzos que llevan a cabo los directores espirituales para convertir a la pequeña atea, ponen de manifiesto el otro lado de la aristocracia y la única religión verdadera: la inmensa incuria, la ignorancia, la autocracia, la fatuidad, la injusticia, el horror que lleva indisolublemente prendido al cuello toda jerarquía, junto a la medallita de San José en oro chapado. O quizás toda jerarquía sea mucho decir, quizás deba referirme tan sólo a aquellas jerarquías que han dado lustre a Roma, salvando para la hipótesis alguna jerarquía un poco rara, como ese obispo que trafica con armas para los palestinos y que parece a todas luces una persona sensata.

Cuando la niña McCarthy comprende que no van a convencerla porque *no saben* convencerla, porque carecen de las virtudes que predican, porque todo el montaje es un decorado de opereta, comprende también otra cosa: lo único que le están pidiendo es adhesión, fidelidad, humillación. Y así lo hace. La niña-atea McCarthy comulga poniendo el pecado mortal en la contabilidad trucada del jesuita que intentó convertirla con argumentos idiotas y, sobre todo, con autoridad. Ha comprendido que debe renunciar a Cristo, a la enseñanza evangélica, a la caridad, a la rectitud, a la verdad, si quiere ser como los demás católicos y tener su entradita para el mundo otorgada por la jerarquía.

Naturalmente cabía otra salida. Podía haber prescindido de los jerarcas, del poder, de la gloria y del caviar, llevando la vida dura, peligrosa, sufrida, del verdadero cristiano. Pero entonces, ¿para qué ser católico? La universitaria Mc-Carthy se pasó a la militancia política radical (lo que los americanos entienden por «rojo»), hizo sus manifestaciones, sus mítines, soportó con exultante satisfacción los reproches de las buenas familias y pasó la prueba gracias a las someras generalizaciones que son típicas de fervientes ex católicos. Algo más tarde daría un brillante final a su carrera religiosa. Ella, la novelista, se casaría con el crítico literario más respetado de Estados Unidos, Edmund Wilson. El trono de Francia estaba salvado, y Wilson, ¿quién lo duda?, es un apellido con auténtico sabor británico.

El País, 12 de febrero de 1978

No es en absoluto infrecuente que los descubrimientos produzcan, como primera reacción, un estado de inseguridad. Es lo que me ha sucedido tras la lectura de una narración deslumbrante de Hartmut Lange titulada *El concierto* (Seix Barral). Hacía muchos años que no me ocurría cerrar el libro de cuando en cuando con el fin de fijar en la memoria alguna escena, o suspender la lectura unos instantes para rebuscar por las esquinas oscuras del texto. Estoy obligado a emplear un tono personal, pues nada garantiza que mi juicio vaya a ser compartido; el relato de Lange es suficientemente *extraño* como para que deslumbre tan sólo a quienes llevan dentro de sí esa particular extrañeza.

Y de ahí una primera inseguridad. ¿Cómo es posible que esta, a mi entender, obra maestra se edite con tal desparpajo? ¿Qué extraños senderos pueden llevar al ciudadano hasta este autor desconocido, este título poco excitante, este *caso* de una literatura lejana? Desde luego, la industria editorial no es una industria cualquiera. Tendemos a creer –por hábito materialista– que lo mismo es fabricar cañones que mantequilla. Sin embargo, no parece cierto. El desproporcionado riesgo que corre este libro, sin ningún abrigo, sin ningún apoyo, echado a su destino en espera de que seduzca *por su cuenta,* es de una *naturalidad* angelical. La industria editorial es un negocio como cualquier otro, pero conserva todavía algunos hábitos del humanismo clásico.

Por ejemplo, parece persuadida de la fuerza propia sustantiva del libro y conserva una fe atávica en el valor espiritual de la mercancía. Así pues, ¡homenaje aquí a todos los editores, incluidos los más chatarreros!

La segunda inseguridad afecta a la naturaleza misma del relato. Los protagonistas de *El concierto* ponen en escena un motivo eterno: la culpa de los malos y la culpa de los buenos. El horror de los judíos asesinados y el de sus verdugos muertos también, invita al lector a una renovada reflexión sobre el que fuera, creo yo, final de Europa. Con aquella descomunal matanza se asfixió –en sangre– la cultura europea, la cual sólo ha prolongado un simulacro de existencia gracias a una vida vicaria importada de Estados Unidos. Pero por mucho que admiremos y respetemos la cultura norteamericana, por mucho que envidiemos su pragmatismo moral y su vigor mercantil, por mucho que aceptemos confiadamente el papel de colonia o protectorado, justo es reconocer que la cultura norteamericana es incapaz de soportar la herencia de la tradición europea, es decir, su culpa. A partir de 1945 era inevitable que los europeos viéramos desaparecer progresiva a inexorablemente el archipiélago de elementos que nos habían configurado como continente. Para quienes hemos nacido después de 1944 hay un telón mucho más duro que el acero a este lado de Berlín. Europa no existe más que en el proyectismo bienintencionado, pero impotente, de un puñado de hombres de empresa y parlamentarios a su sueldo. El resto es nostalgia.

La inseguridad se agiganta si cavilamos sobre esta fantasía: que la unidad europea se hubiera mantenido gracias al esfuerzo ruso. La Unión Soviética ha impuesto a sus ciudadanos una intolerable tiranía; ello no obsta, sin embargo, para que sea Rusia lo único europeo que queda de Europa. Las recientes informaciones sobre un restablecimiento de relaciones diplomáticas entre el Vaticano y Moscú incitan a una peligrosa ensoñación sobre las dos Romas.

Porque la tradición europea es una tradición de culpabilidad; de agresión, rapiña, destrucción, victoria..., y culpabi-

126

lidad. Tras cada destrucción y junto al montículo de la rapiña siempre había lugar para el acomodo de un templo, una orquesta sinfónica, un poema y un tratado sobre la deducción categorial. Pero la última destrucción fue excesiva, incluso para la rapiña fue excesiva; ya no hubo lugar para nada que no fuera el pensamiento de la pura aniquilación. En el relato de Lange comparece la cultura europea en su último acto cristiano, ataviada con ropaje funerario. El protagonista real no es el pianista judío asesinado; el protagonista verdadero es la *Sonata, opus 109,* de Beethoven. Esa sonata que Lewanski nunca podrá interpretar porque fue exterminado (no «asesinado», sino exterminado, como las cucarachas) antes de adquirir la experiencia precisa para poder ejecutar al Beethoven tardío. La culpabilidad de los verdugos, lo que mantiene en vida a sus espectros, es esta sonata que nunca más podrá *realizarse* por causa de una salvaje precipitación. En la tierra de los muertos, el pianista asesinado perseguirá eterna e inútilmente el secreto de esta sonata.

El mal de Europa (o su suicidio, porque Hitler era *también* inglés y francés, no sólo alemán, italiano y español) es ahora pura mercancía. Puede ponerse en escena como el sobrecogedor conjunto de disparates que de modo incomprensible y cíclico se arroja sobre las culturas cuando éstas alcanzan su máxima expansión. La marea de sangre y culpabilidad que arrastró al sumidero a hombres, ideas y obras está ya seca. Pero no se ha resuelto aún con justicia –y ése es el hechizo de *El concierto*– la culpa colectiva, sólo hubo víctimas propiciatorias administradas por Estados Unidos. La inseguridad de los actuales parlamentarios europeos es comprensible: ninguno de ellos sabe por cuál grieta y en qué momento regresará a la luz un cadáver uniformado, con la gorra bajo el brazo y una oxidada cruz de hierro sobre la guerrera, pidiendo excusas por su importuna presencia, pero pidiendo también una tumba. Y mientras ese cadáver siga sin enterrar, mientras permanezca errante por el descuido y la cobardía de sus herederos, ni siquiera el mero recuerdo de lo que fue Europa podrá venirnos al pensamiento sin que un escalofrío nos irrite el espinazo. Lo que los europeos vieron entonces, durante aquellos últimos años de agonía, no era ya humano. Pero sigue siendo el único horizonte de nuestra visión. Ése es el verdadero fantasma que recorre Europa, con el sonido de fondo de la *Sonata, opus 109* siempre sin concluir.

(*El País*, 10 de marzo de 1987. Diez años más tarde Rusia ya no es la Unión Soviética y los franceses *comienzan* a revisar su colaboración con los nazis. Pero Europa sigue siendo únicamente un mercado.)

BERNHARDIANA

MÚSICA PARA TULLIDOS

Una vez cada tantos años, apretados grupos de centroeuropeos desbordan las fronteras e invaden los países vecinales, impulsados por una extraña pasión guerrera y filosófica. Es un fenómeno que todavía nadie ha explicado convincentemente. Desde que Odoacro santificó este género de traslados, los europeos meridionales, franceses, incluso los insulares, contemplan con creciente estupefacción el irresistible prurito de los germanos por visitarnos con una pistola en la derecha y un tratado de ontología en la izquierda. La próxima vez que vengan será con toda seguridad la más impresionante, pues dispondrán de ese curioso artefacto que entusiasma indiscriminadamente a políticos y filósofos: la bomba de neutrones.

Cuando renazca la furia invasora en nuestros amables amigos continentales, dudo mucho que cuenten con el apoyo de Thomas Bernhard, cuya excelente novela *Trastorno* acaba de publicarse entre nosotros. No es probable que Bernhard decida acompañar a sus compatriotas en una nueva excursión de alegre fratría, porque Bernhard es un artista. Los artistas alemanes acostumbran a afear la conducta de sus conciudadanos cuando la cosa ha ido demasiado lejos, que es casi siempre. Son como esos hermanos pequeños que empiezan riendo y acaban llorando cuando el mayor, jugando, le parte el cráneo a esa chica sucia y lasciva del Sur. Pero los artistas alemanes ayudan a comprender la desazón que impulsa a honrados bodegueros y curtidores a manosear vidas ajenas.

Si quiere usted entender un poquito el alma germana, lea esta novela. Bien es verdad que Bernhard es austríaco, y eso impone un severo correctivo sociológico. Los austríacos, como los bávaros, son católicos y casi sureños (en general los alemanes hablan de los austríacos como nosotros de los marroquíes), pero mucho más pobres. Austria es pobre y barata, poco industrializada y aficionada al acordeón. Todavía era un Imperio cuando John Wayne iba al colegio. En el siglo XVI los turcos llegaron a las puertas de Viena en mejores condiciones que los que llegan en la actualidad, y algo de esa languidez, morbosidad y afeminamiento propio de los pueblos mediterráneos se filtró en el par o tres de violaciones que no dudo en atribuir a los hijos de Solimán.

Así que Bernhard nos habla del alma centroeuropea con mucha más gracia que los auténticos alemanes, los puros, los que no tienen huellas de sangre musulmana, judía o levantina en el sistema circulatorio. Y, por eso, lo más sobresaliente de Bernhard es su sentido del humor. Se trata, de todos modos, de humor centroeuropeo. Temible humor de Kafka, Kubin o Musil, humor tenebroso. Y, aun así, acaba uno por reírse, lo que demuestra que Bernhard es un genio, porque ya verán ustedes. La novela comienza con una visita del médico rural a sus pacientes; le acompaña su hijo, que es la voz narrativa. Tras visitar a un montón de neurópatas, criminales, alcohólicos, contrahechos, inválidos y otras representaciones de la obra divina, siempre rodeados por una gentil población de neurópatas, criminales, alcohólicos, inválidos, etc., arriban al castillo del príncipe Saurau (p. 92). El príncipe comienza su admirable monólogo (hasta la p. 216) y nos explica las causas de su locura y degeneración, las causas de la locura y degeneración de su hijo (un marxista-paranoico mucho más temible que su padre), las causas de la locura y degeneración de sus hermanas, del pueblo, de la comarca, de la república, del cosmos. Ese interminable discurso sobre la tiniebla, el horror, la brutalidad y el crimen de una sociedad enferma, mentalmente inválida, atormentada por una metafísica de la expiación, derruida por un odio esencial a lo orgánico, depravada sexual y sentimentalmente, no sería más que una cosquilla masoquista para quien vivió durante cuarenta años la caricatura del Führer, pero Bernhard no es en absoluto masoquista, es músico. Su exposición es de un virtuosismo fascinante y logra lo que toda música pretende: que quienes canten se olviden de la letra para alcanzar un significado más abstracto y al mismo tiempo más *original* que el de la palabra. Y, en efecto, el ametrallamiento de horror, enfermedad, embrutecimiento y catástrofe acaba por sonar estupendamente, con la agresividad de una Béla Bartók, pongamos por caso (se le cita elogiosamente en la novela), cuya percusión no por obsesiva es menos interesante.

Y cuando se ha conectado con la melodía, el lector latino busca en su corazón la cuerda más próxima a un contenido tan trágico, tan desesperado, pero encuentra muy poco con lo que responder: hasta el más terrible de los barrocos, hasta el más tremendista de los Valdés Leal, de los Solana o de esos infernales sicilianos del XVII tienen una punta de voluptuosidad que libra del horror. Es preciso haber vivido trescientos años de música religiosa, entre otras cosas, para poder respirar en un ambiente tan puro. Pero en cambio la música es un lenguaje universal y las piruetas de Bernhard asombran a cualquiera que tenga algo de oído. O más bien, un oído muy fino. Aunque, de todos modos, no creo que a Bernhard le disgustara ser definido como un compositor de música para sordos.

(Entre algunos lectores compulsivos hay una pugna por saber quién escribió el primer artículo elogioso sobre Thomas Bernhard en España. El mío se publicó en *Triunfo* un 6 de mayo de 1978.)

131

Imagino la cara de los salzburgueses cuando, tras gastar unos chelines ganados honradamente con su violín o su salchichería, abrieron el libro de Bernhard titulado *El origen*. Durante las semanas anteriores había corrido la voz de que Bernhard, el más grande escritor austríaco vivo, había publicado el primer volumen de su autobiografía, y que en ese primer volumen se hablaba mucho de su infancia en Salzburgo. Los ciudadanos más ilustrados de Salzburgo compraron el libro y abrieron el libro y leyeron la primera página del libro. Luego cerraron el libro. Llamaron por teléfono, se dieron urgentes citas en cervecerías y cafés, orearon armarios cerrados desde la llegada del ejército yankee, miraron hacia el palacio episcopal. De eso hace diez años y Bernhard vive. Lo cual nos da un dato precioso sobre la capacidad de los salzburgueses para aceptar la crítica.

Bernhard odia a los salzburgueses, odia Salzburgo, pero no con menor intensidad odia a los fuertes, a los poderosos, a los amos, a los señores, a todos aquellos cuya *salud* les convierte en verdugos inconscientes. Bernhard escribe tan sólo para tullidos, para lesionados, para inválidos, para quienes sufrieron la amputación de una sección interesante del espíritu en algún momento de su vida; o sea, la práctica totalidad del globo exceptuando algún idiota. La suya es la literatura más realista, más masiva, más popular que conozco.

A Bernhard le tocó ser amputado en un colegio nazi, en el Salzburgo de 1943. Después de la guerra prosiguió la delicada intervención quirúrgica en el mismo colegio, sólo que ahora se llamaba Instituto Católico. Pero todo era idéntico: el verdugo, en lugar de utilizar uniforme de las SA utilizaba sotana, pero el resultado era el mismo. No se cantaba a Hitler, pero se cantaba al Papa y no se percibía con claridad la diferencia porque la letra era intercambiable. La amputación católica resultó casi más convincente que la amputación nazi. De esto me acuerdo perfectamente. También nosotros, los que acudimos a educarnos en los colegios de frailes durante los años cincuenta, tuvimos ocasión de conocer la doctrina de la Iglesia en materia de sadismo. Recuerdo con toda claridad al hermano prefecto de mi colegio, personaje de Bernhard de los pies a la cabeza. Sobre todo a la cabeza, porque usaba peluquín (era conocido como «El Peluquín»). Me han hecho falta muchos años para comprender el abismo de maldad que ocultaba aquel peluquín. Un fraile con peluquín. Es para soñarlo. Y en un colegio fino.

Así que Bernhard conoció lo que llama «el embrutecimiento católico» y le quedó un recuerdo imborrable junto con los calendarios de cumbres nevadas y los conciertos al aire libre. Y años más tarde, llevado por esa rutilante luz del recuerdo y un profundo amor a la verdad, nos lo cuenta. Pero lo cuenta a su manera, es decir, en un monólogo fragmentado por estertores y jadeos, de una inefable belleza. Claro, no se puede juzgar a través de una traducción, pero ha de ser buena, porque produce una inequívoca impresión de agonizante atosigado. Bernhard es músico y su arte es musical. Yo diría, apurando la frase, que este libro es incluso *operístico*. Me lo imagino cantado, o gritado como un *Wozzeck* unipersonal. Dada la abundancia de músicos por centímetro cuadrado que produce Salzburgo, lanzo esta idea como el que riega semillas de perejil.

Comparado con los libros anteriores de Bernhard traducidos al castellano, es éste el menos «literario», pero en el buen sentido de la palabra. Algunos ingenuos creen que lo de escribir se presta a concursos de belleza; los casos de Bernhard, Beckett y Kafka, cada uno según le dicta el acta de nacimiento, deberían hacer meditar. Quiero decir que Bernhard, un sutilizador del proceso iniciado por Dostoievski con su «hombre subterráneo», se resiente sólo cuando alguna de sus frases parece salida de un libro *normal*. En esta novela, por ejemplo, hay un momento en que el protagonista mira la ciudad desde una colina y también para él la arquitectura de la ciudad tiene algún interés. Esto es monstruoso. Esto es inadmisible. Rechina con tanta violencia que parece estar mascando tierra. Es tan incompatible con el resto como el vinagre y el chantillí; es algo insufrible.

Por fortuna Bernhard apenas si cae una o dos veces en este defecto de «hacer literatura». El resto es pura confesión, golpeándose la cabeza contra unos cristales rotos. Y en ese sentido es posible que sea la mejor novela de Bernhard, como aseguran las solapas y otras solapas más internacionales. Desde luego es el mejor libro para *empezar* con Bernhard, antes de meterse en el desfile de inválidos, tullidos, alcohólicos, maníacos y otros simpáticos excremenciales de, por ejemplo, *Trastorno*.

El País, 22 de abril de 1984

CINCO NOVELAS DEL INVIERNO HUMANO

Gracias a las chifladuras de nuestro mercado de lectura, tenemos en España una edición de obras de Thomas Bernhard que para sí la quisiera el Mercado Común. En los últimos cuatro meses, cinco Bernhards, cinco, guiñan sus ojos bizcos desde los escaparates de nuestros libreros. Dado el espacio de que dispongo, es imposible dar cuenta de todos ellos; procedo, por tanto, a ofrecer unas breves informaciones con la esperanza de que el lector se anime a leer los cinco libros. ¿Y por qué ha de leer los cinco? Porque Bernhard es el escritor que mejor describe la actual situación española. ¿Incluidas las nacionalidades históricas? Sí, incluidas las NH.

Bernhard es, sobre todo, un músico frustrado. Eso lo sabemos por las solapas y por su autobiografía y por sus novelas falsamente biográficas. Las últimas dos entregas de la autobiografía, *El aliento* y *El frío*, lo explican ampliamente. Ambas forman la sección más sobrecogedora de la (hasta hoy) pentalogía. En ellas se expone una lucha *contra* la muerte que, sin embargo, no es una lucha *por* la vida. Como

134

todos sabemos, el conocimiento de la muerte es un requisito para no ser idiota, para la edad de la razón. Bernhard la conoció íntimamente; tomó café con ella muchos años, y no le guarda rencor. Al fin y al cabo, la eterna conclusión de su obra es que lo peor de la muerte son los demás. De su intimidad con la muerte tuvo Bernhard un hijo anormal: él mismo. De ahí que la razón que habla en los libros de Bernhard sea una razón desquiciada por el conocimiento, muy similar a la de Dostoievski, Kafka o Nietzsche, gente sin modales. Todos aquellos que deseen hacerse mayores sin perder el tiempo no tienen más que leer estos dos excepcionales volúmenes. La vida misma es poco a su lado.

Pero también es interesante comparar su primer libro, *Helada* (1963), aparecido ahora junto al penúltimo, *El malogrado* (1983). ¿Cómo estaba la razón de Bernhard hace veintitantos años? Pues igual que ahora, pero con una chispa lírica que poco a poco se ha ido convirtiendo en luz de San Telmo. Puede resultar esclarecedor establecer una distinción musical: las sinfonías de Bernhard *(Trastorno, Corrección, La calera, Helada)* poseen caracteres constructivos distintos a su música de cámara *(El imitador de voces, El sobrino de Wittgenstein, El malogrado)* y muy distintos a los de su ciclo de *lieder* (la autobiografía). Falta por traducir su obra operística, es decir, el teatro, y es una pena.

La seriedad con que Bernhard aplica recursos musicales a sus narraciones es patente en *El malogrado*. Este hermoso Trío de Cuerda es una reflexión sobre un músico frustrado, Wertheimer, el cual, incapaz de soportar su inferioridad pianística tras escuchar a Glenn Gould interpretando las variaciones Goldberg, abandona su brillante carrera y acaba por autodestruirse. Si el personaje Glenn Gould es una afirmación de la artisticidad en estado puro (y en estado *bestia*), el personaje Wertheimer es su perversión, el imitador que ambiciona ser artista pero carece de condiciones (¡ojo!, condiciones intelectuales, no condiciones *técnicas*). El tercer instrumento, Bernhard o la razón narrativa, va ligando las otras voces a modo de bajo continuo: posee las condiciones

135

de la artisticidad y soporta sin envidia ni admiración –sólo con *asombro*– la existencia de Glenn Gould, es decir, de la excelencia *natural* que anula y ridiculiza todos los esfuerzos del prójimo. De manera que Bernhard puede abandonar la carrera musical sin por ello autodestruirse. Es el superviviente que relata la historia una vez muertos Glenn Gould y Wertheimer. Se trata del eterno y delicioso motivo de Pushkin sobre Mozart y Salieri, en una versión sin pelos en la lengua.

Un trío clásico

La narración está construida a la manera de un trío clásico: el tema principal se expone en el primer movimiento, cuando Bernhard llega a la posada desde la cual planea visitar la antigua mansión de Wertheimer; el segmento central del libro son unas variaciones sobre este tema, y la conclusión (un *allegro*) es la visita a la mansión propiamente dicha. Ese tema sobre el que se varía agotadoramente es el de la artisticidad, la cual, tomada en sentido fuerte, no es humana, sino que pertenece al reino de la muerte. Su formulación melódica más clara puede ser ésta: «No deseo ser un hombre, sólo quiero ser un piano.»

Por el contrario, en sus sinfonías, Bernhard no suele utilizar un esquema tan rígido. Aunque es posible emparentarlo con algunos modelos posrománticos (como en ese solo para príncipe y contralto que ocupa dos tercios de *Trastorno*, tan mahleriano), es difícil dar en primera lectura con el andamiaje. Así, en *Helada*, la obstinación casi bruckneriana del personaje central, el Enfermo cerebral espiado por el Aprendiz de medicina, va tejiendo una tela de araña en forma de espiral que acaba por dominar y paralizar al espía (y al lector) de un modo tan despiadado que sólo admite comparación con alguna composición simbolista del tipo *Noche transfigurada*.

Los hilos que teje esta araña que es el Enfermo cerebral son infinitos: habla de todo, es omnisciente. No en vano la lectura del Enfermo cerebral es Pascal y la del Aprendiz de medicina es Henry James, pues la sinfonía es una hábil combinación de ambos. Sobre un motivo perfectamente jamesiano –el discípulo que acaba por suplantar al maestro–, Bernhard distribuye una lluvia de nuevos pensamientos de Pascal. Es como si tejiera alemandas y zarabandas barrocas sobre un bastidor preparado por Bartók. El Enfermo cerebral ya lo ha pensado todo. Así, la música, la helada misma, el sinsentido, la muerte, la esterilidad, la procreación, la poesía, la enseñanza... Éstos son sólo unos pocos ejemplos de «nuevos falsos pensamientos de Pascal», pero los hay a centenares. En ocasiones, la frase alcanza cimas terribles y misteriosas: «El comerse la sopa los obreros era para él un sordo y lejano repique de campanas sin sentido.» Este libro es la Biblia de la sabiduría moderna y un nuevo Port Royal.

Y, ahora, unas palabras de homenaje al traductor que, por otra parte, aclararán las razones que me llevaron a afirmar, al comienzo, que Bernhard es el mejor novelista del realismo español. Algunos de los más entusiastas admiradores de Miguel Sáenz hace ya tiempo que venimos desvelando un secreto de todos conocido: que Bernhard es un negro al servicio de Miguel Sáenz, cuyas novelas son traducidas al alemán por un tal Thomas Bernhard. Pero los escrúpulos literarios de Sáenz son hasta tal punto serios que también controla las restantes traducciones europeas. Así, en la versión francesa *(Gel)*, Boris Simon introduce «adaptaciones a la mentalidad gala». Puede comprobarse en muchas páginas, pero valga un único ejemplo; escribe Sáenz en *Helada*, con muy buen criterio: «A partir de los cuarenta años, no hay distracción. Después de la primera mujer, no hay ya distracción.» Pero en su adaptación francesa dice: «A partir de los catorce años no hay distracción. Después de la primera mujer, no hay distracción.» Muy bien hecho. ¿Cómo van a entender, si no, los franceses la cantidad de cosas que retrasó el franquismo en nuestro país...?

El País, 30 de enero de 1986

EL LUGAR DEL CUENTO. PETER HANDKE

Quienes a veces manifestamos un cierto escepticismo sobre las posibilidades artísticas de la novela actual, tan adelgazada por una presencia social cada vez más efímera dada la creciente dificultad económica para que un libro aguante en librería más de diez días sin apoyo mediático, somos quienes también con mayor rapidez hemos de dar noticia sobre la aparición de novelas propiamente artísticas. De modo que he aquí una noticia, pero no demasiado rápida. El original se editó en 1994.

Algunos se obstinan en interpretar nuestro escepticismo como un menosprecio del género narrativo (y uso el plural porque me siento acompañado por otros lectores igualmente desconsolados), cuando en realidad se trata de todo lo contrario; no es sino el efecto de una dependencia tan acuciante que resulta difícil de apaciguar. Durante unas semanas un relato me ha apaciguado y querría explicar la razón por si alguien desea compartirla.

Hacía ya muchos años que no leía una novela tan ambiciosa como la última de Peter Handke, *El año que pasé en la Bahía de Nadie* (cito por la edición francesa de Gallimard, 1997), aunque es preciso advertir lo equivocado de llamarla «novela» siendo así que su propio autor la denomina *märchen* en un subtítulo («fábula», «cuento» o «relato fantástico») para precaverse desde el inicio contra una lectura realista o costumbrista.

De todos modos, la lectura realista se hace casi imposible (aunque siempre hay recalcitrantes) cuando leemos que el suegro del protagonista es el Presidente de Cataluña, dato que llega un poco tarde (p. 457) pero que ya recelábamos desde mucho antes. Como en todo *märchen*, el relato está ornamentado con numerosas trampas destinadas a despertar la atención del cliente.

La elección de un género tan arcaico no ha sido un capricho de esteta. En la extensa narración de casi 500 páginas que ha escrito Handke apenas ocurre nada de lo que habitualmente ocurre en las novelas, pero tampoco falta de nada: hay amor, trabajo, dinero, paisaje, carácter, viaje, personaje, aventura, psicología e incluso guerra (civil y en Alemania); en consecuencia, no carece de ningún tópico de la novela ochocentista tal y como se practica en nuestros días. Sin embargo, cada tópico aparece transfigurado.

Puede tomarse como una inútil paradoja, pero también debo afirmar que en esta narración no hay apenas rastro de lo que caracteriza a la novela clásica ochocentista en su actual herencia, y que en eso reside el para mí notable interés del libro por encima de sus desequilibrios, de sus defectos formales evidentes, de la carga sentimental ecológica, de las reiterativas descripciones, en fin, por encima de todos los desaciertos que harían de él un experimento abortado como tantos otros de no ser por la vehemente voluntad artística que actúa en el relato como mecanismo de salvación.

Porque Handke sabe con exactitud lo que está haciendo y cuál será el flanco débil en el que morderá el crítico narcisista cuyos mordiscos no van dirigidos a orientar a sus lectores sobre las novelas que comenta sino a informar sobre el tamaño y grosor de sus colmillos y lo ufano que se siente mostrándolos a la salida de un colegio. Críticos que escriben para colegiales.

Es el propio narrador quien se adelanta a una posible crítica de la «pobreza psicológica» (p. 62), de la desmesura del relato (p. 101), de la ausencia de «argumento» (p. 102), de la inexistencia de un espíritu «nacional» o «mítico» en el lenguaje (p. 79), y manifiesta su intención de escribir un catastro narrativo (p. 106) desprovisto de «aura» (p. 321) pero capaz de construir un lugar habitable (con valor de cambio nulo; o sea, el negativo de Nueva York o Venecia) de difícil acceso para un lector acrítico (p. 380).

La narración se sostiene, por lo tanto, en el monólogo de un narrador consciente acerca de la narración que está escribiendo, y aunque la forma reflexiva haya sido experimentada ya en muchas ocasiones –a veces con el refinamiento de *Pálido fuego*, a veces con la tosquedad de *Rayuela*–, es la primera vez que la veo utilizada por completo al margen de una fe ingenua en el valor espiritual de la literatura (tal y como se la entiende desde los hermanos Schlegel hasta Luckács, e inconscientemente en la actual literatura popular) sin renunciar por ello a la artisticidad literaria. Al contrario: como ejercicio artístico.

Lo artístico de este relato es el recurso a un modelo romántico utilizado desde la distancia y la ironía, abismalmente separado del «alma bella» del romanticismo, pero sin renunciar a la ambición de alcanzar el mismo efecto espiritual al que aspiraba la literatura romántica, o por lo menos con la intención de establecer algunas condiciones previas sin las cuales es imposible alcanzar ese efecto.

La separación y distancia que una mínima lucidez impone al cronista del cuento como habitante de nuestro mundo no actúa aquí como impiedad sino como fuente de energía capaz de recuperar la potencia del *märchen*, es decir, del relato más puro y originario, el de la voz que da sentido a un modo de vida y presenta una propuesta de habitabilidad capaz de iluminar el caos inmediato en el que nos agitamos. El cuento de Handke es piadoso: quiere ser una narración distanciada del nihilismo de la literatura popular. Y sin embargo, popular.

Sólo conozco otro caso de similar ambición artística (posiblemente el libro peor comprendido de toda la literatura española de posguerra), el *Testamento de Yarfoz* de Rafael Sánchez Ferlosio, en donde el escritor experimenta un método de recuperación de lo épico en cuya ausencia la narración baja un escalón hacia la crónica periodística y sentimental (que puede ser de alta calidad técnica, esto no es una descalificación) abandonando impíamente la artisticidad y asumiendo (incluso con una resignación jubilosa) las llamadas «condiciones objetivas» o también «inflexibilidades del mercado».

Hay muchos acuerdos entre ambos *märchen*, el germano y el español, pero los separa una diferencia esencial ya que si bien el Barcial que inventa Ferlosio es un lugar convencionalmente mítico (como Yoknapatawpha, Macondo o Región), el suburbio parisino elegido por Handke como lugar, la Bahía de Nadie, carece por completo de todo carácter mítico y por lo tanto no permite un acceso convencional al espacio épico. El rechazo de la convención mítica es la piedad narrativa inicial del relato.

De manera que el cuento de Handke podría presentarse como respuesta a la siguiente pregunta: ¿conserva la narración actual un poder creativo capaz de construir un lugar que no exija un contrato con el mito y que asuma plenamente la destrucción posindustrial de los actuales espacios de población almacenada? La apuesta viene redactada con precisión (aunque algo tarde) en la página 321 y siguientes, pero en este libro el orden de los sucesos carece de relevancia.

(¿Puede dramatizarse convincentemente sobre el *escenario* la vida doméstica regida por el televisor, o la vida política reducida al balance económico? ¿Tiene algún aspecto *visual* no exclusivamente fotográfico la actividad metropolitana, o los personajes espectaculares de la misma? ¿*Suena* de algún modo la conciencia democrática posmoderna? ¿O debemos mantenernos alejados de la artisticidad y refugiados en una elegante crónica hedonista y abstracta, como si ya estuviéramos muertos o fuéramos inmensamente ricos?)

Como fácilmente se puede deducir, en estas quinientas páginas hay mucha materia capaz de interesar a un arquitecto, si el arquitecto conserva alguna curiosidad por la habitación de lugares, aunque sólo sea como guía y orientación sobre la construcción de espacios a la que se ve obligado económica y técnicamente, y hará bien en leer la página 416 donde el narrador recomienda con perfecta ingenuidad no saltar en marcha de los trenes.

Porque el asunto de la narración, en resumidas cuentas, no es otro que los inconvenientes de saltar en marcha: desde las primeras páginas constata el narrador uno de los elementos centrales de la modernidad, el desdoblamiento generalizado del valor capaz de hacer que el agua sea agua, pero también «Fontvella»; la leche leche, pero también «Pascual»; las ciudades ciudades, pero también «la Ciudad del Diseño», y Naomi Campbell sin duda Naomi Campbell, pero también «Naomi Campbell», de manera que de un modo inevitable las novelas actuales son novelas pero también «un García Márquez» o «un Benet» y así no sólo son previsibles, sino *sobre todo* previsibles.

Una vez instalado en la literatura como único valor aceptado, el desdoblamiento fetichista convierte al detective en «detective», a la amada infiel en «amada infiel», al notario suicida en «notario suicida», y al pueblo desconocido en «pueblo desconocido», así como el experimento formal en «experimento formal», lo que conduce a una lectura mecánica, una interpretación unidimensional, un acuerdo masivo, e impone el imperio de lo estupefaciente. Algunos muertos, automóviles relucientes como estrellas, sexualidad reciclada en apacible competición deportiva, pensamiento fijo en la incertidumbre de haber pagado el precio adecuado y lenguaje soez para tranquilizar la conciencia.

Los «novelistas» profesionales se imitan a sí mismos con machacona redundancia porque saben que un desvío en la publicidad del producto desorienta a la audiencia, la cual sólo puede reconocer la mercancía si es exactamente la misma que ya ha conocido en otra ocasión, y comparten la parálisis vertiginosa de aquellos pintores abstractos de los años sesenta que no han podido variar ni un milímetro sus huellas dactilares pictóricas porque ellas son la única «garantía de origen» de sus productos.

¿Cómo hacer, dadas las circunstancias, para que un «personaje» o un «pueblo» deje de actuar como convención pactada para una breve masturbación y recupere la potencia que en sus orígenes le había permitido ser el signo desvelador de un sentido del mundo al que sólo podía accederse desde la narración? ¿Cómo devolver a la experiencia la incredulidad de Quijano, el dolor de Werther, el buen sentido de Robinson, el tedio de Emma Bovary, la astucia de K., la reminiscencia de Marcel, el satanismo de Ivan Karamazov, fuentes del conocimiento de la incredulidad, del dolor, del buen sentido, del tedio, de la astucia, de la reminiscencia, del satanismo, y los lugares correspondientes en donde tales pasiones pueden cargarse de significado y hacerse mundo?

Quizás comenzando por lo que es prioritario, quizás comenzando por inventar un lugar. ¿Podemos aún recobrar la habitabilidad de lugares como la isla del capitán Nemo, el Londres de Dickens, el Madrid de Valle-Inclán, el océano de Conrad, el París de Balzac, el fondo de espejo de Alicia, el Mississippi de Twain, ámbitos en los que pueden multiplicarse infinitamente los personajes (o lo que es igual, los *intérpretes*) gracias a la fecundidad de su suelo?

Porque sólo donde hay un lugar narrativo puede haber un personaje existente, pero los lugares han desaparecido de la novela actual o han pasado a ser, sencillamente, «lugares» como «la violenta noche urbana», «el elegante balneario», «mi pueblo», «la perversa universidad británica» o «la heroica Barcelona de la FAI». De manera que los personajes parecen moverse en una pantalla de televisión y participar de su misma verdad.

Handke no responde a las preguntas sobre la artisticidad posible de la novela actual con un ensayo o con artículos similares al que ahora estoy escribiendo (y que manifiesta, claro está, una impotencia asumida pero insoportable), sino con un ejemplo o aplicación de su reflexión en forma de modelo o de «cuento» capaz de dar nacimiento a otras repeticiones, tal y como han hecho grandes narradores de posguerra (todos ellos creadores de lugares), como Benet, Ferlosio, Bernhard, Beckett, Onetti, Rulfo, Gracq, y tantos otros que sin duda olvido, junto con satélites menores fundadores de cuasilugares como Canetti, Lange, Simenon, Carpentier o Nabokov, en los cuales el personaje viene siempre inducido por *su* lugar.

Del mismo modo que el roble o el nogal poseen un sentido gracias a que forman parte viviente de un lugar, también el mandril, la catedral gótica, el dúo para flauta y todo lo que ha tenido un lugar de origen antes de la invención de «lugares» como el zoo, el museo, el auditorio y el «lugar» de todos los lugares, la televisión –máxima (y quizás benéfica, éste es otro asunto) deslugarizadora de lugares–, han sido lo que eran porque pertenecían a su lugar, y así como el simio del zoo no es simio sino «simio» y la pirámide trasladada piedra a piedra hasta una plazuela madrileña no es pirámide sino «pirámide», así también la novela de «lugar» es, inexorablemente, «novela».

Los lugares muertos no pueden regresar y las pantallas son ahora nuestro único soporte social de realidad, pero Handke se pregunta si es posible circunvalar una «novela (de Handke)» y acometer lo previo a una novela, es decir, el lugar en donde a lo mejor algún día puede aparecer una novela, para lo cual renuncia a la nostalgia y se convierte en un primitivo, «el primero en el camino de su degeneración», que era como Baudelaire definía a Manet con milagrosa exactitud.

¿Y cómo inventa ese lugar? La pragmática de Handke es, creo yo, menos importante que la intención proposicional del relato, pero puede no ser indiferente conocer el plan de la obra, sobre todo *antes* de comenzar la lectura ya que, por lo menos según mi experiencia, son necesarias dos lecturas o sucesivas consultas página atrás y página adelante para apreciar la perfecta (aunque contrahecha) disposición de las piezas, la (incorrecta) resolución formal y el desequilibrio de las partes, defectos todos ellos perfectamente voluntarios aunque sin duda también inevitables. Hay en Handke una voluntad de presentar su cuento como el modelo primitivo de un futuro quizás inexistente.

(Esa inconfundible presencia de lo primitivo en todas las grandes novelas del siglo, comenzando por *Ulises*, cada vez más parecido a un retablo gótico del *modernism* y cada vez más alejado del futuro tal y como ahora se está proyectando. ¡Cuánto bien está trayendo el último futuro a las muertas vanguardias! ¡Qué corrección a la confusa historia ideológica de las artes que hubimos de soportar y aún soportan algunos desdichados en las aulas universitarias!)

Ello es que el cuento de la Bahía de Nadie da cuenta de un suburbio (la Bahía de Nadie) situado en las proximidades de París e invisible para cualquiera que lo visite de un modo instrumental –se trata de la típica urbanización para inmigrantes españoles, portugueses y magrebíes de los años sesenta– pero que sometido a la mirada escrutadora del inventor de lugares deja de ser un espacio de hacinamiento y control para transfigurarse en un lugar habitado.

Las sucesivas metamorfosis que transforman el almacén humano en lugar habitado van acompañadas de sus correspondientes metamorfosis en el narrador, el cual se transfigura como un reflejo del lugar a lo largo de tres tiempos (o en tres convulsiones temporales, a la manera de una composición musical en tres movimientos) de los que da cumplida cuenta: los diez años transcurridos desde que llegó casualmente al suburbio, el último año transcurrido en el suburbio, y el último día transcurrido en el suburbio. Un tiempo de igual duración pero progresivamente concentrado que recuerda el de alguna sonata de Beethoven.

Que un barrio dormitorio de cualquier ciudad industrial pueda transformarse en un lugar narrativamente habitable sin la menor mentira ni cursilería izquierdoide, tiene su contrapunto peripatético en siete personajes que, como en los relatos juveniles, encarnan sendos dioses prácticos que vagan por el mundo buscando un lugar propio y apropiado: un cantante, un lector de libros, un pintor, una amiga, un arquitecto/carpintero, un cura y un hijo, distribuidos por el mundo en una errancia sin esperanza que concluirá el último día del relato cuando todos coincidan en la Bahía de Nadie.

Sin embargo, no será ninguno de los personajes activos quien descubra por sí mismo que la Bahía de Nadie es un lugar, ni quien así lo manifieste explícitamente, sino un grupo de borrachos llegados de París y aparecidos como por encanto casi al final del cuento, los cuales han ido a dar allí «a causa del misterio» y a quienes el narrador no interroga ya que «cada vez que en mi vida he comenzado a hacerle preguntas a alguien, he perdido mi sustancia, o toda la sustancia a secas» (p. 437).

Quedan allí los borrachos suavemente difuminados con luz velazqueña (por un lado) y cerrados en sí mismos a la manera de los amigos de Li Po en el bosque de bambú (por otro), brindando con la luna y recordándonos que habitar un lugar trae consigo, además de la épica, un segundo momento lírico que presagia un drama para nosotros totalmente desconocido a causa de la enorme violencia que en la actualidad oculta toda posibilidad de que accedamos al drama.

Nada impide que soñemos que alguno de los borrachos perdidos en el bosque de la Bahía de Nadie escribe versos (esto es un *märchen*) y sus versos permitirán a un futuro dramaturgo concebir cómo ha de hablar un personaje vivo sobre el escenario (algo inconcebible hoy en día ya que todos los personajes teatrales hablan como gente muerta de la calle) y quizás más tarde alguien invente la novela de ese personaje y otros parecidos, todos ellos oriundos del mismo lugar. Ésa es la apuesta para no apearse en marcha de un tren lanzado a toda velocidad hacia la nada.

En el espacio de la narración (pero eso sólo se puede saber una vez concluida la primera lectura) han ido apareciendo con gran y a veces tediosa lentitud, mediante minu-

146

ciosas descripciones que pueden llegar a lo microscópico, los límites del lugar y de sus habitantes en un orden canónico: durante el primer tercio de la obra se exponen la voz narrativa (*¿Quién no? ¿Quién?*) y el lugar (*¿Dónde no? ¿Dónde?*); los siete personajes andariegos deambulan por el mundo durante el segundo tercio, y la temporalidad propia del lugar y de todos los personajes se confirma en las últimas cien páginas. Cuando se cierra el libro, los límites de la narración (en perfecta analogía con el lugar narrado) se cierran desde el exterior con la objetividad de un relato anónimo, de un *märchen*.

Entonces la necesidad del *märchen* se hace evidente ya que en un *märchen* actúa el primer grado de la capacidad literaria para ordenar y dar sentido al caos, en la frontera misma de las tradiciones orales con las escritas, allí donde las cosas sólo están las unas junto a las otras sin todavía unirse ni fundirse, como si fueran palabras sueltas, términos que no llegan a construir frases ni proposiciones. Si antes figuraron espadas, caballos y torneos, ahora figuran bolígrafos, bicicletas y restaurantes árabes, a veces más bellos, a veces más caballerescos que los objetos cristianos.

Estoy persuadido de que algún lector llegado hasta aquí en este no muy persuasivo artículo (¿un artículo primitivo?) habrá pensado en algún momento que de ser cierto lo que afirmo entonces este cuento sólo puede interesar a los profesores de literatura y de estética –un juicio que no voy a combatir con la cobarde e indigna apelación a la «diversión» que sólo tiene legitimidad cuando uno se dirige a mentalidades infantiles–, pero sí diré que la narración de Handke va a ser difícilmente digerida por muchos profesores ya que se trata de un cuento intempestivo, plagado de defectos, cuya justificación no se encuentra en el interior del mismo sino en su exterior y así parece haberlo intuido el propio Handke.

«Tenía el presentimiento de que el lugar actuaba sobre mi narración como si la acreditara; y que era sobre todo el agua, allí, en su singularidad, la que confirmaba mi trabajo –¿trabajo?, más bien respiración en común.»

147

Sólo aquellos que en contra de toda prudencia y desde la más firme negatividad, sin renunciar a un ápice de decepción, continúan creyendo (o quizás deseando) que el potencial de la narración no se encuentra absolutamente agotado y trivializado por el fetichismo y la sentimentalidad podrán entrar en este cuento con el mismo asombrado despertar (y resaca) de los borrachos llegados a la Bahía de Nadie desde París, ¡desde París!, y también como ellos instalarse allí a beber, pues no negaré que el cuento de Handke da sed.

Pero al unir tan indisolublemente su narración con la habitabilidad del lugar descrito, Handke, que ya había dedicado un libro entero a competir con Cézanne en la invención de un lugar llamado Ste-Victoire, se juega el éxito de su relato al puro albur de que el nuevo lugar, la Bahía de Nadie, quede impreso en la memoria del lector tan indeleblemente como los campos de trigo que siega Konstantin Levin mientras Ana se trivializa en los hoteles elegidos por Vronski. Que lo haya logrado es algo que cada lector deberá juzgar por sí mismo. Yo a veces creo que sí.

Claves, n.º 78, diciembre de 1997

III. Feria de poetas

ANTES DE QUE SE EXTINGAN

Cierta turbulencia, inhabitual en la plaza de San Sulpicio, me avisó de que algo insólito estaba teniendo lugar. Tras aproximarme, intrigado, comprobé que allí estaban, sólidos, incólumes, bebiendo una cerveza, mirando los castaños, durmiendo en una silla: los poetas. La veintena de quioscos pintados de verde y armados en torno a la fuente barroca estaban ya muy concurridos. Eran las doce de la mañana y la gente hormigueaba rebuscando entre editoriales de rotunda onomástica: Fata Morgana, El Lobo Faldero, Ánima Mundi... Un poeta levemente cojo me entrega un panfleto; un «homenaje a la Belleza y al Amor» compuesto por «poemas, pensamientos y reflexiones» cargados de «densidad, profundidad, clarividencia, idealismo, ternura y sensibilidad», a 75 francos el ejemplar. Lo compro.

Casi todas las barracas pertenecen a pequeñas empresas dedicadas en exclusiva a la poesía. Las más radicales editan a un solo autor, como la de Jacques Charpentier, que edita los poemas de Jacques Charpentier. Allí, algo deslucidos, están los ejemplares aparecidos hace veinte años, con el retrato de Jacques hace veinte años. Levantas los ojos y te encuentras con Jacques veinte años después, algo deslucido él también, pero sonriendo altivamente: es un poeta y no se ha reconciliado con el mundo. Otras veces es la viuda quien conserva el fuego de la palabra; en la caseta de Maurice Caron dormita la dulce intensidad de su viuda, y también un

151

librito titulado *La bienamada* en cuya portada figura aquella muchacha que atormentó al poeta en los años veinte.

No todo es nostalgia. En un depósito, a pleno sol, manosean los obsesos, con los ojos hinchados como granos de uva. Son los bibliópatas. Barajan libros y revistas a toda velocidad, como Victor Mature barajaba los naipes en una inolvidable partida de póquer que le costaba la dama y la vida. De repente, se petrifican: han dado con algo, una estrella que sólo ellos distinguen entre la basura. Lo ojean quitándole importancia, incluso maltratándolo dramáticamente, sacudiéndolo y dándole palmadas sonoras; luego se dirigen al vendedor con displicencia. Arrugan el entrecejo y fruncen la boca al oír el precio, pero lo compran a regañadientes y escapan empujando a la gente, ausentes, escurridizos como rateros. Son los bibliópatas.

Cuando se cae en la tentación de reflexionar sobre la decadencia de Occidente (la verdadera), no hay más remedio que pensar en los poetas. No hace ni diez años el magisterio literario indiscutible era el de poetas como Jaime Gil o Gabriel Ferraté, por no hablar de Vicente Aleixandre o J. V. Foix. Hace un decenio nadie dudaba, ni por asomo, de la trascendencia de la poesía. Todos estaban de acuerdo en que o bien una literatura se sustenta sobre la poesía, o bien es mera sociología. Una literatura sin poesía es, como dijo Cole Porter, la Mona Lisa sin la sonrisa. Pero el magisterio de los poetas se ha esfumado. Hace un decenio la jerarquía era indudable: poesía, drama y, finalmente, prosa. ¿Sigue siéndolo?

Cabe la posibilidad de que alguien atribuya esta mengua a que la mayor parte de los poetas actuales son malísimos. Hombre, claro. También la mayoría de notarios y taxistas, dentistas, curas, arquitectos y vendedores de moquetas son malísimos. Casi todos somos malísimos. Nunca se ha visto que los poetas buenísimos o los sastres buenísimos sean tantos como para formar un sindicato. Anoten esto: la importancia de los poetas es independiente de su calidad. Lo importante es que los haya y se les reconozca.

En la feria me han entregado un boletín de inscripción para el Club de los Poetas. Celebran reuniones diarias desde 1961. También divulgan poemas por teléfono (45 50 32 33, pruebe usted mismo) y por el minitel. ¿Quién puede ser poeta y entrar en el club? He aquí lo que dice el boletín: «Todo aquel que no se entregue a la facilidad, con la excusa de que los mediocres triunfan mientras los mejores no se tienen en pie.» Me parece una definición justa y benéfica. Perfecta.

Los personajes de la Feria de la Poesía son eternos. Pasea entre el gentío un negro viejo y pelicano, muy alto, muy dandy. Gasta panamá de color azafrán, zapatos blancos, bastón de ébano con puño de oro, y cuelga de su brazo una jovencita apenas disimulada por una gasa rosa. Aborda el aparador donde se ofrece la poesía de la negritud, y los vendedores, dos jóvenes rapados a la moda, esto es, con una boina de rizos flotando como una tortilla sobre el cráneo, se alzan de los asientos e inclinan respetuosamente las tortillas ante el tremendo anciano. Es la escena del reconocimiento en *Las minas del rey Salomón*, la pareja de watusis mira con incredulidad las cicatrices rituales del desconocido y comprueban que se trata de un príncipe. Los editores de la negritud se contonean discretamente delante de la niña, como medusas.

Los poetas no han cambiado desde Arquíloco. En una esquina tres poetas discuten sobre el *Golpe de dados*. El más vehemente usa una peluca apolillada que zozobra sobre su calva al calor de la discusión. «¡Que me lo explique! ¡Que venga ese insoportable farsante a explicármelo!» Se refiere a Mallarmé. Sus colegas cabecean en gesto de total conformidad. «Un farsante, un insoportable farsante», abunda uno de ellos distraído con un palillo entre los dientes negros de nicotina. Sobre estos personajes divinos desciende sin previo aviso el rayo celeste, y llenan de luz vivificadora una lengua hasta entonces cadavérica y chupada por los mercachifles. Es increíble. Cae un rayo, roza a Rimbaud, y la lengua da un salto de potro. Otro poeta vocifera desde un estrado su *Oda a Bosnia*, pero la interrumpe bruscamente para proceder al recitado de *Mi perro es la mujer que yo prefiero*, poema festivo, dice, para animar el cotarro. Es realmente increíble.

Lo cierto es que la poesía no sirve para nada, pero ello es debido a la descomunal importancia de aquellas cosas para las que sirve la poesía. Por ejemplo, puede sonar a chino, pero Hegel y un servidor creemos que las naciones se fundan sobre la poesía. Hasta los americanos tienen a Walt Whitman. Una lengua que sólo sabe calcular, controlar y dominar no puede ser una lengua significativa; puede conservar, pero no puede crear. Por eso cuando se oye hablar de «nacionalismo» hay que entender que se habla de «nacionosidad». Cuando no de «estatofilia». Porque mientras la lengua no produzca una épica, ya me dirán ustedes de qué nación hablamos. De la del Ministerio de Hacienda, sin duda. Muy respetable, pero poco seria. Eso sí, los nacionosos (y los estatofílicos aún más) pueden organizar unos cafarnaúnes tremendos. Aunque efímeros.

Vuelvo a la Feria de la Poesía para cerciorarme de que lo golfo no está reñido con lo noble, que todavía es posible una inutilidad trascendente y amable. Una niña, agarrada de la mano de su padre, ha reparado en una barraca y tira hacia ella. Es la de la Librería Española, en donde dos guitarristas acarician las cuerdas de sus instrumentos sin armar jaleo, con el elegante descreimiento de un poema de Pessoa. Veo entonces un título tenebroso expuesto sobre el tablero: *En el sombrío jardín del asilo*. Leo el nombre de su autor en el momento en que repican las campanas de San Sulpicio. Homenaje a los poetas, pienso, antes de que se extingan.

El País, 10 de julio de 1994

A PROPÓSITO DE BANDERAS.
EL INTÉRPRETE DE HÖLDERLIN COMO TRADUCTOR

Debo, en primer lugar, excusar mi presencia en este foro, en el que me siento como un noruego en un simposio sobre tauromaquia. Mi participación es justamente la del excéntrico, la de aquel que no pudiendo leer los poemas más que en versiones bilingües, se ve muy concernido por los problemas relativos a la traducción de Hölderlin, poeta tenido por «oscuro».

Todos los que pasan por dicha experiencia saben que el poema original se transforma en cada nueva traducción y que un mismo poeta da origen a múltiples poemas de sorprendente calidad en la lengua de llegada. La traducción, cuando se practica con talento, ejerce la interpretación a la manera musical, es decir, creando una nueva obra a partir del desciframiento de la «partitura» que hace las veces de un «original» al que se asemejan todas las interpretaciones sin llegar nunca a coincidir con ella.[1]

Esto es así para toda la poesía, pero en el caso de Hölderlin el carácter creativo de la traducción se ve multiplica-

---

1. El problema general de la traducción no es esencialmente distinto del problema general de la comprensión. También interpretamos «musicalmente» cuando escuchamos hablar o cuando leemos en nuestra propia lengua. La incomprensión no es equivalente a la ausencia de sentido, como ha razonado, por ejemplo, Talbot J. Taylor en *Mutual Misunderstanding. Scepticism and the Theorizing of Language and Interpretation*, Duke UP, 1992.

do por tratarse del escritor más sobreinterpretado de la literatura occidental. El poeta suabo introdujo la poesía en un territorio del que había sido expulsada desde los tiempos de Platón: el de la verdad, el de la *episteme;* y como Heidegger comenzara a indagar cuál podía ser el *lugar* de un huésped tan extraño en el ámbito del pensamiento, no ha habido luego filósofo que a su vez no haya negociado con la poesía de Hölderlin tratando de o bien expulsarlo nuevamente fuera de la verdad, o bien mantenerlo en una *reserva de lenguaje* llamada «imaginación» en donde si apareciera la verdad no sabríamos qué hacer con ella ni qué estatuto concederle.

Pero, paradójicamente, en lugar de imposibilitar la tarea de los traductores la sobreinterpretación la facilita. Quiero decir que las traducciones de Hölderlin (al contrario de las de Mallarmé, por poner un ejemplo de otro poeta tenido por «oscuro») son capaces de transmitir lo esencial de su poética en idiomas muy apartados del alemán. Incluso las malas traducciones conservan la conspicua presencia de la poética de Hölderlin de un modo sorprendente. Voy a utilizar, a título de ejemplo, un caso muy notable: el de los versos finales de «Mitad de la vida».

> *Die Mauern stehn*
> *Sprachlos und kalt, im Winde*
> *Klirren die Fahnen.*

La traducción de Federico Gorbea dice así:

> Los muros se alzan
> Mudos y fríos. En el viento
> Chirrían las veletas.[1]

Pero la de Norberto Silvetti dice:

1. Hölderlin, *Poesía completa,* trad. Federico Gorbea, Ediciones 29, 1995, p. 223.

156

Los muros se yerguen
mudos y fríos, en el viento
restallan las banderas.[1]

¿Son veletas cuyas bisagras oxidadas chirrían al girar impulsadas por el viento? ¿O son banderas que producen algún tipo de ruido al ser azotadas por el viento? La elección es relevante porque determina la figura del muro que se alza ante el lector. ¿Se trata de los muros de una vivienda privada, los de un pueblecito con su iglesia coronada por la típica veleta, los de una granja en medio del campo? ¿O son los muros de una ciudad, de una fortaleza, de una muralla, en donde es más habitual que se desplieguen las banderas?

No es un detalle menor. El poeta ha descrito la primera mitad de la vida como aquella en la que los cisnes ebrios de besos hunden sus cuellos en el agua sagrada, pero ahora, anticipando el invierno de la vida, ve ante sí unos muros *helados* y *sin habla*. ¿Son los del hogar familiar o los de la colectividad social? ¿Dónde se produce la pérdida del habla? ¿Cómo debe entenderse?

Evidentemente se trata de una metáfora universal que vale para todos los muros, privados y públicos, pero ¿cómo debemos imaginar la metáfora vertical de los muros cerrados al habla, simétrica de la metáfora horizontal del lago de aguas sagradas? Y, sobre todo, ¿cómo resolvemos la presencia de un verbo *(klirren)* al parecer poco congruente con su sujeto *(Fahnen)* siendo así que se trata de un sonido de repique, apropiado para el metal o el vidrio, pero no para el tejido ni los fustes de las banderas?

El poeta catalán Carles Riba tradujo:

Els murs s'están
callats i freds, en el vent
cruixen les banderes.[2]

---

1. Hölderlin, *Himnos tardíos,* trad. Norberto Silvetti, Editorial Sudamericana, 1972, p. 131.
2. Jaume Medina, *Carles Riba i Friedrich Hölderlin,* Serra d'Or, 1987, p. 56.

Comentando este final, el también poeta Gabriel Ferrater creyó resolver la dificultad argumentando que, siendo *Fahnen* sin la menor duda «banderas», había que tener en cuenta que en la Suabia del poeta se suele acortar la forma *Windfahne* (veleta) por *Fahne* en sustitución del más usual *Wetterhahn*. Al parecer, ésta era también la opinión de Albert Béguin, sostenida en una conversación con Carles Riba.[1] A esta posibilidad de compromiso cabría añadir la de que Hölderlin pensara en las banderolas de metal que antiguamente se usaban como adorno en el remate de las cubiertas, y otras hipótesis ingeniosas que buscan reducir el problema a un asunto de impericia descriptiva por parte de Hölderlin, quien habría usado una imagen poco exacta o poco concreta.

Pero, si así fuera, ¿por qué tantos y tan excelentes traductores mantienen todavía las «banderas»? En 1989 y en la prestigiosa edición de Les Cahiers de L'Herne dedicada a Hölderlin, J.-P. Lefebvre seguía traduciendo:

> *Les murs sont là*
> *Muets et froids, dans le vent*
> *Tintent les drapeaux.*[2]

Se nos antoja que hay una *exigencia* de banderas entre los traductores más rigurosos, aunque frente a ellos muchos otros traductores de prestigio, como Geneviève Bianquis, Gustave Roud, Robert Rovini o Rudolf Leonhardt, se hayan inclinado

1. Gabriel Ferrater, *Sobre literatura*, Edicions 62, 1979, p. 41. Pero el profesor Wolfgang Wegscheider de la Universidad de Barcelona, también suabo de origen, no relaciona *klirren* con un sonido metálico sino con expresiones como *klirrende gläser* (el sonido de un vidrio o un hielo que se quiebra) o *klirrende kälte* (equivalente a un «crujir de huesos»), expresiones directamente relacionadas con el frío de los muros y no con el viento de veletas y banderas. Seguramente en su origen *klirren* remite al entrechocar de las armas, pero en su relación con el frío puede sugerir cualquier superficie helada que *cruja*. Lo que incluye a las banderas y a la ropa tendida.
2. VV.AA., *Hölderlin*, éd. J.-F. Courtine, Les Cahiers de L'Herne, p. 27.

por las veletas. Tampoco en el ámbito italiano se ha alcanzado un acuerdo: Gianfranco Contini traduce por *banderuole* y Enzo Manduzzato por *segnavento*.[1] ¿Por qué tanta y tan persistente discordia? ¿Por qué una tan grande indecisión?

Fue Peter Szondi quien advirtió sobre la importancia de este poema como notable ejemplo de lo que sería el estilo de los himnos tardíos; pero su análisis, centrado en la primera estrofa, no ofrece ninguna aclaración sobre la última, excepto una vaga relación con el «viento del norte», «enemigo de los amantes», lo que no resuelve nada porque es el mismo viento el que azota las veletas y las banderas.[2]

Y, sin embargo, el esclarecimiento de la figura de los muros es tan relevante por lo menos como la de los cisnes en el lago. No hay una sola palabra ni un solo matiz desdeñable en este poema. Un traductor que ha dedicado toda su vida a Hölderlin, François Fédier, afirma: [en su poesía] *«les irregularités ne sont pas des imperfections, mais de signes».*[3] Si tomamos seriamente su testimonio nos encontramos con una irregularidad, un verbo poco coherente con su sujeto, que produce una desarmonía tan fuerte como para tomarla por un signo. Éste es un signo que nos requiere a la interpretación.

El sentido del poema traducido debe aparecer mediante un trabajo de extracción o de desocultación, en todo similar al que puso en marcha el propio poeta cuando él, a su vez, buscaba un sentido para su poema. En consecuencia, y accediendo como lector al requerimiento, yo diría que los muros helados y sin habla no pueden sostener veletas domésticas o banderolas decorativas, sino banderas colectivas. Pero, para defender mi opinión, antes debo dar un rodeo.

---

1. Hölderlin, *Poèmes*, éd. G. Bianquis, Aubier, 1943, p. 246. Hölderlin, *Oeuvres*, La Pléiade, p. 833; Robert Rovini, Rudolf Leonhardt, *Hölderlin*, Seghers, 1963, p. 155; Hölderlin, *Alcune poesie*, G. Contini, Einaudi, 1987, p. 23; Hölderlin, *Le Liriche*, E. Manduzzatto, Adelphi, 1989, p. 569.

2. Peter Szondi, «La otra flecha», *Estudios sobre Hölderlin*, Destino, 1992, p. 43 y ss.

3. «Las irregularidades no son imperfecciones; son signos.» François Fédier, *Hölderlin*, L'Herne, p. 457.

En el artículo antes citado, Szondi afirma que lo decisivo del poema es la oposición cruda, sin transición, composición o síntesis, entre la primera y la segunda estrofa, de manera que lo más *apropiado* del poema sería también lo más fácil de traducir: la pura oposición, sin ninguna conclusión que intente suavizarla forzando un sentido o una dirección final. En ello coincide con Adorno, quien, en su célebre artículo titulado «Parataxis», catalogó un conjunto de rasgos o caracteres de estilo del Hölderlin tardío (y previo al de la «locura») que pueden resumirse en la siguiente relación:

– Rechazo del poema idealista (o schilleriano) y de la «belleza» clásica.

– Frecuente uso de hiatos, vacíos, silencios, interrupciones y rupturas, como figuras de exilio, pérdida y negación.

– Práctica de las estrofas sin rima, muchas veces articuladas en forma-sonata, más próximas al recitado religioso que a la canción.

– Ruptura de las jerarquías gramaticales y de las subordinaciones sintácticas, y preferencia por la yuxtaposición (contra la composición) con la finalidad de romper el proceso intelectual lógico.

– Abandono de la armonía, como en el Beethoven final, para escapar a la simulación de una conciencia ordenadora.

– El sentido del poema se mantiene de este modo fuera del alcance del *logos,* pero sin caer en el caos; en la *tensión* entre orden y caos.[1]

Que el poema del Hölderlin tardío se mantiene en un *entre-dos,* lejos del alcance del resumen o la glosa –es decir, de la presencia de un «contenido» que permanecería oculto bajo la llamada oscuridad o hermetismo poético–, pero sin que el poema caiga en la pura expresividad sin concepto a la manera surrealista o dadaísta, equivale a manifestar que lo esencial del poema del Hölderlin tardío es lo propiamente *negativo.* Lo cual contribuiría, dicho sea de paso, a expli-

---

1. Th. W. Adorno, «Parataxe», *Hölderlin, Hymnes, élégies et autres poèmes,* éd. Ph. Lacoue-Labarthe, Flammarion, p. 133 y ss.

car el éxito habitual de sus traductores, ya que lo difícil no es romper el ordenamiento de una lengua, sino respetarlo.[1]

Las rupturas, los quebrantos, las transgresiones, lo negativo y *moderno* del estilo tardío de Hölderlin no es difícil de traducir; lo intraducible es el lado afirmativo de la obra, el continuo temporal, esa arquitectura rítmica que arma el poema de tal modo que no se fraccione y disperse en fragmentos puros (cuya capacidad gnómica, por cierto, ha sido aprovechada, no siempre con la debida prudencia, por Heidegger).

La imposibilidad de transposición del ritmo a idiomas como el español, el francés o el italiano, cuya conciencia sonora no se construye sobre sílabas largas o breves, obliga a cambios profundos en la naturaleza del poema y a convertirlo en *otra cosa*. Basta leer el agotador análisis formalista de Jakobson del poema «Die Aussicht» para percatarse de que el aspecto afirmativo, constructivo y ordenador del poema, la continuidad fonética y rítmica que lo mantiene unido como un *objeto*, no puede re-componerse en ningún otro idioma sin renovación absoluta del sentido.[2] Por el contrario, el lado negativo es de fácil transposición. A él debemos, pues, reducirnos... o resignarnos.

Al decir que en la correcta traducción de los poemas tardíos de Hölderlin debe pesar más el aspecto negativo que el afirmativo, las rupturas y transgresiones que los ordenamientos y composiciones, la yuxtaposición incongruente que el ritmo constructor de continuo, en fin, el hurtarse tanto al sentido como al sinsentido, no estoy defendiendo la altiva posición hegeliano-heideggeriana del *tant pis pour les philologues*, es decir, la reducción del análisis científico a una situación *subordinada* respecto a la autoridad del exégeta (aunque

1. Así justifica François Fédier, en el artículo antes mencionado, los versos 9 y 10 de su traducción de «El Ister», en donde el núcleo significativo descansa sobre un desplazamiento irregular del pronombre *wir;* una violencia sintáctica que puede traducirse sin excesivas complicaciones.

2. Roman Jakobson, *Selected Writings*, vol. III, Mouton, 1981, p. 388 y ss.

ésta sea una posición con armas muy considerables).[1] Pero sí creo sensato afirmar que la fijación de sentido para el poema tardío de Hölderlin no puede aspirar a la estabilidad. Todo sentido ha de ser efímero y como en movimiento, porque el puro tránsito y la provisionalidad es lo apropiado y lo que se corresponde con lo negativo e inestable del poema, y debe afectar a la estabilidad de las figuras del lago, los cisnes, los muros y las banderas. Estas últimas, por oposición a las primeras, no pueden aspirar a mantenerse en una situación fija y clara como los cisnes y el lago. Esas banderas, por decirlo así, deben negar su posible estabilidad. El final del poema no puede tener una forma cerrada, no puede aspirar a una clausura moral clásica. La negatividad, el hurto del sentido y del sinsentido, exige que la figura final se encuentre en un desequilibrio opuesto al plácido equilibrio del lago donde los cisnes hunden sus cuellos en el agua sagrada.

(Si Hölderlin es el primer poeta moderno –de una modernidad definida a posteriori desde Mallarmé– por ser también el primero en abandonar la primacía de la subjetividad sobre la objetividad del texto, es el texto la principal fuente de autoridad, y el texto dice «banderas». Es cierto que dice «banderas» *por ahora,* ya que cualquier nueva información puede invalidarlo, pero eso forma parte del desarrollo de cualquier otro poema en el cual la información biográfica actúa a perpetuidad.)[2]

1. Yo diría que en esa disputa lleva razón Paul de Man cuando corrige los excesos de Heidegger, sin poner en duda el estatuto del exégeta filosófico. Véase «Heidegger's Exegeses of Hölderlin», *Blindnes & Insight,* Routledge, 1989, p. 246.
2. Los datos biográficos del poeta forman parte del poema con una legalidad similar a la de los títulos de las pinturas o de las piezas musicales. Los datos biográficos son documentos que se desprenden de los poemas, y no al revés. El sentido del poema no «viene de Dios», sino que surge del tránsito del texto a través de sucesivos lectores, los cuales son los mensajeros del poema y efímeros guardianes de su sentido. Sobre la relación entre la fuente del signo y el receptor, véase el esclarecedor análisis del verso *Dem folgt deutscher Gesang,* en Georges Leyensberger, *Métaphores de la présence,* vol. 2, Éditions Osiris, 1994, p. 141.

Así pues, la elección de veletas o banderas no puede depender de la incoherencia del sonido sugerido por el verbo, sino de la incoherencia exigida por el poema, el cual no debe concluir con un final de acorde perfecto, como el que darían esas veletas chirriantes cuya presencia tranquiliza porque ofrece una dirección de salida al lector. Han de ser las banderas las que chirríen, crujan, tañan, repiquen o restallen, porque no es apropiado que la figura final condene a viajar al errabundo en una dirección, sea ésta acertada o errónea. Esa figura errabunda guiada por las veletas, se corresponde con el *wanderer* schubertiano, el cual despliega su tragedia en un viaje de invierno que concluye con la muerte; ésta es una figura cerrada y ordenada, conclusiva, propia de la canción romántica. Pero las banderas que coronan muros helados y sin habla condenan a una errancia de *otra calidad* porque expulsan de todo refugio colectivo (en donde el habla tendría su lugar) de modo que el expulsado ni siquiera puede comenzar un peregrinaje ya que es del todo indiferente que se mueva o se esté quieto: la muerte ya no actúa como *acorde perfecto* y al expulsado no le queda ni siquiera ese cierre o conclusión de herencia barroca.

La voz que habla en el poema de Hölderlin ya no es una voz trágico-romántica, sino una voz *moderna;* la del que ha dejado atrás la esperanza de una dirección, aunque sea hacia la muerte. Ya no es la voz de Don Juan completada por el Infierno, pero tampoco es la de Empédocles completada por el Etna. En todo caso es la voz del ciudadano K. ante los muros helados y sin habla del castillo, cuyo destino no se orienta hacia la aniquilación, sino hacia la pura *espera*. Este ciudadano, que ya no es ni un individuo barroco ni un sujeto romántico, se mantiene quieto ante los muros helados y sin habla, lejos de cualquier posibilidad de sentido pero sin haber caído (aún) en la locura. Al pie de los muros oye cómo *crujen las banderas* y seguirá así indefinidamente oyéndolas crujir, sin el consuelo del peregrinaje y sin justificación trágica.

Las veletas son signos cargados con el sentido de la sim-

163

bología romántica; las banderas sin habla que se alzan sobre los muros helados, en cambio, son signos pendientes de
algún sentido. La voz que habla en el poema, la voz moderna, es también un signo que está *a la espera*. Esas banderas
son las suyas, y a diferencia del vagabundo romántico, no
puede vagar hacia ningún lugar porque *ya ha llegado*.

*

MITAD DE LA VIDA

Con peras amarillas pende
y llena de silvestres rosas
la tierra sobre el lago;
vosotros adorables cisnes,
y ebrios de besos
hundís vuestras cabezas
en la sagrada sobriedad del agua.

Ay de mí, en el invierno,
¿dónde coger las flores, dónde
el resplandor del sol
y las sombras de la tierra?

Los muros se yerguen
mudos y fríos, en el viento
restallan las banderas.

(versión de Norberto Silvetti Paz)

(Conferencia en el Instituto Alemán de Madrid. Abril de
1998.)

EL ÚLTIMO HOMBRE FELIZ. NOVALIS

Novalis (Friedrich von Hardenberg) pertenece a un momento del romanticismo alemán que, a diferencia de su continuación, es todavía positivo, afirmador, militante. En breve plazo el romanticismo se trasladará al nocturno dedicándose a la reivindicación de la vida ultramundana, pero con Novalis la legislación todavía está en la balanza. No hay que engañarse: Von Hardenberg tuvo la suerte de morir antes de haber concluido ninguno de sus proyectos, concluyendo de ese modo el único que él nunca quiso concluir: el de Novalis. Algunos más longevos, como Hölderlin, acabaron sus días en una tétrica locura, o (quién sabe si es peor) adulando a la autoridad.

Puede decirse que, tras ese primer momento de euforia, cuando Hegel, Schelling y Hölderlin todavía se paseaban ataviados con el gorro frigio y la cocarda tricolor, el fracaso fue definitivo: desengaño y aniquilación (Kleist, Büchner), exilio, escándalo, segregación (Byron, Shelley), o nacionalismo y abyección (Schelling, Brentano).

El hecho de que Novalis se mantuviera en un punto de equilibrio le empujó (como a su mentor ideológico, Schlegel) a apropiarse de un útil que ya quedaba muy lejos del poder poético: la ciencia. La interpretación teórica del mundo había pasado a las manos del poder económico, de donde ya no volvería a salir, y eso, a los ojos de una interpretación monista del mundo, era un escándalo. Ya Schiller

165

había protestado por ese futuro que iba a encarcelar a la investigación científica en los gabinetes de los planificadores de guerras. Pero Novalis no protesta sino que escribe una Enciclopedia. Su actitud es la de un militante dispuesto a recuperar con su solo esfuerzo un aspecto del mundo que está vistiéndose de caqui. En su Enciclopedia, como en su antecesora francesa, el ingeniero de minas Von Hardenberg quiere poner en comunicación todo el saber humano, sin que las barreras interdisciplinarias impidan la visión del conjunto. Del mismo modo que el órgano es el instrumento musical que resume a todos los instrumentos musicales, la Enciclopedia debe ser el órgano del saber que resume todos los saberes: matemáticas, física, química, meteorología, mineralogía, medicina, filología..., todas las especialidades están esbozadas en el proyecto.

Pero la ciencia de Novalis es poética: «Todo hombre es un cálculo, al igual que todo cálculo es un hombre» (Fragmento 336). Los números humanos de su matemática piensan desde su posición y dictan al científico la visión poética del cosmos desde la altura de un exponencial o la profundidad de un radical. No es una ciencia útil al poder económico, ya que es justamente poética en la medida en que renuncia al asalto técnico de la naturaleza. La ciencia de Novalis es comprensión y piedad (moralización de la naturaleza), no extensión y explotación.

En la actualidad resulta muy difícil entender semejante postura: entender que pueda hacerse ciencia con otra finalidad que no sea la explotación económica. Incluso es ya difícil de entender el estudio, la lectura o la observación con el único fin de saber y gozar, y no con el propósito de ganar dinero o medrar socialmente. Por eso resulta extraño, por ejemplo, que la física de Novalis emplee su saber en la mera organización y cuidado de la armonía: «¿Será la física, en sentido estricto, la política de las ciencias naturales?» (F. 448), a menos de que se tenga presente este otro fragmento: «La física no es más que la teoría de la fantasía» (F. 453).

Al apropiarse de un instrumento clave del poder burgués, el saber científico, poniéndolo al servicio de aquello que la burguesía siempre consideró un ornamento (la poesía), Novalis dejaba inermes a los explotadores y privaba al Estado de su única justificación práctica, ya que el derecho divino había desaparecido junto al despojo de los últimos dioses. Para hacerse una idea de la imposibilidad que significa Novalis, habría que imaginar una campaña política montada sin justificaciones científico-técnicas; sin promesas económicas, sin advertencias estadísticas, sin seguridades tecnocráticas. ¿Qué ofrecería entonces el Poder? Aparecería desnudo, como un fantasma de oro ante un electorado de carne y hueso, y en la segunda vuelta como un fantasma de purpurina.

No es de extrañar, pues, que el proyecto de Novalis acabara siendo un puñado de fragmentos: el Espíritu mató a Von Hardenberg en el momento adecuado para hacer de él un «Novalis»; antes de terminar su obra para que ésta quedara como mero proyecto, como promesa, como la eterna incitación de los visionarios a realizar lo irrealizable. Con ello el Espíritu mataba dos pájaros de un tiro: impedía el cambio y ofrecía entretenimiento y esperanza a los más inestables; el Espíritu, como el mar de Conrad, agota a los marineros, pero no los mata de cansancio porque el barco debe seguir navegando.

Después de la muerte de Von Hardenberg y la subsiguiente aparición de Novalis, sus correligionarios renunciaron al proyecto; Hegel supeditó definitivamente el arte a la ciencia; los artistas que no se resignaron a perder el poder, a vivir en un mundo en donde la teoría fuese el bedel de la Banca, pasaron a la categoría de parias o chiflados. Desde entonces todos los manifiestos vanguardistas se parecen a esos locos de pueblo que van gritando por las calles: «Yo soy el alcalde, yo soy el alcalde.»

Algo más tarde, Marx zanjó la cuestión para el siglo venidero, es decir, el XX, tratando a los artistas como a «ciudadanos especiales». Esos raros se dedicaron, en adelante, a escribir su pobreza harapienta, esperando un Godot que nunca más vendrá porque ya se fue, o describiendo la fortaleza que tienen delante de los ojos, a cuya puerta un guardián parece impedirles la entrada, con lo cual disimula su auténtica función, que es la de impedir que nadie abandone los interiores.

Diario de Barcelona, 23 de mayo de 1976

UNA LUZ NEGRA. ARTHUR RIMBAUD

Como la poesía de Hölderlin, también la de Arthur Rimbaud es indisociable de su biografía. Los esfuerzos que se han llevado a cabo para apartar sus poemas de la peculiar peripecia que los fundamenta, me parecen un capricho preciosista. Puede, en efecto, analizarse la poesía de Rimbaud con total independencia de que la escribiera un sujeto tan singular, pero no he sabido apreciar la ventaja que de ello se sigue. Volveremos más adelante a los estudios formalistas y aun estructuralistas que se han llevado a cabo sobre Rimbaud; por el momento digamos que la obra poética de Rimbaud está indisolublemente unida a un acontecimiento que la determina de un modo absoluto: el silencio. Del mismo modo que la obra poética de Hölderlin se prolonga en una locura poética, la obra poética de Rimbaud se prolonga en un silencio poético sin el cual los poemas resuenan en seco, como si hubieran perdido una dimensión.

Aquella erupción poética o significativa que arrasó a Rimbaud no puede entenderse, a menos de que se conozca el proceso de arrasamiento que acabó con el Rimbaud biológico, porque los poemas y significados que llamamos «rimbaud» pertenecen a un orden o familia literaria destinada a la destrucción y es una engendradora de destrucciones. Debemos relatar la vida de Rimbaud no por curiosidad fabuladora o chismosa, sino porque esa vida, como la de Hölderlin, es un jeroglífico de la modernidad, en la que ambos, el loco y el maldito, se inscriben como ideogramas. Rimbaud es un *modelo* poético, así como el Renault «Twingo» es un *modelo* de automóvil; quiere decirse que Rimbaud abre la era de los múltiples rimbauds, como múltiples son los Renaults «Twingo», aunque sólo uno de ellos haya sido el primero e insustituible, el prototipo que funda y derrama el sentido de todos sus sucesores.

La vida de Rimbaud se divide en dos partes perfectamente diferenciadas. En la primera trató de vivir poéticamente en el mundo. Pero en la segunda, una vez persuadido de que vivir poéticamente era o bien imposible, o bien irrelevante, trató de encarnar históricamente en sociedad e integrarse en la vida burguesa. Habiendo llegado, sin embargo, demasiado tarde a esa persuasión, su huida de la poesía ya no le sirvió de nada y acabó perfectamente destruido por la poesía, la cual le impidió cualquier intento de encarnación social y burguesa.

Importa tener bien presente que Rimbaud quiso realmente, con todas sus fuerzas, escapar a la poesía. No fue uno de tantos falsos suicidas que se tragan las pastillas a la hora precisa para ser descubiertos por la señora de la limpieza. No. Rimbaud trató verdaderamente de abandonar la poesía por todos los medios. Eso le hace radicalmente distinto de Hölderlin, quien, una vez decididamente loco, continuó en armoniosa fraternidad dentro de lo poético, sin conflicto, o quizás más instalado que nunca en lo poético. Pero Rimbaud no; Rimbaud trató de salvarse de la poesía que le estaba destruyendo... y eso le destruyó.

Voy a resumir en rápidos trazos la vida de Rimbaud, no tanto para ilustrarla ante quienes la ignoran, cuanto por establecer ese modelo de «poeta moderno» (también conocido como «poeta maldito») que viene siendo seguido por millones de poetas malditos desde entonces hasta hoy. A mí me ha sido dado conocer bastante de cerca a uno de los últimos «efectos rimbaud», un auténtico poeta, uno de los pocos verdaderos poetas de la modernidad española, actualmente recluido en el manicomio de Mondragón; pero en los últimos años he observado que el modelo se está extinguiendo y ya casi sólo subsiste entre los conjuntos de música juvenil y de rock and roll, que son medios terriblemente conservadores, apegados a las mismas fórmulas desde hace medio siglo.

La vida de Rimbaud, se ha dicho infinitas veces, está marcada por la huida constante. El poeta huyó continua y desesperadamente de todas partes y casi siempre a pie. Pero es importante señalar que sus sucesivas huidas vienen precedidas por un antecedente inquietante: también su padre huyó del hogar familiar, entre otras ocasiones el día en que nació Rimbaud, y ya definitivamente en 1860 tras el nacimiento de Isabelle, hermana del poeta. Contaba éste seis años de edad y ya no volvió a ver a aquel padre con tan escasa afición hacia los nacimientos.

Mucho se ha especulado sobre la influencia que esta huida paterna pudo ejercer sobre su hijo, pero no es preciso rebuscar argumentos freudianos; todos aquellos que tuvieron ocasión de tratar con la madre de Rimbaud coinciden en afirmar que era imposible conocerla sin experimentar de inmediato una ciega necesidad de asesinarla. Puede decirse que en el proceso poético que llamamos «rimbaud», una parte sustancial de su dinámica (la parte culpable de la Naturaleza) ha de atribuirse a aquella madre insoportable, depositada por el destino en un hogar de Charleville con el exclusivo propósito de dar nacimiento a los poemas de Rimbaud.

La infancia del poeta carece enteramente de interés, ya que se conforma con el habitual relato de los éxitos de un buen estudiante, inteligente, aplicado, respetado por sus camaradas, etc. Se han documentado hasta 36 premios académicos ganados por el modélico escolar antes de cumplir los dieciséis años de edad. Así pues, el ataque de la poesía sobre el cuerpo de Rimbaud se produjo de modo súbito, como una explosión, aunque sin duda el niño había ya mostrado una fuerte inclinación hacia el juego lingüístico. Sus composiciones escolares en latín siguen siendo motivo de asombro para cualquiera que conozca la actual enseñanza media. Y aun la superior.

La primera manifestación pública de ataque poético coincide con la primera huida de Rimbaud. El 2 de enero de 1870 publica su primer poema, «Les Étrennes des orphelins» («El aguinaldo de los huérfanos») en la *Revue pour tous*. Y en agosto de ese mismo año se escapa de la casa materna, toma el tren para París pero como no lleva dinero le detiene la policía y acaba en un calabozo. A partir de este momento, Rimbaud no dejará ya nunca de huir. En su primera vida huirá para habitar poéticamente. En la segunda ya sólo tratará de huir de la poesía.

Sería laboriosísimo dar cuenta de todas las huidas del joven Rimbaud. Baste advertir que ya en octubre se escapa de nuevo, pero esta vez a pie para evitar el interés de los policías, y que a partir de este momento va a caminar miles y miles de kilómetros hasta que le llegue la hora de la muerte precisamente por amputación de una pierna. Hubo que cortarle una pierna para detenerle; pero en cuanto dejó de caminar, se murió.

En febrero de 1871, y tras vender su reloj, huye de nuevo a París, en donde coincide con las luchas callejeras de la Comuna. Subrayamos este episodio porque ejerció una influencia esencial sobre el muchacho, como ha quedado de manifiesto en las dos magníficas cartas conocidas como *Lettres du voyant* («Cartas del visionario»), de mayo de 1871, una a Georges Izambard (la del 13) y otra a Paul Demeny (la del 15). Éste es el momento afirmativo de la habitación poética del mundo, siempre que entendamos por «labor poética» una investigación de la maldad. El poeta, afirma Rimbaud en sus cartas, es «el gran enfermo, el gran criminal, el gran maldito» que acepta investigar el orden de lo maligno, en rebelión total contra las deidades celestes del orden y de la legislación llamada «racional».

En el planteamiento moderno del modelo Rimbaud, el poeta se presenta a sí mismo como el único tribunal moral en una sociedad enteramente podrida, y por lo tanto como un mártir de la verdadera verdad. La verdadera verdad (Nietzsche lo escribirá desoladamente por esos mismos años) es la pura nada, pero tan cruda conclusión todavía tardará en llegar al vivo entendimiento del poeta. De momento, Rimbaud cree que es posible transformar el mundo dándole la vuelta, o, si usamos la terminología nietzscheana, invirtiendo y subvirtiendo todos los valores. Lo que es bueno es malo, lo que es malo es bueno. Y cuanto más malo, mejor. Este satanismo no tiene su origen en una psicología aberrante, sino en el más lúcido de los positivismos.

Durante unos pocos años, entre 1871 y 1874, Rimbaud procederá a una investigación científico-poética de la malignidad, aplicando con terquedad un método ilustre, el sistemático «desorden de todos los sentidos», *un raisonné dérèglement de tous les sens*. El uso de drogas contra la razón logocéntrica, las prácticas sexuales contra natura, la blasfemia pública contra la carcundia pía, la embriaguez permanente contra la burguesía, la suciedad corporal contra la compañía sentimental, el hambre provocada contra la mística gastronómica de la época, el desagradecimiento contra los amigos, la mala educación contra los distinguidos *parvenus*, la violencia contra los pacíficos, el menosprecio de la propiedad contra los socialistas, el uso de hábitos soeces contra todo el mundo, en fin, la negación sistemática de las virtudes cristianas y burguesas: ésa fue su investigación poética.

Resulta sumamente interesante constatar que buena parte de cuanto hace cien años era considerado diabólico, se ha convertido hoy en un comportamiento «cultural». Que Rimbaud descubriera antes que nadie cuáles iban a ser los hábitos y caracteres morales de las sociedades llamadas «avanzadas y democráticas» no es uno de sus menores atractivos. Si el poeta de Charleville resucitara y viera que, en nuestros días, manadas de borrachos y drogados practican la promiscuidad sexual y recorren cientos de kilómetros por una ruta que los periodistas llaman amablemente «del ·

bakalao» bajo el amparo de la policía, se volvería a morir, pero esta vez de risa. Uno cualquiera de nuestros modernos fines de semana y muchas de las actividades «culturales» organizadas por nuestras instituciones político-administrativas son la repetición del «desorden de todos los sentidos», pero multiplicado por millones de rimbauds y algunos concejales.

Sin la menor duda, Rimbaud intuyó un componente esencial de la vida moderna o de la «poesía de la vida moderna», a saber, el largo circuito por la indiferencia moral, o la «temporada en el infierno», como él la llamó, que iba a emprender el mundo industrial y técnico en el siglo que comenzaba. Que ese paso por la aniquilación moral fuera a ser masivo, eso no pudo imaginarlo. O quizás sí, y la propia banalidad del experimento le apartó del mismo. Pero lo más probable es que tomara la decisión de abandonar la poesía no por haberse convertido en un recurso expresivo de masas, sino por rechazo de la negatividad pura. Rimbaud creyó que la negación, la aniquilación, no podía expresarse poéticamente. No merecía la pena. Para la ciencia a la que Rimbaud aspiraba, el habitar poético demostró ser un método estéril.

Veo en ello una diferencia digna de comentarse entre él y sus antecesores, Hölderlin y Baudelaire, los cuales todavía pudieron concebir un mundo bello y bueno, y por lo tanto habitable poéticamente, aunque sólo fuera como origen mítico, *como imposibilidad*. Pero Rimbaud ya estaba en la balsa de Medusa sobre la que agonizaban Nietzsche y Lautréamont, sus coetáneos, y en la que más tarde agonizarían Kafka, Proust, Beckett, Artaud, Heidegger y tantos otros. La balsa de la aniquilación irremediable en la que no es posible pensar un mundo bueno y bello *ni siquiera como imposibilidad*. Simplemente: es impensable.

Notemos al margen que los efectos poéticos de la aniquilación conducen a las masacres de las dos guerras mundiales, al holocausto, a la aparición de la deidad llamada «bomba atómica» y a las técnicas de destrucción del espa-

174

cio y del tiempo llamadas «televisión», «aeroplano», «teléfono» y tantas otras amontonadas como demonios feroces en el estrecho límite de nuestro siglo XX. En la más pura actualidad, la limpieza étnica y los asesinatos raciales responden fundamentalmente a una poética de la raza de corte técnico y moderno, un «arte nacionalista» muy distinto del que generó el nacionalismo romántico.

Ésta es la poesía que escribe Rimbaud en los tres años de visión poética que le fueron concedidos, la poesía de la pura aniquilación. Es hora ya de presentar al joven Rimbaud como un acumulador de dolor: cada palabra significativa que llegaba hasta su cerebro le torturaba hasta dejarle exhausto. Puede decirse que la explosión del significado «Nada» que se produce en el lugar llamado «Rimbaud» lo dejó tan arrasado como Hiroshima, y que las nubes radiactivas generadas entonces han seguido alimentando el cáncer de cientos de miles, si no millones, de rimbauds, desde entonces hasta hoy. Cuando unos años más tarde vemos a un joven guitarrista como Jim Morrison, uno entre tantos, destruido por las drogas y/o el asco, estamos asistiendo a un diminuto efecto tardío de la deflagración «rimbaud». Tanta fue su potencia, que aún sigue actuando cien años más tarde.

No hay mejor ejemplo de ello que la relación más o menos amistosa entre Rimbaud y Verlaine, una de las más célebres de la historia moderna. Era este último un poeta recién casado que producía una poesía musical y elegante, muy bien vista por sus colegas y por la crítica especializada. Pero de pronto le alcanzó la onda expansiva de la deflagración «rimbaud». En menos de dos años, Verlaine se convirtió en un borracho, un homosexual público, notorio y ridiculizado, un drogadicto fichado por la policía; en ese mismo año trató de matar a su hijo recién nacido aplastándolo contra la pared, quiso estrangular a su esposa, y acabó destruido, arruinado, humillado y convertido en un paria, tras un intento de suicidio y una condena a dos años de presidio en Bruselas por tentativa de asesinato en la persona de

175

Rimbaud. Todo ello en veinte meses de «amistad» con Rimbaud, de septiembre de 1871 a junio de 1873. Si los jueces hubieran sabido lo que nosotros sabemos, no habrían condenado a Verlaine; le habrían condecorado.

La investigación del mal, sin embargo, va acompañada de su manifestación lingüística. En esos tres años de malignidad experimental, Rimbaud escribe deslumbrantes poemas. «Le Bateau ivre», «Les Assis», «Les poétes de sept ans», «Oraison du soir» o «Une Saison en enfer» son creaciones de una inteligencia realmente portentosa, esmaltadas con riquísimas imágenes y dotadas de una musicalidad sombría. Los poemas son oscuros de contenido, pero luminosos de sentido.

Ahora bien. Su mayor grandeza reside en que estos poemas caminan inexorablemente hacia su autodestrucción, como si buscaran precipitarse en un destino ineludible. Hay en ellos un germen evidente y maligno que destruye a toda velocidad: primero la tradición clásica, luego cualquier forma de versificación, y finalmente la prosa misma hasta llegar al silencio. De los primeros poemas aún marcados por la bella tradición poética casi artesanal que Rimbaud aprende de Baudelaire, a los segundos poemas ya desmembrados y caóticos, hasta llegar a las prosas infernales o a las «iluminaciones», el sentido de la trayectoria verbal es indudable: va conscientemente hacia la nada y el silencio, distanciándose a velocidad vertiginosa de la gran tradición versificadora y musical francesa.[1] Uno de sus poemas de 1871, cuando contaba diecisiete años de edad, «Remembrances du vieillard idiot», es una burla feroz de los alejandrinos de Victor Hugo. El gran patriarca de la poesía francesa no era ya, en opinión

1. En un trabajo bastante sensato, François Regnault describe la progresiva destrucción del verso rimbalindiano, a partir de 1871, y el proceso de aparición de poemas cada vez más lejanos a la dicción oral. F. Regnault, «Comment dire du Rimbaud», en *Le Millenaire Rimbaud*, Belin, 1993. El alejandrino francés ha sido tratado con mayor seriedad por Jacques Roubaud, *La Vieillesse d'Alexandre*, Maspero, 1978. Las páginas dedicadas a Rimbaud son cruciales: pp. 19-28.

de Rimbaud, sino un *vieillard idiot*. Y con él, toda la poesía clásica. El efecto rimbaud, en su forma «vanguardia», suprime todo el pasado de un manotazo científico.

Leer cronológicamente los escritos de Rimbaud permite asistir al hundimiento de una tradición que todavía en Baudelaire, y no digamos en Hölderlin, se mantenía intacta. Pero, tras la destrucción llevada a cabo por el efecto rimbaud, ya sólo será posible una poesía de laboratorio a la manera de Mallarmé, Eliot o Pound, o bien una poesía de la experiencia psicológico-social, cínica, sobria, ingeniosa y *chic*, a la manera de W. H. Auden y similares.

Es cierto que los destellos terminales de la auténtica lírica se prolongan en un crepúsculo que se alarga sobre el campo de batalla cubierto de cadáveres, pero esos destellos otoñales, los de Machado o Rilke, los de Benn y Trakl, desvían la poesía hacia la filosofía o la novela. Aquella música que desde Safo, Píndaro y Anacreonte había resonado en el oído del poeta occidental de una manera inmediata, y por cuyo cuidado y perfeccionamiento se dedicaba a la poesía, se escondió en el silencio, quizás para siempre.

El silencio llegó hasta Rimbaud tras una cadena de huidas desesperadas y grotescas, purgatorio y recurso previo al rechazo total de la poesía. Hasta que la muerte le atrape a la carrera (en ocasiones Rimbaud era más veloz que la muerte), el antiguo poeta tratará de aceptar la verdad verdadera, es decir, la Nada, convirtiéndose en un hombre de negocios dedicado al tráfico comercial en las colonias africanas. Pero no lo consiguió. Ni siquiera eso, ser un «paria de las islas», estaba a su alcance.

Así pues, cuando aún no había cumplido los veinte años, a comienzos de 1875, Rimbaud inicia los protocolos de su separación de la poesía. El autor de los más extraordinarios poemas del siglo, «Comédie de la soif», «Alchimie du verbe», «Fêtes de la patience», «Bannières de mai», según el infalible juicio de Yves Bonnefoy, da por concluida la tarea y se debate como un animal perseguido para sacudirse de encima el tábano poético y así poder alcanzar la honorabilidad social, la integración, el respeto burgués y lo que éste conlleva: dinero y buenas costumbres.

Sin embargo, los recursos que Rimbaud pone en marcha para convertirse en un respetable negociante no parecen los más adecuados. En febrero de 1875 viaja a Stuttgart para ocupar una plaza de profesor, pero en abril emerge en Milán con la intención de unirse a las tropas carlistas que luchan en España; una insolación le derriba en Siena y es repatriado, pero unos meses más tarde está en Viena, luego en Rotterdam, y en julio llega a Sumatra como mercenario del ejército holandés. Deserta en cuanto pisa tierra y comparece en Irlanda...

Sería laboriosísimo dar cuenta del zigzag en que se convierte la vida de Rimbaud durante los siguientes meses. Como una rata aterrorizada por la tormenta, el aprendiz de burgués fue dando tumbos enloquecidos con paradas en Bremen, Estocolmo, Copenhague (empleado en el circo Loisset), Marsella, Roma, Hamburgo, Suiza, Génova, Alejandría, Chipre, de donde al parecer huye tras matar de una pedrada a un obrero, Adén... A imagen de la infeliz Io, el aprendiz de burgués ofrece una estampa que inspira piedad; el espectro de la poesía actúa cruelmente sobre él como un látigo, y no le deja ni un instante de reposo. Si habitar poéticamente había sido doloroso, abandonar la poesía resulta mortal.

Cuando, por fin, en 1880, Rimbaud llega a Abisinia, es un corcho arrojado por las olas sobre una playa cualquiera. Y allí vamos a dejarle durante unas cuantas horas, no porque cese de agitarse como un poseso, pues, en efecto, estaba poseído, sino porque Abisinia es su último hogar terrestre, el lugar de donde ya no podrá escapar y en donde le alcanzará la muerte tantas veces esquivada. Ahora ya no va a moverse en zigzag. Sólo va a girar en círculos, como las moscas cuando agonizan. Es, por lo tanto, el momento adecuado para mirar lo que iluminan sus *Iluminaciones*.

Las últimas composiciones poéticas de Rimbaud llevan por título *Iluminaciones*, o *Las Iluminaciones*. Es imposible determinar cuándo fueron escritos los poemas que componen el libro, pero todos los expertos coinciden en proponer un abanico entre los años 1872 y 1874. ¿Son anteriores o posteriores a *Une saison en enfer*? La cuestión puede parecer baladí, pero no lo es. El único libro realmente editado por Rimbaud es la *Temporada en el infierno* y en él plantea explícitamente su intención de abandonar la habitación poética del mundo. Pero *Iluminaciones*, o algunos de sus poemas, no representan en absoluto un rechazo de lo poético, sino su plena asunción. ¿Preparaba una segunda «estación», ya no infernal, el poeta Rimbaud cuando se reventaron las presas de su equilibrio? No podemos saberlo y seguramente nunca lo sabremos.

Lo más probable es que algunos poemas de las *Iluminaciones* sean anteriores, otros sean contemporáneos, y otros sean posteriores a la *Temporada en el infierno*, pero lo sorprendente es que la propuesta poética de ambas colecciones es muy distinta y casi opuesta. El título de las *Iluminaciones*, sin embargo, no es de Rimbaud sino de Verlain, quien se lo pondría muchos años más tarde, cuando, dando por muerto a Rimbaud, apadrinó la edición de 1886 de la revista *La Vogue*, donde escribían los simbolistas. Pero, según Verlaine, era éste un título que estaba en la cabeza de Rimbaud y del que hizo mención repetidas veces durante su estancia en Londres. Aunque no hay pruebas de ello, tengo para mí que, en efecto, Rimbaud debía de pensar en un título idéntico o similar para estos poemas en prosa.

Y es que es un título muy exacto. Puede leerse en francés, *Illuminations*, y entonces quiere decir «visiones», como cuando decimos de alguien que es un «iluminado». Pero también puede leerse en inglés, *Illuminations*, y entonces quiere decir «láminas coloreadas», como esos objetos de cerámica, vidrio, madera o cartón impresos con imágenes populares que tanto gustan a las gentes sencillas y a los turistas. En la época de Londres, Rimbaud y Verlaine vivían paredaños a una fábrica de loza que producía platos adornados con *coloured plates* de personajes populares como la

179

Reina Victoria, monumentos nacionales como la Torre de Londres, o escenas ciudadanas de prestigio como el paseo de coches por el Pall Mall. Rimbaud jugó sobre la ambigüedad del título inglés y francés, del mismo modo que introdujo una buena cantidad de términos ingleses en el poemario.

En efecto, ésos son los poemas recogidos en las *Iluminaciones*: un conjunto de sencillas imágenes populares, transformadas por efecto de una alquimia maligna en visiones apocalípticas. Las cuarenta y cuatro escenas que incluyen las últimas ediciones son estampas de sucesos o descripciones de objetos al mismo tiempo sencillos, simples, como láminas populares, y de una complejidad insondable. Muchas imágenes guardan relación con la vida urbana, pero ya no estamos en aquella metrópoli fascinante y lírica que había entrado en la poesía de la mano de Baudelaire como un nuevo objeto poético sucesor de la antigua Naturaleza, sino en un lugar habitado por el delirio. Veinte años más tarde, la metrópoli de Baudelaire, ámbito privilegiado de la nueva mimesis y escenario del «artista de la modernidad», se ha convertido en un antro de pesadilla donde sólo puede prosperar la maldad y la locura.

Aunque no los haya elegido el propio Rimbaud, los títulos de los poemas delatan su obsesión por el nuevo territorio urbano descubierto en Londres: «Ouvriers», «Les Ponts», «Vagabonds», «Ville», «Villes (l'Acropole)», «Villes (Ce sont des villes)», «Metropolitain...». Pero este escenario ya no es aquel lujoso espectáculo surcado por una bella desconocida ataviada como un velero que era el París de Baudelaire; la metrópoli ya no es el espacio del futuro sino el de un presente detenido. Rimbaud abre el futuro urbano como un lugar para el desarrollo de la locura y la destrucción. El delicado momento de equilibrio entre la habitación poética del mundo y la aniquilación de todos los valores ha concluido.

Pero las alucinadas visiones de Rimbaud son todo lo contrario de arbitrarias; están construidas con un riguroso control técnico. Aunque el escenario y la iluminación son delirantes, hay un orden en esa locura. Las frecuentes interpretaciones que atribuyen al opio la paternidad de estos poemas pecan de ingenuas. Hay una labor terca y fatigosa en cada uno de ellos, incompatible con la estupefacción del opio o con el delirio de sus derivados.

Tomemos un solo ejemplo, «Villes (Ce sont des villes)», cuyo texto se encuentra al final de este artículo para que el lector pueda consultarlo, una iluminación trazada con pincelada corta en 22 frases sin apenas subordinadas, de las cuales sólo una se extiende en el momento preciso, antes de la conclusión, como una cobra que salta para morder. Lo que describe el poema es justamente una ciudad fantástica compuesta por diversos fragmentos urbanos». Pero no podemos saber si las imágenes prácticas trascienden lo cotidiano hacia lo irreal y lo onírico, o bien, por el contrario, la ciudad soñada es una mera alucinación verbal que toma arbitrariamente rango de «realidad poética», a la manera de los futuros surrealistas y su escritura automática.

Por ejemplo, ¿qué son esos (ver en el original francés la frase 3) «chalets de madera y cristal que se deslizan sobre poleas y raíles invisibles»? ¿Algo tan prosaico como vagones de metro o funiculares, según afirman algunos comentaristas? ¿O hay que tomarlas al pie de la letra, como el palacio de Kubla Kahn que describe Coleridge en aquel delirio llamado *Xanadu*? No importa, porque sin duda Rimbaud propone ambas cosas, una iluminación (en sentido inglés): la imagen popular del metro de Londres; y otra (en sentido francés), delirante, alucinada y meramente verbal. Un constructo sin más referente que el puramente lingüístico.

Porque la cuestión en verdad esencial está en otra parte. La cuestión esencial es que el poema ha sido escrito de manera que no pueda interpretarse. Hay en Rimbaud una voluntad explícita de no ser comprendido, de oscuridad. Y éste es el punto crucial, la clave de su modernidad. La esencia de estos poemas no reside en la existencia o inexistencia de un posible referente «verdadero» (el vagón de metro), sino en su voluntad de que ninguna interpretación orientada hacia esa «verdad» sea verosímil.

181

Rimbaud no quiere ser comprendido, o por lo menos no quiere ser comprendido *como antes*, cuando todavía había «realidad». Con él comienza esa poesía que lucha contra el entendimiento del lector y que tomará un impulso universal con Mallarmé, Eliot y Pound. La nuestra, la actual, es una poesía que se sustenta en su propia oscuridad, pero no a la manera de los juegos señoriales del *trovar clus* o del acertijo barroco y conceptista, los cuales invitan a desentrañar el misterio utilizando la inteligencia, sino de una manera absoluta. *La interpretación de estos poemas dice que estos poemas no quieren ser interpretados.* Niegan la claridad, niegan la significación, quieren permanecer oscuros, y si alguien los «aclara», o bien hace el ridículo, o bien destruye el poema. Quien no vea en esta peculiar esencia de la poesía contemporánea el núcleo de su secreto y de su misterio, no entiende nada de poesía.

He aquí el elemento negativo, autodestructivo al que tantas menciones he hecho a lo largo de estas páginas, en su presencia más inmediata. Unos poemas que se niegan a sí mismos como poemas y se presentan como algo «que no debemos esforzarnos por comprender», pero que no se comprenden con facilidad; vamos, que no se comprenden en absoluto. Unos poemas cuya primera presencia, lo primero que advierte quien a ellos se aproxima, es el rechazo, la anulación del significado. Y, a pesar de todo, seguimos considerándolos «poemas».

Es perfectamente lógico que la ciencia académica haya optado por análisis cada vez más formalistas al toparse con la poesía contemporánea. ¿Qué otra cosa podía hacer? Cada poema se presenta como un molusco cerrado al entendimiento, un búnker habitado por la nada, es decir, por la afirmación de que lo poético de esa poesía es su inaccesibilidad. ¿Qué puede hacer el analista? Describir el molusco *por fuera*. Véase, por ejemplo, cómo desentraña Raybaud (un nombre fatalmente marcado) las técnicas de Rimbaud para borrar todo significado en el poema.

En la frase (9) cada pareja conceptual se anula espacialmente, como vectores que se oponen hacia arriba y hacia abajo: *l'écroulement* (abajo) se opone a *apothéoses* (arriba), *le champ* a *des hauteurs*, las *centauresses* a *seraphiques*... Tampoco es posible orientarse en el paradigma histórico o geográfico: los montes Alleghanys están en Norteamérica, el Líbano y Bagdad en Oriente; pero el paisaje lo componen mares, montañas, precipicios y campos de labranza, en los que hay castillos, cavernas, chalets que se desplazan sobre poleas... Tampoco los personajes nos permiten una orientación: Roland es francés, los gigantes cantores son los Meistersingers alemanes, la reina Mab es celta, Diana y las bacantes son grecolatinas. Con rigurosa precisión, Rimbaud va borrando cualquier huella que pueda formar sendero.

El análisis formal no alcanza a decir gran cosa sobre el sinsentido del poema, pero por lo menos describe la cáscara del molusco. Sin embargo, hemos de insistir en que *sólo nos describe* los sutiles mecanismos de las valvas cerradas herméticamente, como si ésa fuera la explicación del cierre. Pero una descripción no es una explicación. De hecho, es tan sólo una maniobra tranquilizadora, como casi toda la actual actividad tecnoide, para ocultar el auténtico problema: ¿en qué consiste un poema cuya poética reside en la destrucción del sentido?

¿Por qué consideramos que este poema es un poema, y no un amasijo de contradicciones caóticas? Estamos leyendo un delirio sin tiempo ni espacio, que niega su significación y nos niega a nosotros como intérpretes, ¿por qué razón lo mantenemos en el orden poético? No seré yo quien responda. Rozamos uno de los más oscuros misterios de nuestra actual supervivencia sobre la tierra. Un misterio que esconde en su intimidad la esencia de las religiones muertas, aquella vida poética del cosmos que parece haberse extinguido entre nosotros. ¡Y precisamente con nosotros! De ser cierto un acontecimiento de tal magnitud, a saber, la extinción del cosmos como obra poética para los humanos, ello nos concedería un protagonismo semejante, si no mayor, al de los contemporáneos del Diluvio Universal o al de los inventores del lenguaje. No es gran cosa, pero es un consuelo.

Por eso el análisis formal es tranquilizador. Raybaud, que no es un formalista monolítico, nos dice[1] que las sutiles técnicas de Rimbaud van cosiendo, frase a frase, imperceptiblemente, un tejido solidísimo que nos obliga a aceptar el caos como poema. Así por ejemplo, todo el comienzo de «Villes (Ce sont des villes)» nos caza mediante una articulación fonética sutil: *invisibles* (2)-*Vieux* (3); *feux* (3)-*fêtes* (4); *chalets* (4)-*chasse* (5); *gorges* (5)-*corporations* (6). Esta y otras técnicas similares, según Raybaud, facilitarían el que, arrastrados por un fonema dominante, pasáramos de una frase a otra sin apenas percatarnos, como un niño que, empujado por el viento, atraviesa el río saltando sobre piedras inestables sin conciencia del peligro que corre.

Quizás sí. Quizás aceptamos el poema como poema gracias a muy sutiles artificios formales y fascinados por una tecnicidad sin significado. No es ésa mi opinión, sin embargo. Creo que aceptamos estos poemas como poemas por razones más oscuras. Pero no es éste el lugar para exponerlas. Y, además, no estoy seguro de conocerlas.

Sea como fuere, los últimos poemas de Rimbaud proceden a la destrucción del significado poético mediante iluminaciones sutil y herméticamente oscuras. Luces que no iluminan. Luces que oscurecen. Ése es el único significado de las *Iluminaciones* y del título de este artículo: la última poesía de Rimbaud es un oscurecimiento del significado producido

---

1. A. Raybaud, *Fabrique d'Illuminations*, Seuil, 1989. Es un ensayo muy irregular, pero a veces admirable. Aunque es formalista, no guarda ninguna relación con los patéticos intentos semióticos y estructuralistas. La esterilidad del formalismo tecnoide puede comprobarse a su más alto nivel en A. J. Greimas y VV.AA., *Ensayos de semiótica poética*, Planeta, 1976. Dos impotentes artículos de J. P. Dumont, «Literalmente y en todos los sentidos», y de C. Zilberberg, «Ensayos de lectura de Rimbaud», están dedicados a nuestro autor. El desequilibrio entre la titánica metodología y los resultados que de ella se obtienen es patético.

mediante la luz poética. Una tarea de destrucción que se completa con la segunda vida de Rimbaud, la de su silencio.

En menos de dos años, el oscurecimiento producido por sus iluminaciones persuadió a Rimbaud de que la habitación poética del mundo conducía a la perfecta esterilidad. Tampoco cabía ya, como había escrito Hegel cincuenta años antes, considerarla «una forma de pasado», una nostalgia artística de las almas bellas, desesperadas por una brutal era científica. Ahora ya ni siquiera como pasado u origen era pensable la habitación poética del mundo. Pero cuando quiso rectificar, ya era tarde. Su segunda vida, la de Abisinia, se reduce a la grotesca existencia de un colono fracasado. Ni la abyecta sociedad colonial, compuesta por la escoria que se aventuraba en territorios semidesérticos al no tener mejor lugar donde caerse muerta, se lo llegó a tomar en serio. La segunda vida de Rimbaud es un castigo y una tortura perfectamente proporcionados a la destrucción poética de su primera vida.

La virulencia con la que Rimbaud rechazó la poesía y la contundencia con la que fue rechazado por ella se puede constatar en la abundante materia epistolar de la etapa africana que ha llegado hasta nosotros. En diez años de frecuentes intercambios escritos con su familia y colegas de trabajo no dejó escapar ni una sola frase que podamos considerar «literatura»: ni una imagen, ni una descripción, ni un retrato, ni una narración, ni una anécdota. Es tan mortal la sequedad de sus cartas que sólo una apasionada dedicación borradora, un metódico degüello de cualquier palabra poética que se le infiltrara en el cerebro puede explicarla. Ése fue su verdadero desierto y no el de Abisinia. Un hombre como él, empapado de visiones poéticas fulgurantes, que logra abortar hasta el más modesto adorno literario en diez años de correspondencia desde un país africano inexplorado, es algo digno de consideración.

La zona que eligió para sus actividades comerciales es la altiplanicie del país de los Gallas, en Abisinia, y la ciudad entonces inaccesible de Harar, a casi dos mil metros de altura. Entre Abisinia, Adén y Egipto transcurren los últimos diez años de su vida, siempre de un lado para otro arañando unos francos con cualquier tráfico: armas, colmillos de elefante, pieles de animales, especias o esclavos, da lo mismo. En esta su segunda vida, nadie le vio beber ni una sola gota de alcohol, no consumió el excelente *hasch* de la zona y en un disparatado esfuerzo por alcanzar la respetabilidad, se casó con una cristiana abisinia en 1884. A los seis meses la devolvió. En sus cartas, secas como latigazos, sólo habla de dinero, de administración pública y de cuestiones de intendencia.

Da escalofríos pensar que cuando en 1886 se editan las *Illuminations* en Francia, recogidas con devoción y como consecuencia de la admiración que despertaban sus poemas entre los jóvenes escritores franceses, Rimbaud no estaba muerto, como ellos creían, sino a punto de concluir el negocio más importante de su vida, una partida de fusiles para las campañas guerreras del «emperador» Menelik.

Era éste un ambicioso cabecilla rural que aspiraba al control militar de Abisinia con la ayuda de los gobiernos francés e italiano, los cuales querían limitar el poder británico en la zona. Rimbaud condujo una caravana de cincuenta camellos cargados con 2.000 fusiles y 75.000 cartuchos hasta el campamento del «emperador», pero no tuvo suerte. Menelik, un señor de la guerra codicioso y sagaz, le estafó, y Rimbaud perdió casi todo lo que había conseguido ahorrar hasta entonces.

Puede decirse que, a partir de 1888, Rimbaud, arruinado y desprestigiado en aquel refugio de parias, ya ni siquiera aspira a conseguir la fortuna mediante un golpe de riesgo y coraje, sino que se resigna al pequeño comercio, lo que no impide que entre 1888 y 1891 camine unos 6.000 kilómetros por territorios casi inexplorados. Pero en sus cartas, ni un paisaje, ni una descripción, ni una imagen, ni un sentimiento, ni una frase original. Nada. La más desolada nada.

La ferocidad con la que Rimbaud elimina cualquier rastro de «poesía» en su abundante correspondencia africana no me parece un rasgo prescindible, ni un síntoma psicológico. Es, a mi entender, el correlato que equilibra su primera habitación poética del mundo. Una vez destruido el poema desde dentro, quedaba aún escapar a él por fuera. Los esfuerzos técnicos afirmativos de la primera época son ahora esfuerzos técnicos negativos. Es en verdad muy difícil escribir algo tan absolutamente ininteresante como lo que escribe Rimbaud durante diez años, cuando uno vive en sus circunstancias y posee un talento natural tan abrumadoramente innegable para la literatura. Igual mérito técnico y formal debemos atribuir a sus poemas que a las cartas. Aunque persigan fines antagónicos. La segunda vida de la oscuridad es el silencio.

El último acto de la destrucción ocupa casi todo el año 189 Para distraer la desazón que le producen lo que él cree varices de su pierna derecha, Rimbaud galopa como un insensato hasta que el caballo lo lanza contra un árbol. Quiso la mala fortuna que fuera a chocar precisamente con la pierna enferma y se destrozara la rodilla. Pero en abril todavía no había comprendido la gravedad de su estado. La rodilla había tomado el tamaño de una calabaza.

A finales de abril, enloquecido por el dolor, ordena construir un palanquín y alquila doce porteadores para que le conduzcan hasta el puerto más próximo, el de Zeila, en una carrera a través de 300 kilómetros de desierto que es su última gran competición con la muerte. Pero esta vez sale derrotado. Llegó a Zeila convertido en un esqueleto y finalmente, unos días más tarde, pudo embarcar rumbo a Marsella. El 20 de mayo, tres meses después del accidente, los médicos del Hospital de la Concepción, tras observar la pierna de Rimbaud, procedieron a su amputación inmediata. No era una inflamación, era un cáncer.

El último cuadro de la tragedia concentra en sí la luz negra de las iluminaciones con los resplandores de un melodrama ochocentista alumbrado por lámparas de aceite. Rimbaud era tan ajeno a su condición terminal que sólo se lamentaba de haber perdido la pierna «justo ahora que iba a volver a Francia para contraer matrimonio con alguna muchacha del orfelinato», e insistía una y otra vez en que iba a regresar a África en cuanto los médicos le autorizaran a embarcar. Y entonces, durante el otoño de 1891, uno de sus jóvenes admiradores, Rodolphe Darzens, quien acababa de editar a sus costas un volumen de poemas de Rimbaud con el profético título de *Le Reliquaire*, se entera por azar, en París, de que su ídolo no sólo no ha muerto sino que se encuentra hospitalizado en Marsella. Darzens partió con toda urgencia en su busca y llegó al Hospital de la Concepción el 9 de noviembre. Entró en la habitación de Rimbaud con *Le Reliquaire* en las manos, pero el poeta ya no tenía ojos para la oscuridad de este mundo. Había entrado en coma y moriría unas horas más tarde sin llegar a saber que el colono miserable y humillado, el burgués frustrado en que se había convertido, era un ídolo en Francia.

La tantas veces repetida frase de Rimbaud «Je est un autre» («yo es otro», aunque sería más exacto decir «mí es algún otro») toma un significado especial a la luz negra de esta poética de la destrucción que he tratado de resumir en breves páginas. Alain Borer ha escrito que Arthur Rimbaud «murió sin saber que era Arthur Rimbaud». Pero quizás esa ignorancia fuese el único favor que concedió una Providencia particularmente sañuda a alguien que durante toda su vida y con una voluntad sobrehumana trató por todos los medios de no ser Arthur Rimbaud. Eso, por lo menos, sí lo consiguió antes de morir. Luego ya no. Una vez muerto se convirtió en Arthur Rimbaud, y para siempre.

TEXTOS

Villes

(1) Ce sont des villes! C'est un peuple pour qui se sont montés ces Alleghanys et ces Libans de rêve! (2) Des cha-

lets de cristal et de bois qui se meuvent sur des rails et des poulies invisibles. (3) Les vieux cratères ceints de colosses et de palmiers de cuivre rugissent mélodieusement dans les feux. (4) Des fêtes amoureuses sonnent sur les canaux pendus derrière les chalets. (5) La chasse des carillons crie dans les gorges. (6) Des corporations de chanteurs géants accourent dans des vêtements et des oriflammes éclatants comme la lumière des cimes. (7) Sur les plates-formes au milieu des gouffres les Rolands sonnent leur bravoure. (8) Sur les passerelles de l'abîme et les toits des auberges, l'ardeur du ciel pavoise les mâts. (9) L'écroulement des apothéoses rejoint les champs des hauteurs où les centauresses séraphiques évoluent parmi les avalanches. (10) Audessus du niveau des plus hautes crêtes une mer troublée par la naissance éternelle de Vénus, chargée de flottes orphéoniques et de la rumeur des perles et des conques précieuses, –la mer s'assombrit parfois avec des éclats mortels. (11) Sur les versants des moissons de fleurs grandes comme nos armes et nos coupes, mugissent. (12) Des cortèges de Mabs en robes rousses, opalines, montent des ravines. (13) Là-haut, les pieds dans la cascade et les ronces, les cerfs tètent Diane. (14) Les Bacchantes des banlieues sanglotent et la lune brûle et hurle. (15) Vénus entre dans les cavernes des forgerons et des hermites. (16) Des groupes de beffrois chantent les idées des peuples. (17) Des châteaux bâtis en os sort la musique inconnue. (18) Toutes les légendes évoluent et les élans se ruent dans les bourgs. (19) Le paradis des orages s'effondre. (20) Les sauvages dansent sans cesse la fête de la nuit. (21) Et une heure je suis descendu dans le mouvement d'un boulevard de Bagdad où des compagnies ont chanté la joie du travail nouveau, sous une brise épaisse, circulant sans pouvoir éluder les fabuleux fantômes des monts où l'on a dû se ·retrouver. (22) Quels bons bras, quelle belle heure me rendront cette région d'où viennent mes sommeils et mes moindres mouvements?

Ciudades

¡Así son las ciudades! ¡Un pueblo para el cual se alzaron estos Alleghanys y Líbanos de ensueño! Chalets de madera y cristal que se deslizan sobre raíles y poleas invisibles. Los viejos cráteres ceñidos por colosos y palmeras de cobre rugen melodiosamente inflamados. Tras las mansiones suenan fiestas amorosas en los canales colgantes. La caza de los carillones grita en los despeñaderos. Gremios de gigantes cantores acuden con sus trajes y oriflamas deslumbrantes como la luz de las cumbres. En las plataformas sobre los abismos resuenan su coraje los Orlandos. El ardor celeste empavesa los mástiles sobre las pasarelas del precipicio y la techumbre de los mesones. El derrumbe de las apoteosis llega hasta los campos de las alturas donde seráficas centauras evolucionan entre los aludes. Por encima del más alto nivel de las crestas, un mar turbado por el eterno nacimiento de Venus, preñado de masas orfeónicas y del rumor de las perlas y conchas preciosas, –el mar se ofusca a veces con resplandores mortales. Mugen flores tan grandes como nuestras armas y copas en el margen de los sembrados. Procesiones de Mabs ataviadas con ropajes cárdenos, opalinos, trepan por las barrancas. En la cima, con los pies hundidos en la cascada y las zarzas, da Diana su pecho a los ciervos. Las Bacantes arrabaleras sollozan y la luna arde y aúlla. Entra Venus en la caverna de los herreros y los eremitas. Grupos de espadañas cantan las ideas de los pueblos. Fluye música desconocida de los castillos alzados con huesos. Danzan todas las leyendas y sus impulsos se precipitan sobre los burgos. Se hunde el paraíso de las tempestades. Los salvajes bailan sin pausa la fiesta nocturna. Y durante una hora me he unido a la agitación de un bulevar de Bagdad donde las compañías cantaban el gozo del nuevo trabajo, bajo una espesa brisa, fluyendo sin poder evitar a los fabulosos fantasmas de esos montes donde irremediablemente volvemos a encontrarnos.

¿Qué brazos bondadosos, qué hora bella me devolverá la

190

región de donde manan todos mis sueños y todas mis emociones?

BIBLIOGRAFÍA

De la inmensa bibliografía sobre Rimbaud se dan aquí tan sólo aquellos textos directamente relacionados con lo escrito.

La mejor edición de bolsillo de las obras de Rimbaud es la de Garnier-Flammarion a cargo de J. L. Steinmetz, en tres volúmenes independientes. El volumen de la Pléiade, editado por Antoine Adam en 1972, no es aconsejable. Es preferible el chapucero pero mejor documentado *Oeuvre-Vie*, editado por Alain Borer para el centenario del poeta. Carece incluso de índice, pero acumula todo lo que sabemos sobre Rimbaud, y la obra está ordenada cronológicamente sin separación entre la correspondencia y los poemas. Un ejercicio muy interesante.

La biografía imprescindible es la de Enid Starkie, *Arthur Rimbaud*, Faber & Faber, 1938. Preferible en su versión francesa, puesta el día por Borer, Flammarion, 1983 (hay edición española en Siruela, 1989). Sin embargo, la biografía más moderna es la de Pierre Petitfils, *Rimbaud*, Julliard, 1982. Y para la estancia africana, Alain Borer, *Rimbaud en Abyssinie*, Seuil, 1984.

De entre las interpretaciones y los ensayos sobre y del poeta destaco las siguientes:

M. Blanchot, *L'Entretien infini*, Gallimard, 1969.

Y. Bonnefoy, *Rimbaud*, Seuil, 1961.

A. Borer, *L'Heure de la fuite*, Gallimard, 1991.

R. Étiemble, *Le Mythe de Rimbaud*, Gallimard, 1968.

B. Fondane, *Rimbaud le voyou*, Plasma, 1979.

A. Guyaux, *Essai sur les Illuminations*, La Baconière, 1986.

H. Miller, *The Time of The Assassins*, New Directions, 1956.

A. Raybaud, *Fabrique d'Illuminations,* Seuil, 1989.

J. Rivière, *Rimbaud. Dossier, 1905-1925,* Gallimard, 1977.

J. L. Steinmetz, *Une question de presence,* Tallandier, 1991.

VV.AA., *Le Millenaire Rimbaud,* Belin, 1993.

Claves, n.º 42, mayo de 1994

EL AMIGO ALEJANDRINO. T. S. ELIOT

La aparición de una interesante antología de T. S. Eliot, *Poesías reunidas, 1909-1962,* en versión de J. M. Valverde, excita ciertas curiosidades críticas. Eliot murió hace más de diez años (en 1965), pero todavía nadie ha emprendido una explicación seria de su relevancia histórica. Digo *histórica* porque sus méritos poéticos no pueden analizarse con igual impunidad. Lo que intriga no es si fue o no tan gran poeta como se dice, sino por qué se dice que fue tan gran poeta. Lo uno es cuestión personal, lo otro es tarea crítica. La importancia literaria de Eliot es un conjunto de azares organizados, cuyo ordenamiento sería de sumo interés para conocer el comportamiento del poder cultural europeo en la primera mitad del siglo. En su divertido estudio *La cultura represiva* (Anagrama), Perry Anderson daba muchos datos sobre la adopción de intelectuales extranjeros por parte del mundo cultural británico. Eliot, americano de Missouri, nacionalizado inglés cuando ya contaba cuarenta años, fue uno de esos exiliados *blancos* que sustituyen a la clase dirigente británica en tareas consideradas plebeyas: la pedagogía, las artes, las ciencias.

Eliot actuó como escriba autorizado con auténtico éxito: recuperó zonas olvidadas de la poesía inglesa (Dryden, Donne, los jacobinos, los isabelinos), atacó la herencia romántica (Pater, Meredith, Swinburne), patrocinó una nueva generación (Auden, Spender); a su muerte, el panorama

193

histórico de la literatura inglesa había cambiado en forma apreciable; los manuales de primera enseñanza debieron ser revisados. Su labor fue generosamente premiada por los patricios y el efecto continental resultó espectacular, pues Eliot había contribuido a la difusión de la poesía francesa, italiana y americana en el cerrado huerto del inglés.

Creo que la interpretación más aguda de su vida y de su obra es la que dio E. R. Curtius en sus *Ensayos críticos* (Seix Barral, 1954), al calificar a Eliot de poeta *alejandrino* (Valverde lo cita en su prólogo, pero en otro sentido). Como aquéllos, Eliot, esclavo liberto de su pasado «infantil» (los Estados Unidos, a principios de siglo, eran algo así como la actual Australia para un europeo), acudió a la metrópoli para difundir su saber, su erudición. Él, precisamente a causa de su baja extracción geográfica, había *soñado* la gloria de la metrópoli con mayor pasión y convencimiento que los auténticos propietarios del poder. Eliot, como James, como Conrad, enseñó a los británicos cuál debía ser el comportamiento y la ideología de un británico. Esta *desvergüenza* (en el sentido más noble de la palabra) sólo era posible en alguien que no poseyera más que la idea, la reflexión del Imperio, pero no su suelo, sus finanzas o una herencia. Y así fue como el erudito alejandrino rehízo de arriba abajo la historia literaria de sus patronos.

La antología de Valverde reúne lo más sustancial de la poesía de Eliot, con muchos poemas nunca antes traducidos. Y es de agradecer, porque Eliot ha sido muy mimado por la traducción peninsular, pero con una preferencia obsesiva por alguno de sus libros. Es posible que ese mimo sea fruto de las especiales características ideológicas de Eliot (neoclásico, monárquico, anglicano, todo un caballero), muy sugestivas a la hora de presentar el material a las autoridades. Si no me equivoco, la primera traducción de Eliot fue la de Dámaso Alonso, Leopoldo Panero, José Luis Cano, etc., en 1946 (Adonais, Editorial Hispánica, que se llamaba entonces). Luego vino la avalancha.

194

En su versión, Valverde prescinde del ritmo, no pretende dar una aproximación musical a Eliot (¿pero es Eliot algo más que música?), sino más bien un correlato intelectual del mismo. Valverde *medita* junto a Eliot y respeta los refinamientos intelectuales, plásticos del poema. Ello hace imprescindible el cotejo del texto inglés, que, por desgracia, no ha sido incluido en esta edición. Valga un solo ejemplo: el verso *Dull roots with spring rain* está formado por monosílabos que componen un gotear, un redoble o un acorde de cinco sílabas; la versión de Valverde, *Turbias raíces con lluvias de primavera*, es una frase de trece sílabas en la que se ha esfumado la sugerencia rítmica y fonética a la lluvia primaveral. Sólo se conserva la representación, la imagen, es decir, la parte visual y teórica. Quizá no pueda hacerse más. Quizás. Me atrevería a decir que la versión de Valverde es la más útil del mercado, en cuanto al contenido, pero que debe ser completada por otras versiones y desde luego por el estudio minucioso del original, si se quiere captar lo esencial de Eliot, su talento rítmico. Para quienes lean en catalán, las versiones de *Miércoles de ceniza* y *Poemas de Ariel* de Alfred Sargatal (Edicions 62, 1977), y sobre todo la extraordinaria *Tierra baldía* de Joan Ferraté (Edicions 62, 1977), ambas bilingües, serán de gran utilidad. Y la versión de *Cuatro cuartetos* de Gaos (Barral, 1971), así como la de *Tierra baldía* de Flores (Ocnos, 1973), también bilingües, lo serán para lectores en castellano.

Triunfo, noviembre de 1978

DESPUÉS DE LOS CINCUENTA.
JUAN GARCÍA HORTELANO

Ruego al lector que me tolere una recensión excesivamente personal; no sabría escribirla de otro modo y no quisiera perdérmela. Juan García Hortelano ha publicado una antología prologada reuniendo a los que llama «Grupo poético de los años cincuenta»: González, Caballero Bonald, Costafreda, Valverde, Barral, Goytisolo, Gil de Biedma, Valente, Brines y Rodríguez. Se trata de una antología sumamente subjetiva, ordenada por el gusto, sin mala conciencia universitaria o pretensión pseudocientífica. Es la antología de Hortelano.

Juan García Hortelano ha sido, para muchos, el cronista más entrañable del Grupo que él mismo antologa. Como noctámbulo empedernido, tenaz bebedor y generosísimo narrador, tuvo ocasión de contar, a quienes hoy andamos por la treintena, la historia de este Grupo de los años cincuenta, en cien versiones idénticas y nunca iguales. Se mesaba el cabello, hacía bailar la ginebra en el vaso, buscaba una entonación sugestiva en su hermosa voz de hombre rigurosamente feo y recomenzaba la historia aquella de Goytisolo en Cuba o de Barral en Formentor. Conocimos a Ángel González, a Gil de Biedma, a Goytisolo, pero siempre fueron un poco lo que Hortelano había querido que fueran. Él era el narrador del Grupo.

Como cabía esperar, el prólogo de esta antología es uno de los estudios (en sentido pictórico) más agudos que se han escrito sobre el Grupo, y los poemas recogidos no piden un juicio histórico, clasificatorio, sino más bien novelístico; algo así como una historia narrada en poemas. Y es preciso decir que el Grupo queda retratado con impecable talento. Incluso aquellos poetas que uno nunca pudo leer con gusto adquieren en esta antología un sesgo nuevo, un atractivo insospechado al aparecer como protagonistas de la historia urdida por Hortelano. Desaparecen los prejuicios que un trato excesivo acaba por suscitar, las antipatías inevitables, la mezquina labor de la vida social que ha ido deformando la imagen de estos poetas; todo se borra de la memoria gracias a un observador exquisito. El resultado es una sorpresa: un poema de diez poetas; una voz única que relata, se burla, exulta o gime su experiencia paso a paso. Un larguísimo poema que utiliza diez personajes para expresarse y explicar con inteligencia, honestidad y humor sus últimos treinta años de vida.

Ya desde el prólogo Hortelano pugna por escribir el guión de una novela que comienza en 1936, cuando Dios reveló una fotografía en la que se veía un grupo de diez niños que iban a escribir poemas. La novela consta de tres capítulos: la infancia, el brutal conocimiento de la muerte, el hambre, el frío y la libertad; la adolescencia autodidacta, sórdida, rebelde y aislada; la madurez escéptica, sabia y socarrona. Hortelano conoce bien ese argumento; por ahora nos lo da en antología, pero quizá se anime a escribir una versión más extensa. De momento él es uno del Grupo; es el narrador y, por tanto, algo más zorruno, más afilado que sus colegas, pero, como ellos, moralista, ciudadano esencialmente ético.

Bastaría con hacer una lista de los rasgos de carácter que Hortelano presta a su *personaje*, a esos diez trasuntos de una sola voz, para comprender que lo unitivo fue la conducta, el apego a una moral de la que jamás se apearon y siguen sin apearse. Aquellos niños que conocieron la muerte y la libertad (dato sumamente importante) en tan temprana hora, fueron luego autodidactas por necesidad frente a un poder ignaro y sanguinario; se vieron obligados al aisla-

197

miento social, cultivando, en compensación, la amistad como único valor sentimental verdadero; el escepticismo ante otras ideologías más optimistas les impidió militar de modo decisivo en ningún partido, pero tampoco fueron anticomunistas; predominó en ellos una obsesión por la transitoriedad, la mortalidad, y, sobre todo, tenían la certeza de que el entendimiento es omnipotente. Añádase a este catecismo del sentido común la pretensión universalista (eran ciudadanos del mundo, no españoles, ni mucho menos catalanes o andaluces) y la voluntad de no quebrar en ningún momento los usos estéticos tradicionales y se habrá obtenido el retrato robot del estoico.

¿Había otra posibilidad? La generación anterior había hecho la guerra, el Grupo soportó la paz. Fueron esclavos de un amo que les sometía por la fuerza, sin autoridad. Sabían que era posible vivir de otro modo, pues habían conocido la libertad, pero no concebían los medios adecuados para conquistarla. Despreciaban a quien les aplastaba porque sabían que también él, Francisco Franco, era un esclavo. Pero Franco, a diferencia de Hitler y Mussolini, había conquistado su tiranía mediante la guerra y no se podía luchar contra él sin poner en juego la vida. Y estos poetas no se jugaron la vida; la estimaban más que a ninguna otra cosa, su poesía habla de ello una y otra vez. De modo que practicaron una rebeldía controlada, mantuvieron en seguridad algunos espacios a los que retirarse en caso de peligro; en su poesía predominó lo íntimo, incluso lo doméstico. Su actuación política fue testimonial u ornamental, según los casos, pero nunca específicamente real. Que el sarcasmo adquiriera cada vez mayor importancia en su poesía era algo perfectamente previsible. Del escepticismo al nihilismo hay un paso. El último libro de Ángel González es una estupenda humorada que, a veces, se concentra, quizás porque duele más, en un chiste, como en esas *Glosas a Heráclito,* y el último libro de Gil de Biedma se titula *Poemas póstumos.*

Pero la ensoñación estoica, la resignación engalanada por la retórica del amor a la vida, no es sólo un factor político; es también, claro está, un decisivo factor poético. El rechazo del romanticismo, es decir, la defensa del sentido común, abortó la posibilidad de una lírica realmente universal o, por lo menos, de una poesía que excediera el ámbito delimitado por el entendimiento y los usos sociales. Sus semejantes no son Baudelaire, Pound o Hölderlin: son Valéry, Eliot o Pavese. Y no me refiero a los aspectos estrictamente técnicos; todos los poetas del grupo son excelentes técnicos y en algún caso (Gil de Biedma) con un oficio superior a todo lo aparecido desde Machado. Trato más bien de hablar sobre los motivos de sus poemas, sobre sus orígenes, sus representaciones, sus fantasmas, ya que Hortelano así lo plantea, así nos lo propone, como retrato de un Grupo y no de una generación.

Ahora bien, es obligado hacer tres excepciones. Valverde es un poeta religioso; coincide con los otros en algunos puntos, pero se aparta abismalmente por la fe. Valverde podría haber superado el límite del entendimiento de haber tenido otro dios, pero el suyo es Uno y difícilmente admite relaciones que no estén ya previstas por la ley. Brines y Rodríguez tampoco se parecen a los restantes miembros del Grupo. Nada de lo dicho sobre el rechazo del romanticismo se les puede aplicar. Unir a Goytisolo con Rodríguez, el poeta más profundo, más metafísico, que ha producido Castilla en los últimos treinta años, requiere un genio de la cirugía *estética*. Pero, en cambio, falta uno; en la fotografía hay un hueco. Comprendo que la Lengua es una propiedad privada, un derecho sagrado, pero en esta antología falta Gabriel Ferrater. Juan Hortelano se ha doblegado ante una convención irrelevante, pues él trataba de hacer un retrato literario, no una escuela histórica. Como en el caso de Heine, alma francesa escrita en alemán, Ferrater fue la figura más representativa del Grupo, quien más radicalmente, con mayor valentía y superior calidad (suele ir unido) llevó a cabo los presupuestos que Hortelano presta a su personaje, hasta el punto de ser el único que los superó. Ferrater, sin dejar de hablar de sí mismo, de su alcoba, de su cepillo de dientes, de su excursión a La Molina, parece estar hablando de otra cosa, de un loco, de un iluminado, de alguien que está más allá de su propia experiencia.

Ahora debemos sentarnos a esperar obras más corrosivas, si es que el Grupo mantiene su coherencia al adentrarse en la vejez. Ésa va a ser su próxima experiencia, y se trata de poetas que hablan de su experiencia más personal y privada. Ferrater escribió prematuramente su parte de este capítulo; tampoco Costafreda deberá responder de sus cincuenta años. Pero los que siguen con vida (y todos ellos han publicado en los últimos dos años), pueden alcanzar una frontera que, de momento, sólo Ferrater franqueó. O pueden ser descritos por un novelista que les preste lo que ellos no pudieron dar.

(La desaparición prematura de Ferrater, Barral, Gil de Biedma, Valverde, Hortelano, Costafreda, Benet, es una tragedia literaria comparable a la desaparición de los poetas ingleses tras dos guerras continentales. La antología de Hortelano [que debiera reeditarse] es un documento de primer orden. El artículo se publicó hace veinte años en *El País*, 26 de abril de 1978.)

SOBRE EL TIEMPO Y LAS PALABRAS. LOS NOVÍSIMOS

No soy, seguramente, el más indicado para escribir un artículo sobre mi generación. No sólo porque mi opinión será necesariamente parcial, sino también porque mi oficio (el de profesor universitario) me ha deformado irremediablemente y confundo los juicios académicos con los juicios subjetivos. Mi punto de vista es, por lo tanto, ambiguo: en ocasiones hablaré como componente de un grupo, y otras, quizás, como entomólogo. Bueno es que así lo advierta desde el principio.

En su origen, los Novísimos aparecieron unidos por el azar, que es el nombre clásico de la voluntad de poder. Fue la voluntad del antólogo, José María Castellet, empeñado en dar una continuidad a su excelente antología de la generación anterior, lo que está en el inicio de su aparición. Y también los consejos y asesorías de Pere Gimferrer y otros intelectuales menos conocidos; y el filtro de Jaime Gil de Biedma, de Carlos Barral, de diversos lectores entre los que se encontraba Vicente Aleixandre. La ausencia de mandarines madrileños en el momento de la selección, si exceptuamos al discretísimo y honesto Aleixandre, hizo de la antología un producto típicamente catalán, odiado por el funcionariado poético de la Corte, tanto de derechas como de izquierdas.

Este origen azaroso ha sido sumamente citado, como si se tratara de un origen infame. Se olvida que casi todos los movimientos artísticos han nacido del mismo modo, como invenciones de alguna personalidad. Es sumamente habitual que alguien descubra *desde fuera* lo que sólo en ese momento comenzará a darse dirección propia. No en vano casi todos los movimientos, incluidos los movimientos políticos, suelen asumir positivamente el insulto que les dedica la competencia, como en el caso de los «rojos» o el de los «surrealistas», dos calificativos utilizados *contra* los rojos y los surrealistas.

Pero el elemento azaroso y arbitrario contribuye a que la combinación de personas, gramáticas e ideologías sea siempre confusa. El inventor pone en movimiento un juego que luego actúa por su propia cuenta. Sólo el tiempo puede decantarlo y separar las churras de las merinas. ¿Hubo en los inicios de «Nueve novísimos» algunas churras mezcladas con las merinas? Sin la menor duda.

El tiempo, por ejemplo, ha esclarecido que los Novísimos eran fundamentalmente gente de letras, y no exactamente «poetas». De los nueve, tan sólo Martínez Sarrión y Panero han contribuido sustancialmente a la poesía castellana de estos últimos años con trabajos relevantes. Gimferrer lo ha hecho en lengua catalana, lo que le sitúa en otra tradición literaria, pero al menos no ha traicionado el espíritu de la antología. Sólo este trío mantiene figura pública de poeta. El caso del poeta Álvarez es aparte. Quizás el único poeta *profesional* que ha dado España.

Sarrión ha escrito, además, excelente prosa biográfica, y Gimferrer ha editado una novela de notable interés así como artículos de prensa sumamente originales. Pero creo que sólo estos tres Novísimos figuran, actualmente, en el selecto apartado de «poetas», tanto en los medios universitarios como en la prensa de masas. Los otros seis son ya históricos de la poesía y no poetas vivos; son el pasado, no el presente.

Aunque resulte doloroso, es preciso añadir que Panero se ha convertido, además, en una figura simbólica más próxima a Jim Morrison que a Rimbaud, y que ello perjudica el recto juicio sobre su poesía. Es posible que en la abundante y desordenada producción de Panero se encuentre lo más brillante, lo más original y lo más duradero de la poesía de los Novísimos, pero no podremos saberlo hasta dentro de muchos años, cuando un editor minucioso y responsable sea capaz de separar los verdaderos poemas de lo que a veces no son sino documentos de un hombre perturbado. La destructiva idolatría del «loco» que en Francia ha afectado tanto al conocimiento de Artaud, de quien se ha publicado absolutamente todo sin el menor criterio literario, puede afectar también a la espléndida poesía de Panero.

Así pues, tres poetas cristalizados y relevantes, sobre nueve proyectos en diverso estado de agonía. ¿Invalida este resultado la obra de Castellet? Yo diría que no. Pero no sólo porque entre los libros editados por los seis restantes haya páginas perdurables, sino sobre todo porque el abandono de la poesía por parte de tantos principiantes no puede sino ser significativa.

La importancia que se les ha dado a los Novísimos no obedece a la sustancia de la obra y personalidad de sus componentes, sino a su impacto espectacular. Con los Novísimos aparecían algunas verdaderas novedades en el panorama literario español, que era entonces un panorama perfectamente mineralizado, de un conservadurismo faraónico. La relevancia de la antología no respondía al contenido de la misma sino al *gesto*. En el recinto de la momia sonaba, sin pedir permiso, un tocadiscos.

Aparecía, en primer lugar, la ruptura con una concepción moral de la poesía heredada de la guerra civil. Tanto los fascistas como los comunistas habían logrado reducir el campo poético a una discreta agencia de publicidad. Exceptuando algunos grandes nombres del campo azul, como Luis Rosales, y del campo rojo, como Blas de Otero, el grueso, la tropa poética, se dedicaba a hacer propaganda de sus respectivos equipos de fútbol planetario. El cinismo estalinista y la abyección franquista habían logrado encontrar un terreno común: todos hacían versitos y se leían los unos a los otros. Los primeros le cantaban al Comandante (primero Guevara, luego Castro), los segundos al Generalísimo (siempre Franco), con una poesía cuartelera que se tomaba muy en serio a sí misma.

Los Novísimos fueron atacados por ambos bandos, azules y rojos, porque escapaban al feroz utilitarismo habitual. La acusación generalizada de «frivolidad» (o de mariconería, por parte de los fascistas) indicaba claramente que habíamos interrumpido un acto religioso. El proceso de desprestigio de las viejas generaciones poéticas no sólo tuvo lugar en España. Debo recordar que poetas remarcables como Neruda o Alberti, pero también Aragon en Francia, se habían convertido en figuras grotescas debido al mismo subterfugio moral. No sólo habían perdido el respeto de los jóvenes, sino que nunca más volvieron a escribir un solo verso interesante.

Es cierto que ahora puede decirse que con los Novísimos entró en España la posmodernidad. Y que, dada la deriva de semejante escuela, mejor habría sido que no entrara. Pero yo no diría tanto: siendo España un país obsesivamente dedicado a convertir cualquier ideología en teología, una de las ideologías que mejor puede sentarle es el eclecticismo, la posmodernidad y el abandono de cualquier proyecto intelectual, artístico o político grandioso. Lo grandioso es tolerable en sociedades autocríticas y liberales. Pero es nefasto en sociedades que conservan muchos hábitos del Antiguo Régimen y de la herencia feudal y eclesiástica. En España las grandes ideas suelen terminar en grandes carnicerías, como en los países balcánicos a los que tanto nos asemejamos.

La otra novedad que traían los Novísimos era la reducción de la poesía a género *inter pares*. Sin duda éste era también un fenómeno internacional, pero del que no había noticia en España. No hace aún muchos años la poesía gozaba de un estatuto privilegiado y jerárquicamente superior. Yo recuerdo, en mis primeras estancias en París o en Londres, a finales de la década de los sesenta, que el mundo literario y mediático distinguía perfectamente entre los novelistas, que eran gente mundana e inclinada a comprar coches de

carreras y aparecer en público del brazo de hermosas mujeres, y los poetas, los cuales vivían apartados de todo bullicio
mundano practicando un arte superior y sublime, perfectamente borrachos y sucios o sumidos en un ascetismo frai-
luno.

Todavía en aquellos años a nadie medianamente instrui-
do se le habría pasado por la cabeza considerar el valor literario de los novelistas como una entidad comparable al de
los poetas. Por poner algunos ejemplos, Perse, Aragon, Mi-
chaux, Ponge o Breton disfrutaban de un estatuto jerárqui-
co muy superior al de Camus, Sartre o Malraux, por no citar a Marcel Aymé o a Mauriac, cuyo prestigio tenía mucho
de extraliterario y de mundano. Los criterios literarios todavía mantenían la superioridad de la poesía como género extremo en las artes de la palabra.

Esa jerarquía ya no existe. Pero los primeros síntomas
del asalto a la fortaleza del poder literario por parte de los
novelistas (un asalto que contó, naturalmente, con la coope-
ración del poder universitario y del poder mediático), comenzó por aquellos años setenta. Los novelistas se apro-
ximaron a la función de los poetas (en Francia había
comenzado Céline, pero quien usurpó de verdad la jerarquía fue el Nouveau Roman) y tomaron por asalto el papel
social de Inspirados que antes sólo se concedía a los poetas.
Los Telquelianos aprovecharon ese relajo en las formas con
gran habilidad y lograron imponer un género híbrido, ni
poético ni prosaico, que dio enorme popularidad al Gran Ti-
monel.

Se observará que en sus poéticas los Novísimos afirma-
ban estar influidos por poetas como Perse y Paz, pero también por novelistas como Faulkner o Proust, y en el mismo
nivel, en el nivel *poético*. Esto significaba una novedad en la
España de Franco. Los poetas oficiales españoles de aquella
época jamás habrían citado a un solo novelista si alguien les
hubiera preguntado por sus influencias literarias. Todos habrían recitado el catecismo: Berceo, Juan de la Cruz, Quevedo, y así sucesivamente. Pero ninguno habría añadido, Valle-

Inclán, o fray José de Sigüenza. Si la separación jerárquica entre la poesía y la prosa era fuerte en Francia e Inglaterra, en España era abismal. De hecho se trataba de dos castas hindúes, y no se cruzaban. Pero los Novísimos no sólo citaban como influencias poéticas a Faulkner y a Proust, también citaban cosas extrañísimas como Lezama Lima (desconocido entonces en el mundo entero), Henry James (no había una sola traducción en España), o el Club de Fútbol Barcelona (Vázquez Montalbán). Las «influencias» eran, con toda claridad, una oferta de supermercado y habían perdido su severidad. Sólo algunos profesores de una ingenuidad desoladora se las tomaron en serio. El consumo hacia su aparición como valor estético sin que Warhol hubiera pisado TVE.

No es extraño, por lo tanto, que la mayoría de los Novísimos se dedicara posteriormente a la novela. En verdad estaban atraídos por la narrativa desde el principio, y hay mucha narrativa minúscula, microscópica, en los poemas de algunos Novísimos como Carnero, Álvarez o Molina Foix. Y ha sido un milagro que ninguno de ellos haya acabado como director de cine, pues ésa era, sin duda, la «influencia» preponderante. Los Novísimos, de eso estoy persuadido, anticipaban la penetración de una cultura propiamente mercantil en un país como España que aún vivía en pleno siglo XVIII.

En mi caso debo decir, modestamente, que mi inclinación hacia la novela se produjo por desesperación hacia la poesía. Cuanto mayor era el conocimiento que tenía de ella, cuanto mayor era mi pasión hacia algunos poetas, mayor era mi convencimiento de que mis propios «poemas» eran triviales, innecesarios, caprichosos. Dejé de escribir poesía por respeto hacia la poesía. Como se ve, soy de los que continúa creyendo que la poesía es el género supremo en las artes de la palabra, y que debería recibir un trato distinto, jerárquicamente distinto, al de la prosa.

Finalmente, un tercer elemento me parece digno de mención a la hora de enjuiciar a los Novísimos: su sentido del humor. Con poquísimas excepciones, el mundo literario hispano ha sido siempre de una seriedad, de una severidad, escurialense, fúnebre, de tanatorio. Siendo la literatura (y las artes en general) una actividad muy mal vista por los españoles, siempre se ha disfrazado de entierro. Nuestros últimos poetas internacionales, la sobrevalorada «generación del 27», hablaba habitualmente desde la cátedra, y su interlocutor más modesto era la Raza Blanca. Los poetas del franquismo no se dirigían a nadie por debajo de La Hispanidad. Y los del otro bando hablaban familiarmente con el Proletariado Internacional. Algo han cambiado las cosas, pero debo decir que los Novísimos seguramente fueron los primeros en quitar *morgue* al mundo poético y literario hispano, aunque con ello aceptaran representar al Bufón en el que se convertía el Hombre de Letras. No es mal papel, en una sociedad controlada por la familia Macbeth.

Yo recuerdo perfectamente, por aquellos años, a los poetas oficiales del franquismo vestidos como italianos, es decir, con correajes ornamentales y condecoraciones superfetatorias, dirigiéndose a Dios en público con el empaque de un mayordomo. Pero al otro lado aparecían luminarias de la revolución mundial que se dirigían al Pueblo con superior entusiasmo al que utilizaban dirigiéndose a su señora. El Pueblo español no se lo agradeció jamás, ocupado como estaba en rellenar quinielas, pero seguramente tampoco Dios se lo agradeció demasiado a los del bando azul, a la vista de los acontecimientos.

Los Novísimos enlazaban con aquel desenfado del primer Alberti casi patafísico, con el Lorca fascinado por el surrealismo, y también con el cinismo de los primeros españoles que visitaron Hollywood, el sarcasmo de Valle-Inclán, y, más allegadamente, con la ironía de Gil de Biedma o el expresionismo de Benet. Los modelos, los ejemplos, las influencias, de repente, dejaron de ser pontificios.

Para varios Novísimos, entre los que me cuento, fue además esencial el magisterio de Juan Benet, posiblemente el novelista que más ha hecho en este siglo por acercar la literatura española a los hábitos comunes en los países industriales. Todavía hoy es posible distinguir entre críticos (y literatos) de museo o vivientes según comprendan o no la importancia de la prosa de Benet. Hay una fuerte corriente, muy bien establecida en la Corte, que sólo aprecia a los imitadores del siglo XIX y considera a Benet un escritor insoportable. El casticismo continúa siendo una fuerza muy asentada entre los feudales.

Se entenderá ahora por qué en los primeros párrafos de este artículo dije que la relevancia de los Novísimos fue más una relevancia *espectacular* que una relevancia *sustancial*. Su ejemplo, y no su obra, tuvo una decisiva influencia en el deshielo del mundo literario español, en los años terminales del Dictador.

Esa influencia no habría sido posible sin el apoyo de las zonas más sanas de la vida literaria hispana de aquellos años. Sin la simpatía con que tomaron el asunto personajes como Gil de Biedma, Aleixandre, Octavio Paz, Carlos Barral (como poeta y como editor), o Jaime Salinas (fundador de Alianza Editorial), el fenómeno habría quedado en nada. El talante desenfadado, transgresor, más insumiso que «de izquierdas» que exhibía la antología, fue un talante con el que se identificó una parte notable del mundo intelectual, literario y artístico del país, sobre todo entre los más jóvenes. Ellos fueron quienes le dieron difusión.

Al cabo de tantos años, y a pesar de los infinitos ataques de los que fuimos objeto quienes aparecimos en aquella antología, vuelvo a hojear el libro, sonrío sin amargura viendo la fotografía de Castellet (en 1970 era diez años más joven que yo mismo ahora) y observo que en veinticinco años no ha vuelto a suceder nada similar. ¿Sería concebible que una antología de poetas provocara semejante escándalo hoy en día y cubriera las páginas de diario que aquélla cubrió? La desaparición de la poesía, la cual no tiene ya influencia verdadera ni siquiera en los departamentos universitarios, hace inimaginable una acogida semejante.

En consecuencia, no tengo más remedio que concluir

con una reflexión pesimista, una reflexión que confirma todo lo que he ido creyendo sobre el destino de la poesía y de las artes en general, tomadas en su sentido más riguroso, en estos últimos años. Y la conclusión es la siguiente: seguramente los Novísimos fuimos *los últimos poetas populares* que ha habido en España. Popularidad ya muy escasa, naturalmente, pero alguna. Por lo menos nos leyeron unos miles, y otros miles se enteraron de que algo había sucedido en el esotérico mundo de la poesía. En la actualidad los lectores de poesía apenas son unos cientos y su aparición en los medios de formación de masas es esporádica y ornamental, lo que no minimiza en absoluto su importancia literaria (y puede que incluso la acreciente). El éxito considerable de un escribidor como Gala no hace sino machacar a un cadáver.

Pero que esto sea así, que la poesía haya regresado al reducidísimo círculo de los iniciados, no sólo anula cualquier satisfacción personal, sino que nos condena a los pensamientos más tenebrosos.

Noviembre de 1995

(Este artículo nunca se publicó. Me ha dado siempre mucha vergüenza hablar de los «novísimos». Fue un encargo extranjero y acabé por no entregarlo. A ver qué pasa ahora.)

IV. Letras hispánicas

EL INDIVIDUALISTA. MIGUEL DE UNAMUNO

Josep Pla, que llegó a conocerle bien y en tres momentos decisivos de su vida –como rector en Salamanca, como exiliado en París y como diputado de la República en Madrid–, ha dejado escrito un puñado de instantáneas que ayudan a imaginar al complejo personaje. Pero quizás la observación más chocante, y a mi entender la que hace diana, es cuando dice Pla que en Madrid, «donde la gente se abraza con tanta facilidad», nunca vio a don Miguel de Unamuno abrazar a nadie.

Vivía Unamuno aislado dentro de sí y ensimismado en su permanente cavilación, cerrado a un mundo sobre el que sólo tendía sus antenas intelectuales y a resguardo de acceder a él mediante la sensualidad. Absolutamente nada era capaz de arrancarle de su ermita íntima. Un día del exilio parisino y como pasaran junto al Museo del Louvre, le propuso Pla visitar la sala de escultura griega. La respuesta de Unamuno fue fulminante: «No, no; no puedo distraerme.»

Para un sensual como Pla la sobriedad y el ascetismo de Unamuno resultaban tan chocantes como los de un faquir de Bombay y así lo anotaba en sus escritos con zumbona perplejidad. En París, Unamuno sólo comía huevos fritos y bistec con patatas al mediodía; sopa y verdura hervida por la noche. No bebía sino agua, no fumaba, jamás detenía la mirada en alguna mujer. Cuando en cierta ocasión la tertulia de Montparnasse a la que acudía disputó sobre cuestiones sexuales, Unamuno afirmó que a él sólo podía llevarle al adulterio una negra. Los pintores de la tertulia intercambiaron miradas y al día siguiente había en la mesa contigua media docena de modelos negras de una belleza escalofriante. Don Miguel no reparó en ellas y consumió la sesión perorando sobre el colonialismo británico.

Nunca se cubrió con un gabán, abrigo, capa o tabardo. Contra el húmedo invierno de París o el gélido de Salamanca sólo usó una bufanda. Su casa de Salamanca era una nevera, pero él ni se percataba. Las visitas sí; se quedaban ateridas en sus sillas, sacudidas por violentos tiritones, mientras don Miguel disertaba interminablemente.

Vestía de uniforme, y así como jamás se le ocurrió cambiar el bistec por una lubina, o la sopa por una ensalada, así tampoco cambió de vestimenta en toda la vida. Gastaba unos zapatos negros, sin lustre, con gruesos calcetines blancos de quesero asturiano; los pantalones eran oscuros y de abundante rodillera; chaleco sin botones subido hasta la nuez y con el borde de la camisa como si fuera un alzacuellos de pastor luterano. La ausencia de corbata en una época en la que ese ornamento era ineludible porque diferenciaba a los burgueses de los obreros y campesinos, causaba sensación. La ropa de la chaqueta era también oscura y llevaba los hombros y la espalda nevados de caspa.

Pero lo más peculiar y lo que concitaba mayor admiración era el sombrero. Blasco Ibáñez, que también le conoció durante los años del exilio parisino, decía que no era sombrero sino chichonera de fieltro. Pla afirma que se trataba del copete de un cucurucho, como los que usan los penitentes sevillanos, cortado con unas tijeras por las bravas. En todo caso, el porte de don Miguel era motivo de comentario allí a donde fuera.

En una ocasión Blasco le preguntó: «¿De qué va usted don Miguel? ¿De pensador? ¿De pastor protestante? ¿De celebridad? ¿De pajarraco?»

214

«Mire usted», le contestó Unamuno, «yo voy vestido de lo que soy, de individualista.»

Este pajarraco o pastor protestante, este pensador y esta celebridad, este individualista es uno de los pocos escritores que aún pueden leerse con provecho entre los miembros de la muy agotada generación del 98, de la que no parece que nos separe un siglo sino tres. Y si aún puede leérsele es por la espontaneidad de sus reflexiones, indistinguibles de su propia existencia, ya que ésta no consistía en apenas otra cosa que reflexiones y más reflexiones.

Así lo entendió Antonio Machado, uno de los escasísimos amigos verdaderos que tuvo Unamuno. Decía Machado: «Abriendo el libro [de Unamuno] al azar, me encuentro con esta frase que no vacilo en reputar portentosa: "La verdad no es lo que nos hace pensar, sino lo que nos hace vivir." Y acaso esto resume todo el pensamiento de Unamuno.» No es mala definición decir que Unamuno vivió, y sobre todo murió, en íntimo comercio con la verdad.

La vida de un individualista

Aquel vasco sobrio, duro y ascético hubo de tener por padre a un Félix y por madre a una Salomé. No duró mucho, sin embargo, el Félix padre, muerto en 1870 cuando Unamuno contaba seis años de edad, así que el niño creció en casa de su abuela y rodeado de mujeres. Habría que añadir de mujeres vascas, pues no es exactamente la misma cosa vivir rodeado de mujeres que vivir rodeado de mujeres vascas.

Nada debió de suceder en aquella vida cuasifeudal que era la de Vizcaya a finales del XIX, si descontamos el aprendizaje de la violencia, endémica en aquella parte de España, cuando los carlistas pusieron sitio a Bilbao. Al niño le impresionaron mucho las bombas y los incendios. Aparte de ello, nada hay digno de subrayarse hasta 1880, cuando la anterior quietud salta en pedazos por la muerte de su abuela, la conclusión del bachillerato y el traslado a Madrid, a una pensión de la Red de San Luis (de esas que, muchos años más tarde, Benet diría que tenían extendido el linóleo hasta en la taza del retrete), para estudiar Filosofía y Letras en la Complutense.

El desinterés de Unamuno por el mundo sensible era ya entonces tan acusado que él mismo afirma no haber pisado el Madrid de los Austrias en aquellos años de estudios universitarios. De los cursos a la pensión, y de ésta a los cursos, ésa parece haber sido la única actividad de Unamuno en aquella universidad madrileña de los años ochenta en la que la cátedra no era sino un peldaño más en la carrera administrativa o política, si es que había alguna diferencia.

La tesis doctoral, presentada en 1884, llevaba por título «Crítica del problema sobre el origen y prehistoria de la raza vasca», lo que pone de manifiesto esa preocupación por lo hispánico que sería la obsesión de todos los intelectuales finiseculares, de Ortega, de Baroja, de Valle, de Maeztu, de Azorín... Se diría que esa preocupación continúa hoy en día, pero es un espejismo. Si alguien escribiera en la actualidad las cosas que entonces escribían estos personajes sobre las distintas regiones españolas, acababa con sus huesos en la cárcel o molidos a palos. Aunque pueda parecer lo contrario, la censura actual sobre estos temas es más sutil y más eficaz.

El joven doctor (cuéntese que tenía veinte años y que hoy no se fabrican doctores por debajo de los treinta; otro adelanto) dedicó unos años a esa actividad fatal de los titulados en Letras que son las oposiciones. Concurrió a cuatro y por fin, en 1891, ganó la de lengua y literatura griega de la Universidad de Salamanca. La contienda no fue precisamente esplendorosa. Juan Valera, miembro del tribunal, comentó que siendo así que ningún candidato sabía griego habían optado por dar la plaza al que estaba en condiciones de aprenderlo.

Don Miguel, que se había casado en enero con Concha Lizárraga, novia suya desde los ocho años de edad (ya hemos dicho cuán sucinto y expeditivo era el arte de vivir del

216

pensador vasco), se trasladó en octubre a Salamanca, puso casa o nevera, y comenzó de inmediato a producir hijos con abnegación. Tuvo nueve, incluido uno hidrocefálico de nombre Raimundo Jenaro, que abandonó este mundo y semejante nombre en 1902.

No deja de ser interesante que aquel pedagogo absoluto, aquel pedagogo de hormigón armado, no diera educación universitaria a sus hijas, las cuales aprendieron a hacer calceta y otros honrados menesteres, pero nada más. También resulta sorprendente que abominara de la investigación, pues, según decía, era España un país tan bárbaro que no estaba el patio para pijadas. Ése es el sentido verdadero de la frase: «¡que inventen ellos!», tan mal entendida por algunos comentaristas. En su artículo «Sobre la erudición y la crítica» afirma que los catedráticos deben empeñarse en una pedagogía esencial, muy cercana al apostolado, dejando la *recherche* para aquellas naciones como Alemania, etcétera, que pueden permitírselo.

Son años, los de 1893 a 1900, en los que don Miguel se aproximó al PSOE y concibió un vaporoso socialismo más ismo que social, de aire ruso. Un socialismo del alma sin apenas contacto con la economía. Difícil era mantener tales criterios en el partido de Pablo Iglesias, político que aborrecía a los que él llamaba «hombres de carrera», es decir, españoles capaces de leer y escribir correctamente, porque sólo confiaba en el destino providencial de los obreros.

Así que la participación de Unamuno en los groseros procesos de la organización terrena se cortó en seco llegado el 1900 cuando (nadie se explica todavía por qué razón) le nombraron rector de su universidad, la de Salamanca. Quizás estaba escrito que Unamuno fuera el rector de Salamanca *par excellence* y nadie quiso oponerse a un designio tan decidido de la divinidad. Lo cierto es que era aún muy joven para el rectorado (indignación de los carcamales), sólo llevaba nueve años en Salamanca (consternación de los naturales del lugar), tenía fama de socialista (espanto de las clases acomodadas) y era heterodoxo en religión (los obispos y los curas comenzaron a afilar sus crucifijos); todo un panorama.

¿Por qué fue nombrado rector? Es posible que el ministro de educación, García Alix, quisiera darse pisto de reformador. O puede que, como tan a menudo sucede, se querellaran los pesebristas que aspiraban al empleo y acabara ganando un tercero para disgusto de todos. Pero habían nombrado al candidato pluscuamperfecto. Ya nunca más habría ni habrá otro rector de Salamanca que Unamuno. Es una de las trivialidades que hay que oír cada vez que se cambia de rector en Salamanca.

Desde el primer día sufrió Unamuno las injerencias de todos los frailes, de todos los tenderos y de todos los militares de la plaza y del reino. Era como una bíblica nube de moscas dispuesta a amargarle la vida al advenedizo, pero no sabían con quién se las tenían. En 1905 propuso Unamuno a la Asamblea de Universidades que se elevara una petición al Parlamento para proceder a la derogación de todas aquellas disposiciones «que tiendan a establecer injerencia en cuestiones de enseñanza pública de cualquier autoridad no académica». En otras palabras, Unamuno pedía la derogación del Concordato. Ese día los obispos dejaron los crucifijos y comenzaron a cargar los trabucos.

Unamuno, tenaz como una tenia, resistió como rector hasta el mes de agosto de 1914, fecha en la que fue destituido. La monarquía ignoraba que hay personajes a los que es mejor tener como enemigos dentro del sistema que por amigos fuera del mismo. La desposesión le sentó a Unamuno como un tiro y aumentó el calibre de sus artículos periodísticos, de los que era capaz de producir asombrosas cantidades diarias. Pero no sería procesado hasta 1920, cuando se le condenó por «injurias contra la corona», y aun entonces nada sucedió pues resultó indultado. No fue sino en 1923 cuando se encaró con un enemigo de su mismo peso y belicosidad, el brutal y grosero general Primo de Rivera. Ni corto ni perezoso, el espadón confinó a don Miguel en la isla de Fuerteventura.

218

Pocos meses resistió allí el fiero vasco, tan ciego como era a los placeres inmediatos de las playas y las floraciones tropicales. Financiado por el director de *Le Quotidien de Paris*, para quien escribiría durante los largos años del exilio, escapó Unamuno de la isla y se instaló en París junto con otros numerosos exiliados y artistas.

El exilio de un individualista

Un artículo magistral de Corpus Barga titulado «Blasco Ibáñez y Unamuno en París, o el Mediterráneo y el Atlántico salidos de madre», describe de un modo perfectamente verosímil el exilio del vasco. La pensión de Unamuno estaba sita cerca de los Campos Elíseos, no lejos de donde se abre la actual puerta de servicios de la embajada española. Por la mañana, sin salir de la cama, escribía una ingente cantidad de artículos y poemas contra Primo de Rivera y el decorativo Alfonso XIII. Tras un frugal almuerzo (huevos y bistec) emprendía camino hacia la tertulia española. Ello quiere decir que caminaba por la avenida de Jena, cruzaba Étoile, bajaba los Campos Elíseos, atravesaba la Plaza de la Concordia, seguía el bulevar Saint-Germain, subía por el bulevar Raspail y llegaba a Montparnasse, en donde tenía lugar la reunión. El regreso lo hacía por otro camino: Saint-Michel, la isla de la Cité, la calle de Rivoli, Plaza de la Concordia, Campos Elíseos, Étoile y avenida de Jena. Para quien no conozca París, este paseo equivale, aproximadamente, a cruzarse Barcelona del Tibidabo a Colón, y regreso, todos los días. Con lluvia, con nieve, con granizo, con niebla o bajo un sol de justicia. ¡Cómo tira la tertulia española!

Si en rara ocasión alguien se aventuraba a darle compañía durante la expedición, entonces Unamuno no dejaba de hablar ni un solo instante. Corpus Barga, que le había acompañado alguna vez, lo recordaba así en 1975: «Empezaba por explicarme cómo iba a ser un próximo artículo cuyas ideas y formas iba modificando a medida que avanzábamos metros y minutos. Después, cuando lo publicaba, Unamuno había escrito todo lo contrario de lo que había dicho.»

La nostalgia de Unamuno en esos años era algo fatal y preocupaba a todo el mundo. Blasco Ibáñez, para distraerle, le mostraba a veces algún monumento o institución francesa como la Ópera, la Biblioteca Nacional o la Bolsa. «¡Éste es el centro de la civilización, el corazón del mundo!», exclamaba el levantino, entusiasmado. «Quite usted, quite usted. ¡Gredos, Gredos!», sollozaba tristísimo don Miguel alzando la mano con un vago gesto de ovejero.

Así, penosamente, fue pasando la vida del exiliado, primero en París y luego, a partir de 1925, en Hendaya, donde recibía frecuentes visitas de su familia. No he podido saber de fijo si una información que da Eugenio de Bustos es fiable. Según cuenta el erudito, en 1925 le tocó el gordo de la lotería a doña Concha, lo que explicaría el traslado a Francia de toda la familia. Lo tengo por demasiado hermoso para ser cierto.

Sólo en 1930, caído y derrotado el dictador, regresó Unamuno en triunfo a Madrid. Fue inmediatamente repuesto como rector, restituido en la cátedra y elegido diputado para las Cortes Constituyentes. Allí se parió la República y allí le esperaba, una vez más, Josep Pla.

El final de un individualista

Es cierto que al poco de proclamada la República, ya andaba Unamuno con su eterno descontento, quejándose de cómo pintaban las cosas de España. Para este negador sistemático, abrazar una causa cualquiera habría supuesto desaparecer difuminado a la luz del sol, como Drácula. No habían transcurrido ni dos meses de la proclamación de la República cuando la implacable pupila de Pla cazó una instantánea precisa y cruel de Unamuno, en Madrid.

Se lo encontró en la redacción de *El Sol* el 2 de junio y le vio muy alterado. El rector de Salamanca explicó a Pla con mucha vehemencia que acababan de robarle trescientas pesetas en el tranvía. Trató de consolarle Pla haciéndole ver cuán común era esa desdicha de verse robado, etcétera, pero Unamuno le cortó en seco con gesto desolado y furioso: «No, no, querido Pla... Esto de la República va mal, muy mal...»

La República no se lo tuvo en cuenta y fue generosa con él. Cuando en 1934 impartió su última lección, el gobierno añadió a la jubilación el cargo y los emolumentos de rector vitalicio. Fue inútil. Unamuno iba sintiendo cada vez mayor repugnancia por un régimen que se deslizaba hacia la descomposición anárquica y nadie se extrañó de que en julio de 1936 se manifestara al lado de los sublevados. Dicen que fue Azaña quien, de su puño y letra, le retiró el cargo de rector vitalicio; podría ser si recordamos el odio (¿la envidia?) que se tuvieron.

En septiembre la Junta de Defensa Nacional le confirmó nuevamente como rector vitalicio. Debió Unamuno de ser uno de los primeros rectores de aquel régimen que Franco estaba montando sobre las espaldas de los españoles. Poco le duró, sin embargo, la rectoría, pues ya en octubre Unamuno se había podido formar una opinión sobre la catadura de los individuos a quienes había dado su apoyo. El último y famosísimo discurso de Unamuno, el 12 de octubre de 1936 en el Paraninfo de la Universidad, con Millán Astray, Carmen Polo (de Franco) y José María Pemán como comparsas, parece una escena arrancada de un drama romántico de Victor Hugo. Andrés Trapiello la ha reconstruido certeramente.

Tras las insensateces proferidas por el general Millán Astray y las de José María Pemán, entre otros, llegó el turno de Unamuno para tomar la palabra. Su discurso fue interrumpido tres veces, por lo que se conocen tres fragmentos fidedignos. De la primera intervención es muy sabido cuando dice: «La nuestra sólo es una guerra incivil. Nací arrullado por una guerra civil y sé lo que digo. Vencer no es convencer y hay que convencer sobre todo, y no puede convencer el

221

odio que no deja lugar para la compasión; el odio a la inteligencia, que es crítica y diferenciadora, inquisitiva, más no de Inquisición.»

Llegado a este punto se vio interrumpido por los gritos histéricos de Millán Astray y sus legionarios. Cuando pudo recuperar la palabra, Unamuno, entre otras cosas, dijo: «Acabo de oír el grito necrófilo y sin sentido de ¡Viva la muerte! Esto me suena lo mismo que ¡Muera la vida! [...] Esta ridícula paradoja me parece repelente. [...] El general Astray es un inválido [...] y desearía ver a España mutilada, como inconscientemente dio a entender.»

Ya puede imaginarse que el general comenzó a berrear de nuevos sus ¡Viva la muerte! y sus ¡Muera la inteligencia!, coreados ahora por todo el público, incluidos los obispos y los estudiantes. Pero Unamuno era de una tenacidad granítica y logró hacerse de nuevo con la palabra en aquella asamblea de bestias rabiosas. Concluyó con uno de los más valientes colofones que se conocen en toda la historia de la oratoria: «Venceréis pero no convenceréis. Venceréis porque tenéis sobrada fuerza bruta. Pero no convenceréis porque convencer significa persuadir. Y para persuadir necesitáis algo que os falta: razón y derecho en la lucha. Me parece inútil pediros que penséis en España. He dicho.»

Hubo de salir escoltado por Carmen Polo y José María Pemán. De no ser por ellos (o por ella, que era la mujer de uno de sus generales; a Pemán se le apartaba de un manotazo), legionarios, falangistas, carlistas, nacionalcatólicos y demás ralea se lo habrían comido a mordiscos. Pocos meses más tarde, el último día del año 1936, moría el único hombre capaz de hablar libremente delante de quienes iban a amordazar a España durante cuarenta años. Decir la verdad le había costado la vida y le había ganado la muerte. Pero, como él tantas veces afirmó, los conceptos son intercambiables y bien podemos decir que la verdad le había ganado la vida y le había costado la muerte.

Su mérito literario

No es fácil, en la actualidad, hacerse con muchas de las obras esenciales de Unamuno, y es imposible leer sus Obras Completas (pues hace ya décadas que no se reeditan), como no sea en una biblioteca pública y a conciencia de que están lejos de ser completas. Sesenta años después de muerto, mal puede juzgarse una carrera literaria como la de Unamuno cuando ni siquiera se le puede comprar en librería. Este desvalimiento quizás sea debido a que no se le aprecia como hombre de letras, y se le toma por un ensayista al estilo francés o británico sobre el que cae el silencio en cuanto deja de ser actual.

Pero Unamuno vivió obsesionado por las cuestiones literarias y dedicó a los asuntos del lenguaje (tanto el artístico como el hablado) una montaña de artículos periodísticos y ensayos universitarios. En su primera época, hasta 1906 aproximadamente, atacó lo que llamaba «la lengua de conquistadores y de teólogos dogmatizantes, hecha para mandar y para afirmar autoritariamente» que era el castellano académico de la España de principios de siglo. Sus mejores ensayos, como los recogidos bajo el título *En torno al casticismo*, o la muy notable *Vida de Don Quijote y Sancho*, así como los discursos y escritos sobre la reforma del castellano, forman parte de las ramas vivas de su obra.

En su tiempo, aun cuando todos reconocieron el mérito intelectual de Unamuno, muchos escritores y falsos amigos suyos rechazaron la construcción literaria en monólogos dialogantes que forma la impronta más típica de su estilo. Porque escribía como pensaba y pensaba como si estuviera escribiendo; de ahí la irritación que todo lector suyo siente más pronto o más tarde ante las incesantes exclamaciones, preguntas, retruécanos, metáforas y juegos diversos con los que va avanzando en su escrito, como si fueran peldaños hacia una idea que se busca a sí misma. Unamuno toma a sus lectores en rebaño y los lleva monte arriba con la ayuda de un perrazo que no es sino su lengua literaria. Una lengua que ladra mucho y a veces muerde.

Pero lo que en ocasiones produce irritación, en otras admira, pues es indudable que Unamuno se esforzó por dar un giro artístico a su prosa literaria más cercano al experimentalismo vanguardista (que él detestaba) que a la Academia (a la que también detestaba). Para ponerlo en el orden de la época: Unamuno nos parece más cercano a Valle-Inclán que a Ortega; más próximo a la invención estética que a la prosa de ornato.

Ortega, que ciertamente conocía el empalago que producían a Unamuno sus elegantes cursilerías, no se lo perdonó nunca. Pocas veces se ha escrito una necrológica tan mezquina como la que Ortega dedicó al difunto rector vitalicio en cuanto le llegó noticia de su muerte. Es una pieza maestra de rencor y nos conviene como introducción al tema de Caín y Abel, que es el tema de *Abel Sánchez*. He aquí un párrafo de la necrológica tal como la publicó Ortega en el diario *La Nación,* de Buenos Aires.

«No he conocido un yo más compacto y sólido que el de Unamuno. Cuando entraba en un sitio, instalaba desde luego en el centro su yo, como un señor feudal hincaba en el medio del campo su pendón. Tomaba la palabra definitivamente. No cabía el diálogo con él [...] No había pues otro remedio que dedicarse a la pasividad y ponerse en corro en torno a don Miguel, que había soltado en medio de la habitación su yo, como si fuera un ornitorrinco.»

La incompatibilidad entre el pensador de la burguesía madrileña y el agónico polígrafo vasco, entre el vividor, sensual y sociable capitalino y el yogui de provincias, era apoteósica. Imagino la rabia mortificante, incontenible, de Ortega, sin poder meter una sola palabra en aquellas tertulias en las que intervenía Unamuno. En el colmo del rencor, Ortega llega a negarle mérito literario: «Fue un gran escritor. Pero conviene decir que era vasco, y que su castellano era aprendido.» ¡Eso lo dice quien, unas líneas más arriba, ha usado el «desde luego» en su acepción barroca de «al instante...»!

Ambos, Unamuno y Ortega, eran sin lugar a dudas un par de ornitorrincos, pero con el tiempo Ortega va menguando en interés, en tanto que una parte de Unamuno crece, o al menos se mantiene. Un discípulo de ambos, Julián Marías, casi lo reconoce: «Hoy se ve que fue uno de los más innovadores, hasta las lindes de la genialidad, entre los novelistas contemporáneos, y que en su novela hay que encontrar su más original y fecunda aportación a la filosofía.» Unamuno es un literato; nada hay en él de interés filosófico. ¿Cabría decir lo mismo de Ortega?

La envidia, probablemente, se interpuso entre Ortega y Unamuno, como entre los protagonistas de *Abel Sánchez*.

Sus opiniones sobre la envidia

Así como *Crimen y castigo* es una gran novela y además es la novela del arrepentimiento, de la culpabilidad y de la mala conciencia, así también *Abel Sánchez* sin ser una gran novela es la novela de la envidia, de los celos y el odio que traen aparejado. Tenía Unamuno a la envidia por el componente anímico principal de España, y el que la había conducido a su ruina intelectual, moral y (en consecuencia) económica. La envidia era el pecado original que había traído como resultado el modo nacional de hacer la vida insoportable; un arte incomparable que los españoles dominan sobre otros pueblos más acomodados. Así lo expresaba en su conocido ensayo de 1909 «La envidia hispánica», y así iba a dramatizarlo en *Abel Sánchez*.

A pesar de sus veleidades socialistas, en materia social Unamuno estuvo más apegado a la «psicología de los pueblos» de estirpe dieciochesca que a la dialéctica materialista y creía en esos rasgos que hacen de un país una metáfora simple y agradable: que los franceses son vanidosos, que los británicos son soberbios, que los alemanes son disciplinados o que los italianos son todos artistas. Siempre se atuvo a estas intuiciones «psicológicas» y las aplicó a los diferentes pueblos hispánicos con igual desenfado: los andaluces, según escribió en múltiples ocasiones, eran vagos, los vascos de corta inteligencia y los catalanes unos estetas egoístas. No lo exponía, sin embargo, con la metafísica del taxista, sino mediante una fantástica ciencia psicológica.

Sin embargo, la interpretación de la envidia que Unamuno propone no es del todo trivial. Creía el vasco que la envidia era una consecuencia del crepúsculo de la divinidad y del apagamiento de la fe en el más allá. Desaparecida nuestra inmortalidad, habría quedado un vacío gigantesco en el que se habría expansionado el gas mefítico de la envidia hasta ocuparlo por completo. La necesidad de reconocimiento en esta tierra, que siempre había existido bajo la forma pagana de la emulación, se habría pervertido en la forma bíblica del cainismo en aquellos pueblos que más fuertemente habían puesto su fe en la gloria eterna.

Con su teoría de la envidia, Unamuno propone una variante sagaz de la conocida dialéctica del Amo y el Esclavo de Hegel que tanto hizo en la formación filosófica del joven Marx. De otra parte, el reconocimiento de la legitimidad y el favor paterno, que es el móvil de los crímenes fraternos de la Biblia (no sólo Caín y Abel, también Esaú y Jacob, o José y sus hermanos son momentos de la lucha por la legitimidad), debía de tener una resonancia peculiar en un vasco, cuya tierra siguen llamando hoy en día «la casa del padre» los nacionalistas, todos ellos liados en el problema deletéreo de quién sea *legítimamente* vasco.

Aunque las teorías del «carácter nacional» nos parezcan ahora tan polvorientas como el mesmerismo, sí es cierto que algunos fenómenos peculiares de la historia hispana tienen relaciones sutiles con la envidia. Por ejemplo, la exigencia de limpieza de sangre, el menosprecio del trabajo manual o la sobrevaloración de la honra, fenómenos todos ellos extendidos en los países con influencia sarracena. Todavía en la actualidad hay componentes curiosos en el ascenso y caída de los nuevos ricos como Ruiz Mateos, Javier de la Rosa o Mario Conde, muy propios del marco hispánico y que carecen de ejemplo en Europa, en donde un fenómeno similar como el de Bernard Tapie no ocasiona la menor molestia al Estado.

No faltan eruditos que atribuyen la obsesión de Unamuno por la envidia a un origen biográfico, y aunque nos parece irrelevante para el disfrute de la novela o el mejor entendimiento de la envidia, lo traemos aquí para dar otro apunte de la vida familiar del escritor. Es ello que tenía Unamuno un hermano menor, Félix (¡el nombre del padre!), soltero y de conducta poco convencional, al que siempre acusó de envidiar sus éxitos literarios, su «carrera». Ciertamente, no debía de ser muy grande la simpatía del tal Félix hacia su hermano porque, durante el confinamiento en Fuerteventura y posterior exilio francés, se recortó un cartelito que llevaba prendido de la solapa y en el que podía leerse: «Por favor, no me hable de mi hermano.»

Intervenga o no intervenga este hermano en la concepción de *Abel Sánchez*, lo cierto es que hay, desde luego, rasgos del propio Unamuno en la figura del envidioso Joaquín Monegro, el Caín del relato, reconocidos explícitamente por el autor en su correspondencia. Quizás también los haya del hermano Félix en el pintor Abel Sánchez, pero sin duda los personajes son tan descarnados y eidéticos que podrían sostener cualquier transposición biográfica. Hora es ya de presentar la novela.

Su novela popular

Abel Sánchez se editó en 1917. Contaba entonces Unamuno cincuenta y tres años de edad y acababa de ser elegido concejal por el Ayuntamiento de Salamanca: se encontraba en el punto cimero de su carrera. Pero la segunda edición, la de 1928, le pilló en Hendaya, exiliado y convertido en una celebridad *política* europea. No eran sus méritos literarios o filosóficos los que le habían ganado fama internacional, sino esa explotación que tan hábilmente saben urdir los medios intelectuales franceses sobre ciertas figuras del exilio español.

Aunque la notoriedad acarició el egotismo de don Miguel, no debió de hacerle ninguna gracia. Veía con una nostalgia póntica cómo pasaban los días, los meses, los años, lejos de su familia, de las tertulias hispanas y del tingladillo literario madrileño, que eran las tres cosas que más le importaban en este mundo. El prólogo que escribió para la segunda edición es de una gran transparencia sobre su estado de ánimo: parecía haberse cumplido sobre él, como en una profecía, su propia novela. Hete aquí que la envidia y el odio que de ella tiran, habían destruido su magnífica carrera. Un puñado de señoritos, curas y militares analfabetos le había expulsado a las tinieblas exteriores.

Para un lector de nuestros días, la narración de Unamuno está más cercana al apólogo dieciochesco, tal y como lo practicaron los enciclopedistas, que a la novela moderna. Es una historia en blanco y negro, con un personaje intuitivo, extrovertido y artístico, enfrentado a otro personaje deductivo, introvertido y científico. El arte del pintor, arte de la exterioridad, se opone a la ciencia del médico, ciencia de la interioridad (con el arcaísmo añadido de otorgar a la medicina el rango de ciencia). El médico Joaquín Monegro, tan negro como Caín, vuelca su envidia y su odio sobre el artista Abel Sánchez, tan albo como Abel. Hasta los nombres son de una extremada simplicidad simbólica, como es de razón en un apólogo.

Hay una gratificación lateral: gracias a la lectura de la novela comprobamos con asombro cómo se ha transformado España en los últimos años. Apenas reconocemos aquella terrible sociedad de Unamuno en la que una esposa no podía salir a la calle si no llevaba compañía; en la que la «gloria» del pintor se la proporciona un discurso pronunciado por el médico en el casino del pueblo; o en la cual las mujeres acuden a misa todos los días. Es un mundo enteramente berebere, que observamos con el pasmo que da la distancia... y aliviados. El exotismo de la sociedad descrita por Unamuno y la ausencia de dimensiones de los personajes exigen una cierta entereza para penetrar en esta novela.

Pero la razón última de tanta descarnadura, razón que ha sido estudiada por Guillermo Carnero, es la peculiar distinción que propone Unamuno entre escritores «artificiosos» y escritores «populares». Los artificiosos, dice, son aquellos escritores que sólo sienten preocupación por los aspectos formales, técnicos y estéticos de la novela, en tanto que los escritores populares son los que ponen por escrito las palabras que el pueblo no puede verbalizar. Los primeros dependen del público, pero los segundos sólo dependen del pueblo.

Esa entidad, el «pueblo» (cuya historia conceptual se proyecta sobre un pensador actual como Agustín García Calvo), era para Unamuno el amplio conjunto de las gentes que necesitan ayuda y educación, angustiadas por problemas que no pueden resolver por carecer de los medios lingüísticos apropiados. El «público», en cambio, casi siempre más burro que el pueblo, cree saberlo todo y sólo se interesa por lo actual y las modas. El pueblo es eterno; el público está al día.

El escritor popular no suele tener público pues la labor educativa, la transmisión de un lenguaje a quien no lo domina, es tarea que exige mucho tiempo, quizás toda una vida, lo que lleva a reconocimientos tardíos. En cambio el escritor artificioso tiene un público abundante, pues éste se alimenta de las novedades y actualidades que fabrica el escritor artificioso. El modelo puro de artificiosidad era, para Unamuno, la vanguardia artística de su época. Y, entre los movimientos españoles, el más artificioso era para él el modernismo catalán, en el cual veía un esteticismo decadente, vacuo y exangüe, muy aplaudido por la burguesía esnob.

Por su parte, no le cabía a Unamuno la menor duda de que él era el escritor popular por antonomasia, «lo cual equivalía a legitimar el derecho a escribir mal, en nombre de la verdad y de la autenticidad», como acertadamente escribe Carnero. Para Unamuno, como para los apologistas del XVIII, la novela es la continuación de la pedagogía con otros medios. Ello explica, en parte, la elementariedad de *Abel Sánchez,* su arcaísmo desprovisto de todo artificio.

La bella Helena

Voy a concluir exponiendo un detalle que se me hace ejemplar sobre el modo de imaginar de don Miguel y sus estrategias narrativas. Es un detalle quizás conocido, pero del que no he podido leer ningún comentario.

Ya se ha dicho que, en la novela, el médico y agónico pensador Joaquín Monegro envidia al despreocupado y superficial artista Abel Sánchez. Pero aunque el origen de esa envidia es natalicio, su explosión acaece mediante un episodio sexual. Muy al comienzo de la novela, Monegro se enamora de una muchacha hermosa e indiferente, una de esas bellezas gélidas y calculadoras cuya voluptuosidad se atempera con un conocimiento muy preciso de los rendimientos que puede darle su éxito. Pero el pintor la seduce con la excusa de hacerle un retrato y se la arrebata a Monegro, sin la menor consideración hacia la amistad, el amor fraterno o la lealtad. A todo lo largo del relato, Monegro caerá una y otra vez en su obsesión sexual por la esposa del odiado amigo, a la que, sin embargo, desprecia. La muchacha se llama Helena.

No hay comentarista que no haya señalado la presencia de la hache en el nombre de Helena como una referencia evidente a la madre de los helenos, a Helena de Troya, la que desencadena una guerra terrible a causa de su belleza, aunque hoy podemos reconocer que la desencadena por su lujuria, y no sólo por su belleza. Pero no he encontrado yo ningún comentarista que haya reparado en el *apellido* de Helena, el cual sólo aparece una vez y de manera indirecta, cuando en el capítulo XX se cita el nombre de su hijo: Abel Sánchez Puig. Helena, la fría, egoísta y esteticista Helena, se llama Puig y por lo tanto ha de ser catalana o, a todo tirar, levantina. Unamuno se preocupó de buscar un apellido cuya sugerencia simbólica fuera del mismo calibre que el de Monegro o el de Abel.

Tengo para mí que Unamuno hizo de Helena una encarnación de aquella Cataluña que tanto detestó a partir de 1906, seguramente por lo mucho que le había entusiasmado en 1899. La traición de Helena, la cual abandona al agónico filósofo Monegro por un pintor superficial y artificioso (que no se llama Rusiñol de puro milagro), es el trasunto de la traición de los catalanistas en quienes había visto Unamuno una posible fuerza regeneradora del país, los cuales finalmente se desinteresaron de la modernización de España y eligieron encerrarse en su nación, exenta e insolidaria.

El Unamuno-Monegro atormentado por el deseo sexual de Helena-Cataluña, y envidioso de esa gente que no se la merece (los Abeles-modernistas), o que quizás se la merecen cumplidamente, es sólo un estrato simbólico más en una novela que permite todas las interpretaciones porque las pide a grito pelado. Evidentemente, no es la única. Hay en *Abel Sánchez* más envidia y más odio de lo que a primera vista aparece.

BIBLIOGRAFÍA

De la inmensa *unamuniana* quiero citar tan sólo aquellos trabajos que han sido aquí directamente mencionados o saqueados, por si el lector curioso desea comprobar nuestras citas o ampliar sus conocimientos.

Corpus BARGA, «Blasco Ibáñez y Unamuno en París», *Ínsula,* sept.-oct. 1967, recogido en *Crónicas literarias,* ed. A. Ramoneda, Júcar, 1984.

Eugenio de BUSTOS, prólogo a la edición de *Novelas* de Unamuno, Noguer, 1976.

Guillermo CARNERO, «El concepto de responsabilidad social del escritor en Miguel de Unamuno», *Anales de Literatura Española,* n.º 1, 1982.

Carlos CLAVERÍA, «Sobre el tema de Caín en la obra de Unamuno», *Temas de Unamuno,* Gredos, 1953.

Ricardo GULLÓN, *Autobiografías de Unamuno,* Gredos, 1976.

Julián MARÍAS, «La voz de Unamuno y el problema de España», recogido en *Miguel de Unamuno,* ed. Sánchez Barbudo, Taurus, 1974.

José Ortega y Gasset, «En la muerte de Unamuno», recogido en Sánchez Barbudo, *Op. cit.*

Josep Pla, «Salamanca, 25 de febrer: Unamuno», *Primera volada*, Destino, 1966.

—, «L'Adveniment de la República», *Notes per a Silvia*, Destino, 1974.

—, «Don Miguel de Unamuno: la seva figura física», *El passat imperfecte*, Destino, 1977.

Adolfo Sotelo, *Artículos (de Miguel de Unamuno) en «Las Noticias» de Barcelona (1899-1902)*, Lumen, 1993.

Andrés Trapiello, *Las armas y las letras*, Planeta, 1994.

(Prólogo para *Abel Sánchez*, editado por el Círculo de Lectores en 1996.)

ALGUNOS DOLORES DE UNAMUNO

Como todo el mundo sabe, a Unamuno le dolía España. Pero no todo el mundo es consciente de que le dolía sucesivamente. Hoy le dolía Galicia, mañana le dolía la Cornisa Cantábrica y pasado mañana Cataluña. Lo único que le dolió de un modo perdurable fue el País Vasco, del que no se alivió ni un solo momento. Los restantes dolores iban y venían. De haberle caído todos encima de golpe, le habrían matado. Pero así, en buen orden y sin codazos, los resistía muy bien. Podría decirse, incluso, que el sucesivo dolor de España le animaba a llevar una vida más entregada a la filantropía universal, y a decirle a todo el mundo lo que tenía que hacer si deseaba llegar a ser Unamuno. Porque Unamuno soñaba un universo poblado de Unamunos, todos exactamente rectos, incorruptibles, cristianoagónicos y doloridos en sus partes españolas.

Es lo que se desprende del epistolario inédito que recientemente se ha editado en la colección Austral. Los epistolarios son la mejor biografía de un escritor, la más traicionera, la que nunca permitiría ese escritor que se editase si aún estuviera con vida. Ni el más minucioso investigador logrará nunca escribir una radiografía tan cruel y despiadada como la que los propios escritores dan de sí mismos en sus cartas. Porque las cartas, para los profesionales de la escritura, son un negocio extraño. Salvo en algún caso de sólido narcisismo, los escritores no guardan copia de sus cartas, pero en ellas acaban por decir lo que no pueden exponer en sus libros. En el epistolario, la fantasmal figura del escritor público va cincelando una falsa estatua de sí mismo. Todo el empeño que ponen los escritores para disimular en sus novelas una nariz varicosa o unas orejas de soplillo, acaba por convertir su correspondencia en un muladar de narices y orejas. Sólo en las cartas –en unas pocas cartas, tampoco en todas– los escritores son sus propios protagonistas, y en ellas se maltratan con la ecuánime justicia con que maltratan a sus personajes de ficción.

Los dolores de Unamuno son de variadísima especie y de todos da minuciosa cuenta en sus cartas. De las 480 que ha recogido el profesor Laureano Robles, apenas habrá media docena que no aborden un dolor u otro. Es una lástima que las notas de edición se limiten a informarnos sobre el número de cartas que se conservan de cada corresponsal, en lugar de decirnos algo sobre cualquier otra cosa, sobre las fiestas de Tolosa, si fuera preciso. ¿Qué puede importarnos que a una tal Elvira Rezzo le escribiera Unamuno cuatro cartas, si no sabemos de ella ni la fecha de nacimiento? Nuestros eruditos tienen siempre un punto de facunda desidia. De no ser por esto, nos encontraríamos con uno de los más imprescindibles documentos de la gran generación.

De entre la miríada de dolores, los más agudos son los que a Unamuno le producen su Cataluña, su País Vasco y su Andalucía. Y es que verdaderamente eran tan suyos como una muela o un uñero. El dolor que le producían esos adminículos de su persona se le hincaban en carne viva. Unamuno se incorporaba territorios catastrales con la tranquilidad con la que una pitón se incorpora un conejo. A poco que se mire con cuidado, el uso del posesivo, en el dolorido vasco, es de una riqueza sin límites y en alguna ocasión le sitúa en la misma contemporaneidad. Doy como muestra un fragmento que podría firmar, en este mismo momento, nuestra mejor tonadillera, la viuda de algún torero, o muchos diputados del Partido Popular: «Que me den, pues, mi obra, que me den mi alma. ¡Mi alma! Y en mi alma está mi España. Los campos de mi España que tan claros y rientes he visto en los ojos dulces de mi mujer. ¡Mi alma, mi alma!» (p. 187). Bien es cierto que hay también ocasiones en que ese delirio posesivo le conduce a una literatura casi joyceana: «Dudo poder volver a pisar ese suelo (se refiere a España), pues los ahí llamados intelectuales [...] *me están haciéndome avergonzarme* de tener que ser español» (p. 223). La cursiva es mía.

En un alma semejante, la posesión de Cataluña, el País Vasco o Andalucía había de ser dolorosísima. A los catalanes nos ve (yo creo que acertadamente) como a unas gentes livianas, de poco seso y muy pagadas de sí mismas. «En Barcelona hay demasiada fachada y demasiada petulancia jactanciosa, a las veces se cree uno en un arrabal de Tarascón» (p. 217). Muy acertado. ¡Y lo que diría hoy sobre las fachadas si se levantara de la tumba...! Es natural que los catalanes, o mejor, los barceloneses, le pareciéramos de poca sustancia a un personaje que se dolía de verse distraído «de aquellas meditaciones eternas que han sido mi más constante pasto» (p. 72) por sucesos banales como la Primera Guerra Mundial. Los barceloneses, de eso estoy seguro, no podemos considerarnos una meditación eterna. Ni siquiera pasto, ni constante, ni a las veces.

Pero si los catalanes le parecían cosa baladí, una migraña, digamos, los andaluces le provocaban dolores fortísimos, auténticos cólicos nefríticos. «El andaluz es en España una especie inferior, por mucho talento que tenga es memo por dentro» (p. 101), dice con fundamento de causa. «No haga caso de esos andaluces (ésta sí que es casta incapaz de redención intelectual) que le alaben esa hechura» (p. 108), le aconseja a un tal Timoteo cuyos escritos tienden al tono

234

declamatorio. Tan dolorosa era para Unamuno la presencia de andaluces en sus posesiones, que les niega incluso sus figuras más cotizadas: «y es que don Juan Tenorio es más gallego que andaluz» (p. 236), afirma rotundo. Y nos conmueve tanto imaginar un monólogo con acento suavemente celta: «¿No esh verdade ángel de amour que en eshta apartada ourilla...?», que la idea nos deja entusiasmados y soñadores.

Ahora bien, si los dolores catalán y andaluz eran de cuidado, el dolor vasco es de Unidad de Vigilancia Intensiva. El pobre don Miguel sufría de un modo tan espantoso por sus posesiones vascas, que rompe el corazón leerle. Así como los barceloneses somos frívolos y petulantes y los andaluces son memos, el dolor vasco tiene su origen en la irremediable idiotez de la población: «Toda la juventud es bizkaitarra y casi toda beocia» (p. 227). Lo de beocio queda explicado un poco más adelante: «La extensión del nacionalismo en nuestro país vasco se debe a la simplicidad de cultura que allí hay. Nuestros paisanos son buenos, pero no entienden sino las cosas muy simples, muy dogmáticas y muy cerradas» (p. 241). Como los hotentotes, vaya. Y la beocia, sumada al bizkaitarrismo, trae consecuencias funestas: «Aquella grotesca consagración del ex señorío al Corazón de Jesús en una jerga o *volapük* a base de vascuence de redoma, les puso en evidencia. Causaría risa, si no diese pena, oírles hablar de nacionalidad opimida a esos que aspiran a opresores de la conciencia libre. Ni es su Meca Guernica, la del árbol embalsamado, sino Loyola, el lugar de la casa solariega de Íñigo emparedado. Porque ese solar está emparedado para que no le den ni el sol ni el aire y convertido por dentro en una especie de templo tibetano» (II, p. 73).

Siendo así que a Ortega y Gasset el Tibet se le aparecía más bien como el conjunto de todos los pueblos españoles, hay aquí tema para una tesis doctoral. ¿Consideraba esa brillante generación de intelectuales al País Vasco como el templo del Tibet hispano? ¿O debemos considerar que cabe más de un Tibet en la dolorosa España? ¿Un Tibet de Tibets?

235

Muchos y muy diversos dolores podríamos seguir entre-sacando de este notable documento unamuniano. Es lástima la poca afición por el género epistolar que manda entre los editores. La reciente aparición del volumen Salinas / Guillén nos concede cierta esperanza, pero uno se pregunta lo que saldría a la luz si alguien se decidiera a publicar, por ejemplo, la correspondencia de Valle-Inclán, aunque para ello hubiera que expropiar a sus herederos, o expatriarlos. Y no vaya a creerse que todo es amor dolorido y posesivo en aquella excelente generación. En momentos excepcionales Unamuno muestra un cariño chocante por posesiones inesperadas: «Hay que oír hablar a un indiano del progreso de Buenos Aires para aborrecer la metrópoli argentina y preferir a ella Albarracín o Astorga» (p. 165). He aquí que el dolor argentino, que a don Miguel le ataca por sobre el Atlántico, salva de la coz a esos hijos algo zafios pero cariñosos, Albarracín y Astorga. Para que luego digan que no tenía corazón...

El País, 6 de junio de 1992

ONETTIANA

EL MUNDO COMO RESACA. JUAN CARLOS ONETTI

Acostumbrados a una cierta literatura del Cono Sur, intelectual, decorativa y con excesos formalistas cuyas estrellas más populares serían Borges y Cortázar, siempre sorprende la lectura de J. C. Onetti por lo europeo. El mal humor de Onetti es áspero, corrosivo; sus suicidas se matan de aburrimiento, sus innumerables borrachos beben del gollete, sin vaso ni copa, sus locos son incendiarios o asesinos, nunca exquisitos fantoches portadores de ideas. El volumen que acaba de aparecer, *Tan triste como ella*, reúne casi todos los cuentos de J. C. Onetti, y es sin duda alguna uno de los mejores libros de ficción que ha aparecido este año. La cronología ordena esta colección que abarca desde los años treinta a los setenta. La evolución es casi imperceptible: quizás en los primeros cuentos pesa más la influencia de un cierto surrealismo «a la americana», pero las ideas son pobres: se trata de pequeñas escenas vistas al microscopio: cruzar una calle, sorprender a una infeliz. Pero pronto hacen su aparición las Parcas: desesperación, violencia, suciedad y locura, para no dejarnos más, disfrazándose en cada nuevo cuento de una nueva manera. El suicidio de un hermano, y una niña asesinada *(La cara de la desgracia);* la muerte de una loca, tras la realización de un deseo *(Un sueño realizado);* la muerte de un hombre al pisar el barrio donde se prostituyó su mujer

237

(Regreso al sur); el suicidio de otro, tras enterarse de que su hija ha recibido una foto pornográfica enviada y realizada por su mujer *(El infierno tan temido);* el suicidio de una mujer cuando su marido decide cambiar el jardín por inmensas peceras de cemento *(Tan triste como ella);* el amante de la mujer de un cacique, devorado por los perros guardianes *(El perro tendrá su día);* etcétera. La truculencia de los motivos es tan sólo el velo que distrae al lector de una prosa sucia, trágica, desesperada, nihilista. Onetti es un chapucero a sabiendas, es desordenado, es caótico; introduce semejanzas de orden más difíciles de soportar que el mismo orden (como ese doctor Díaz Grey que aparece en cuentos heterogéneos, y que también pertenece a alguna de sus novelas*)*, y es insoportable porque en medio de la confusión parece que Onetti dirija su barco, cuando en realidad está tan perdido como el propio lector.

La maestría para escribir una auténtica prosa de borracho, tan desordenada que en ocasiones recuerda lo más oscuro de Virginia Woolf o lo más claro de Faulkner, es una rareza, pues no sólo requiere una honestidad indisimulable (¡qué pronto se descubre al borracho de imitación!), sino una afición definitiva a la borrachera (que no al alcohol). Y hay que reconocer que Onetti, a fuerza de lucidez, de desnudez, de clarividencia, en ocasiones llega a rozar –sólo rozar, pero eso ya es todo un triunfo– las alucinaciones del añorado Lowry.

No quiero terminar sin sacar a relucir una curiosa faceta de Onetti, que lo emparenta rigurosamente con los novelistas anglosajones: ese sentido del humor que sólo aparece muy rara vez y cuando lo hace es para expresar una desesperación de tal envergadura que sólo lo grotesco puede hacerla verosímil: hay tensiones que deben terminar en una carcajada, porque si no corren el riesgo de mostrar lo tonto mismo, lo inútil mismo, lo imposible de leer. Ese humor es muy evidente en dos cuentos: en uno de ellos *(Jacob y el otro)*, un viejo campeón de lucha libre reduce a escombros a un turco petulante, esclavo de una muy faulkneriana novia autoritaria; en el otro *(Matías el telegrafista)*, auténtico chiste largo espléndidamente puesto en escena, un desgraciado telegrafista intenta hablar desde Hamburgo por teléfono con su mujer: ella vive en Pujato, de modo que tiene que establecer conexión con Colonia, París, Burdeos, Alicante, Argel, Canarias, Dakar, Pernambuco, Bahía, Río, Buenos Aires, Santa María y, finalmente, Pujato. Sólo que ella no tiene teléfono y es preciso localizarla por medio del Almacén de Villanueva Hermanos. La conversación final, tras la proeza tecnológica, no deja lugar a dudas sobre lo que opina Onetti del progreso en las comunicaciones humanas.

Diario de Barcelona, 16 de mayo de 1976

ONETTI, AÑOS CUARENTA

Hay muy pocas novelas en las que la calidad literaria y el interés de la peripecia cedan ante otras virtudes que sólo una inerte disciplina clasificatoria fulmina como «extraliterarias». Tal es el caso de *Para esta noche,* de J. C. Onetti, novela poco sobresaliente del menos popular de los grandes narradores latinoamericanos. Los cuentos publicados no hace mucho, por ejemplo, dan una idea más exacta de su extraordinario talento narrativo; pero la novela que nos ocupa destaca gracias a una infrecuente actitud moral. Y no es ilegal hablar de moral, pues se trata de una novela política.

Se trata de una novela política sólo en el sentido de que sus dos protagonistas son políticos profesionales, agitadores y verdugos en un momento clave de su carrera, cuando uno de los dos debe eliminar al otro (lo cual es imposible, como luego veremos). Y está escrita en una fecha, 1942, en la que los argumentos económicos y sociales mostraban su definitiva verdad: la fuerza. Escribir una novela política dadas esas circunstancias y no caer en el apólogo o en las vidas de santos, requería un temple literario excepcional o, cuando

239

menos, un vigor moral verdaderamente sólido. Pero lo sorprendente de *Para esta noche* es que no está escrita con la falsilla de una moral acatada y de la obediencia militante tan difíciles de evitar en aquellos años. En ciertos aspectos, esta novela escrita desde las antípodas ideológicas del fascismo cultiva una ambigüedad que recuerda vagamente a Drieu La Rochelle.

Y algo más la distingue de sus parientes más o menos próximos (Camus escribió *El extranjero* en 1942, Sartre *Los caminos de la libertad* en 1944). Los modelos heroicos (Drieu La Rochelle, Jünger, Malraux) escapaban del maniqueísmo pagando el elevado precio de divulgar un destino más o menos romántico, más o menos soñado, para sus protagonistas; la guerra era el infierno, pero el hombre era fundamentalmente libre, aunque sólo fuera para pegarse un tiro. De otro lado, el modelo fatalista (Sartre, Camus) no tardaría en inventar el «compromiso», como medida desesperada para huir de la enfermedad mortal del intelectual, su «inutilidad social». Onetti, en cambio, partiendo de posiciones muy similares, no cede ni a derecha ni a izquierda. Hay gato, viene a decir, porque hay ratón, pero hay ratón porque hay gato, y todo gato es ratón de otro gato. La muerte del activista es la muerte del esbirro. Si ambos son cazadores y cazados, es en virtud de la maquinaria que los mantiene como distintos y opuestos, que les obliga a ignorar hasta qué punto son iguales, hasta qué punto ambos dan órdenes porque las reciben, ambos tienen secuaces porque son empleados, ambos son víctimas que creen ser verdugos.

El planteamiento recuerda, naturalmente, a Faulkner, y es bien sabida la admiración que le profesa Onetti. Pero en Faulkner hay un sentido del humor, un distanciamiento irónico que Onetti no utiliza e incluso rechaza. De Faulkner toma algunos trucos de cocina literaria sumamente sencillos y poca cosa más (por ejemplo, los frecuentes juegos de perspectivas: «Entonces supo que...», «Ahora sí, ahora lo comprendió...», «Nunca más volvería a...», etc.). Sólo en un punto coincide plenamente con él: el esbirro obligado a matar a su mujer y el activista obligado a delatar a su jefe no son figuras de un drama realista, en el sentido en que lo son los personajes de Sartre, socialmente localizables. Onetti cuenta una tragedia aparentemente real pero su deseo último habría sido escribir un auto sacramental, una obra expiatoria (y algo de ello insinúa en su prólogo). Quizás ese deseo es lo que en ocasiones entorpece la lectura, pues el lirismo, la metáfora y lo poético, en el peor de los sentidos, traicionan constantemente la brutalidad del esquema, la mera expresión del horror que una mayor desnudez habría hecho más contundente.

En cualquier caso, es raro leer novelas de los años cuarenta que no obliguen, retrospectivamente, a perder el respeto por la juventud de sus autores. Y en este sentido los treinta y pico de Onetti eran entonces claramente distintos de los de la mayoría de sus contemporáneos, tentados por el halago del poder por miedo a convertirse en cómplices objetivos del crimen. Esa lucidez de Onetti, que en su obra posterior se despliega con toda intensidad, es mérito más que suficiente para considerarlo uno de los más brillantes escritores americanos, pues describir su incómoda posición (y eso sí que es literatura) no es una tarea sencilla. El hecho de que la popularidad no le haya alcanzado de lleno es otra manera de haberse hecho con el triunfo.

(Se publicó en *Triunfo* poco después del anterior, es decir, en 1976. Veinte años más tarde, el mejor de los escritores americanos seguía siendo [casi] desconocido. Y el año pasado se murió.)

FERLOSIANA

EL MÁXIMO EN LO MÍNIMO

Rafael Sánchez Ferlosio es un hombre tan escaso en publicaciones que somos legión los que andamos a la caza de lo que buenamente se le vaya escapando, como esos animales marinos que hace unos años acompañaban a los barcos que cubrían la línea Barcelona-Palma.

Los artículos que entrega a este diario, por ejemplo, nos hacen concebir ilusiones; gracias a ellos soñamos lo que sería una novela suya de argentinos e israelíes montando petardos contra la corona inglesa, si no fuera porque a Ferlosio le da sonrojo escribir historias tan sólo verosímiles. De ahí que un cuento, un cuarto de hora de lectura, nos parezca una enormidad. Y en cierto modo lo es.

Como en una miniatura, el lector puede pasar muchas horas escudriñando detalles del relato que se le habían escapado en la primera ojeada, pero cuidado: ésta es una miniatura de gran tamaño. Lo breve del tiempo que se tarda en leer lo hace más pequeño de lo que en verdad es. Luego se advierte que en tan mínimo espacio Ferlosio ha logrado encajar figuras muy grandes.

Espacio y figuras

Éste es un arte, el de encajar las figuras, que tiene su se-

242

creto. Decía Valle-Inclán, comentando esas primeras páginas de *La corte de los milagros* que se cuentan entre lo mejor de la cultura cristiana, que había tratado de hacer en ellas lo que El Greco en *El entierro del conde de Orgaz*. Y añadía que si se recortan las figuras del cuadro de El Greco, y se ponen la una junto a la otra, ocupan más espacio que en el cuadro. Es decir, que la suma de superficies de las figuras es superior al tamaño real de la tela. Sucede algo similar con algunos pianistas; sumados los tiempos parciales de cada nota o acorde da una cantidad de tiempo muy superior a lo que duró la pieza en realidad. Tiempo y espacio se encogen y estiran a voluntad de algunos artífices.

Pues lo cierto es que en este brevísimo relato ha introducido Ferlosio uno de los ciervos más grandes de la literatura española. Es un misterio cómo puede caberle tanto ciervo en tan poca página; pero ahí está y nadie podrá negarlo. Este ciervo de catorce candiles no sólo, por decirlo así, se aparece ante el lector, sino que incluso rompe una falleba, se monta en un tinado y medio provoca un incendio con un farol de aceite. Ya supongo que alguno habrá que ignore lo que es una falleba y un tinado, así como lo que es un brazado de tarmas, por ejemplo. Pero no hay que asustarse, porque, al verlos en acción, los vocablos se explican por sí solos.

Quiero decir que Ferlosio no es de esos escritores que mueven personajes con un Casares injertado en la lengua, y que viviendo y todo en Bilbao o Valencia les hacen decir cosas imposibles, como alcándara o marlota, sino que, sucediendo el cuento en los Montes de Toledo (esa primera mayúscula es de Ferlosio y tiene algo de ruina griega), y siendo sus protagonistas los miembros de una familia campesina, es normal que hablen de un modo tan elegante y que no nos cueste ningún esfuerzo comprenderles.

Un pedagogo

De otra parte, Ferlosio es un pedagogo. ¿Quién no recuerda al menos una descripción de bisagra, o del empleo del arado en alguno de sus libros anteriores? Aquí, en tan poquitas páginas, se aprende multitud de cosas. No sólo palabras finas, sino también, por ejemplo, cómo son las jaras, de qué ingeniosa manera está construido un farol de aceite, cuán distintas son las huellas del cerdo, la cabra, la oveja, el buey y el burro, si hay o no hay alacranes en el heno según la estación del año... en fin, un sinnúmero de curiosidades que parece mentira puedan entrar junto a un ciervo tan grande en tan parco número de letras.

Ahora bien, el asunto mismo del cuento es uno de esos instantes de revelación que marcan las vidas de los individuos. No es un cuento a la manera tradicional, con pruebas e iniciaciones reguladas como una oposición al cuerpo de abogados del Estado, sino a la manera moderna, con una sola iniciación súbita y apoteósica que, desde el caballo de Füssli hasta los lobos de Freud, tan abundantemente comparece en la literatura de los dos últimos siglos. Quizás por eso, el cuento comienza con un «había una vez», en lugar del «érase una vez» o el «érase que se era», formulación tan hegeliana que mejor es olvidarla.

Un ciervo enorme

Pues bien, el cuento nos narra el día en que un niño (tiene catorce años, pero como es de campo parece más joven) se deslumbra ante un ciervo que blande, a la luz de la luna, un farol de aceite en un cuerno. Éste es un motivo más lírico que épico, creo yo. Tan lírico es, que el desenlace del cuento pertenece a una larga tradición poética: nadie cree al niño hasta que alguien encuentra una cornamenta con la anilla del farol enroscada en una de las puntas. Como en aquel célebre verso del poeta que se da un paseo por el Paraíso mientras duerme, pero al despertar se encuentra en la mano la rosa con que le obsequió la Peri. No fue un sueño: estuve en el Paraíso y esta rosa es la prueba. No fue un sueño: el ciervo dio un salto y me deslumbró con fuego que quema y esta anilla es la prueba. O bien, esto también es un sueño.

Pero siendo, como es, un tema lírico, Ferlosio, cuya prosa es de una sabiduría babilónica, no ha podido evitar acostarse hacia el verso y de pronto el lector se encuentra cantando el cuento, que es como debían de ser los cuentos más antiguos, cantados y llenos de ciervos. Doy unos ejemplos para que no se me tilde de fanático. Ferlosio tiende, como todos, al endecasílabo; hay tanto endecasílabo en este libro que parece un Premio Nacional de Literatura. Doy un ejemplo al azar: «No habiéndose la nieve derretido / y con los pastos todavía cubiertos» (p. 14); o bien: «A la mañana del siguiente día / la nieve había subido hasta dos palmos» (p. 6). Pero consciente (o inconsciente, aunque lo dudo) de que mucho endecasílabo seguido acaba por empalagar, lo combina con frecuencia con heptasílabos, así: «Pues ese primer año / les sale solamente un par de puntas / igual que dos estacas / y por eso se llaman estaqueros» (p. 15); o bien: «Oyendo estas palabras / la madre comentaba sin volverse. / Por si estaba ya poco / embobado el muchacho con el ciervo» (p. 18). Este curioso deslizamiento hacia el verso explica algunas rarezas de redacción, como por ejemplo que en la página 5 escriba: «Una casa de campo en que vivía / una familia que tenía dos burros. / Una tarde en que el padre había salido.» Habría sido sencillo sustituir el primer «en que» por un «donde» para evitar la repetición, pero entonces el verso no habría sonado bien, aunque la prosa no por ello se hubiera resentido. Estoy seguro de que Ferlosio se mordió los puños por no poder escribir: «Una casa de campo *ande* vivía»...

Cantar en corro

Pero basta de detalles. Ármese una gran lumbre; léase en alta voz, o mejor, cántese con los niños en cerco, ahora que es casi invierno y hay huellas en la nieve. Vigile la ventana en acabando, por ver si el ciervo existe o es un sueño.

245

Y mírese más tarde en un espejo, pues que también nosotros, como el ciervo, de la materia con que hacen los sueños
nos han hecho.

(*El País*, 19 de diciembre de 1982. El artículo comenta *El
huésped de las nieves*, un cuento de treinta y cinco páginas.)

EL IMPURO

En una fotografía de Raúl Cancio publicada por *El País*
en diciembre de 1986 podía verse a Rafael Sánchez Ferlosio
hincado en un sillón orejero de su domicilio madrileño. Mi-
raba fijo a la cámara con expresión de emperador manchú
en el destierro. La aparente trivialidad de las zapatillas ba-
rojianas era un artificio para desprevenir a los incautos; en
realidad, los dos puños cerrados sobre la entrepierna soste-
nían una espada que fue luego convenientemente borrada
en el curso del revelado, con el mismo procedimiento que se
hizo desaparecer la cabeza de Trotski en las ediciones canó-
nicas de la Enciclopedia Soviética. Ferlosio es un hombre
perpetuamente armado. A su izquierda, las carpetas reple-
tas y el cajoncillo con rodamiento ideado para tener a mano
los libros del día añadían a la estampa una luz gótica no demasiado alejada de la del gabinete donde San Agustín y su
perro detienen la pluma y la cola, respectivamente, al percibir la voz de Dios entrando por el ventanal. Pero en la habitación de Ferlosio no había ventana, ni perro alguno. En
consecuencia, tampoco la voz de Dios.

Es dudoso que la voz de Dios haya elegido, en alguna
ocasión, el oído de Ferlosio para una confidencia trascendental o mínima. Dios elige con tacto exquisito y prefiere
pastorcillas o monaguillos impúberes para sus escasos contactos con el mundo industrial. En tiempos antiguos, por el
contrario, no tenía inconveniente en manifestarse a soberbios funcionarios como Pablo de Tarso, centuriones cosidos
a cicatrices como el legendario Longino, o brutales obispos

de lóriga y hacha. Gente permanentemente armada. Pero en el mundo moderno sólo espíritus muy evanescentes, como el de las pastorcillas y el de los monaguillos impúberes, pueden recibir la voz de Dios sin protestar airadamente. De ahí que Ferlosio no haya, creo yo, recibido nunca la voz de Dios.

Cambio de rumbo

Sin embargo, algo debió de oír Ferlosio un buen día, que le hizo cambiar bruscamente de rumbo. No abandonó el bolígrafo pero decidió emplearlo en tareas más severas, más fuertemente armadas. Sufrió Ferlosio una transformación que comparte con otro emperador manchú en el destierro, el escultor Oteiza. Ambos habían dedicado la primera mitad de sus vidas a poner orden en ciertas cosas que se presentaban confusas: unos modos de hablar, unas historias, unas piedras, unos hierros. Su trabajo estaba bien hecho y coincidía en su común simpatía hacia los materiales duros, resistentes, a los cuales imponían un acabado de orfebre, de tal manera que el espectador o el lector quedaban maravillados de lo muy refinada que podía aparecer una sustancia tan áspera e indómita cuando la mano del artesano era firme.

Así, en el primer párrafo de *El Jarama,* se lee: «Colocaba la silla de lado, de modo que el respaldo de ésta le sostribase el brazo derecho, mientras ponía el izquierdo sobre el mostrador [...] Por el frente quería tener abierto el camino de la cara, etcétera.» En este párrafo, la atención se sobresalta dos veces. La primera, cuando tropieza con el verbo *sostribar.* He aquí la materia áspera, arrancada de una cantera inagotable, el lenguaje clásico-popular, el geográfico-folclórico, el técnico-artesanal... ¿O era un invento, pues que no aparece en ningún diccionario? ¿Y qué más da? Ese brazo sostribado en *El Jarama* es el único que podrá sostribarse. Cualquier ingenuo que tratara de hacer uso de la sostribación sería acusado unánimemente de plagio. Ferlosio creaba y mataba un verbo estupendo, con un sólido y augusto golpe de calígrafo.

El segundo sobresalto se produce en «el camino de la cara». Aquí sorprende la filigrana, la imagen poética que instaura una figura utilísima. El camino de la cara tiene, es cierto, un sonoro guitarrazo de lírica andaluza, pero también puede pertenecer a lenguajes más exactos, a saber: «Habiendo, el inculpado, descubierto en un descuido el camino de la cara, fue reconocido sin dificultad por el agente Manzano, el cual procedió a su detención.» Cuando la creación artística es real y verdadera, pone en este mundo modos de describir más exactos y ordenados, y de ese modo se ordenan y ajustan las cosas de este mundo. Pero nadie más que Ferlosio escribirá nunca más «el camino de la cara». El arte es así, produce y mata. Deja un instante de orden y armonía suspendido sobre el tiempo (en un cable paralelo al cable del tiempo), flotando sobre nuestra duración sin que podamos jamás irnos a vivir allí, a ese orden, a esa armonía. Es cierto que el hombre habita poéticamente la tierra, como decía Hölderlin para desesperación de Fernando Savater, pero esa poética no es de este mundo. Quiero decir, del nuestro. Seguramente algo le sucedió a Ferlosio, que ya no pudo aguantar más la inmoralidad del «sostribar» y de «el camino de la cara». No llegó a él la voz de Dios porque no era una pastorcilla (aun cuando, en ocasiones, Ferlosio ha logrado ser una de las más prodigiosas pastorcillas de Madrid, ciudad remarcable por la ausencia fenomenal de elemento bucólico), pero un eco, una resonancia, un acorde por vía interpuesta, seguro le llegó. He aquí, como prueba, lo que puede leerse en su segunda novela, *Alfanhuí*, página 10 de la primera edición: «La lámpara del cuerpo es el ojo. Si tu ojo es limpio, todo tu cuerpo será luminoso» (Mateo, 6-22). Una lectura muy bien elegida. La de Cipriano Valera dice: «Si tu ojo fuere sincero»; la de Nácar-Colunga: «Si tu ojo estuviere sano»; la Biblia de Jerusalén: «*Si ton oeil est sain*»; la New English: «*If your eyes are sound.*» El matiz es muy notable. Para Ferlosio, sin la menor duda, un ojo sano y sincero es un ojo limpio. Y un ojo limpio es aquel que no pone un tamiz o lentilla deformadora entre el juicio y las cosas del mundo. Pero ¿cómo es el ojo de los artistas? Pues todo lo contrario; lo más opuesto, el enemigo natural del ojo limpio y el enemigo de todo lo natural. El ojo artístico es el deformador, el negador, el ojo ciego para lo evidente, el que quiere doblegar las cosas y fulminar la ley de Dios, la ley de la naturaleza, toda ley, incluso la que de mayores y menos divulgados poderes emana. El ojo artístico soporta delante de la pupila el enorme cedazo del sujeto, y todo lo que alcanza a ver se le presenta ya de un modo, ¿cómo decirlo?, *firmado*. No puede ver lo universal, sólo lo particular; es ciego para lo que de general pueda haber en lo particular, porque de lo particular sólo ve lo singular. Pero incluso lo singular ha de verlo desde una individualidad única, original e irrepetible. Es el ojo más sucio de cuantos produce el cosmos. Y por eso produce muy pocos, muy escasos; y ésta es también la razón de que el cuerpo de los artistas sea tan opaco; apenas si desprende una nubecilla luminosa, algunas noches, muy tenue y láctea, como la de los aparecidos.

Pulido de lentes

Eso, calculo yo, debió de sucederle a Ferlosio cuando tomó la decisión, no por causa de la voz de Dios, sino por su eco y resonancia en persona o cosa interpuesta. ¿San Mateo? ¿Kafka? No importa. Porque el sentido de aquellas palabras apenas oídas era terminante, imperativo. El orden y la armonía de este mundo son invisibles para el artista, su ojo es un proyectil dirigido por la voluntad, y la voluntad del artista habita en un cuerpo negro; cuando el caso es sin remedio, en un agujero negro. Eso fue lo que seguramente oyó, como San Agustín, pero sin perro ni ventanal ni voz de Dios.

La tarea de limpiarse el ojo y la de ir dando algo de lustre al cuerpo es una de las más ingratas e inacabables que un humano pueda imponerse. Raros son, y con razón, los modernos ciudadanos que proceden a esa purificación del ojo e iluminación del cuerpo. Más raros aún quienes, como

Oteiza, abandonan la deformación ornamental del mundo para ir incorporándose a la tierra. Ferlosio desvió la trayectoria de su bolígrafo (una maniobra que imagino lenta y con gran desplazamiento de masa, como el súbito cambio de rumbo de un acorazado) y renunció a escribir novelas. A partir de esa noche o día pascaliano, su escritura sólo se empleó en el pulido de lentes, con especial esmero por la lente propia.

No renunció del todo, es cierto. Pero sí en lo fundamental. Gracias al desvío purificador surgió un nuevo surco que ahora, con la publicación de sus ensayos reunidos, podemos recorrer o, por lo menos, medir a ojo y enjuiciar en su rectitud y adecuada hondura, que ha de ser ni tan profunda como para que la simiente se asfixie, ni tan de superficie que se la puedan comer ratones y gorriones, esos miserables. Así y todo, al ojo de Ferlosio le queda aún mucha impureza adherida; no vaya a creerse que la tarea de llegar a disponer de una pupila perfectamente geométrica y cristalográfica sea cosa de nada. Las impurezas sellan, en los ensayos de Ferlosio, el inconfundible y maligno contraste de una pecadora artisticidad; todavía le atormenta, y quizás, como al centauro, nunca se le alivie. Pero hete aquí cómo comienza *La homilía del ratón,* por ejemplo: «Cada vez más, mirándolos a la luz que discrimina los buenos y los malos, se diría que los hombres viven en un crudo planeta sin atmósfera, tan tajante es la raya, tan intenso el gradiente en que se parten la sombra y el sol.» Una frase que conserva la impura música coral de Sófocles, aquel griego de mirada turbia y cuerpo, ése sí, ya eternamente invisible.

El País, «Babelia», 23 de mayo de 1992

BENETIANA

¿POR QUÉ BENET?

A mi entender, la relevancia que han tenido y tienen las novelas de Juan Benet se debe, en buena medida, a su rareza dentro de la tradición literaria. Son muy escasos los escritores en castellano que han decidido trabajar sobre un problema formal específico, de un modo terco, prolongado y victorioso. La mayoría de las novelas españolas toman sin crítica una tradición cuyo punto de arranque es cervantino, pero cuya meta se ha convertido en una incógnita. Esa tradición es, además, discontinua, pues apenas hay narradores de interés entre Quevedo y Valera, de tal manera que los novelistas del XIX no tuvieron otro recurso que suponerse hijos del barroco; y todavía en el barroco continúan muchos de nuestros narradores más casticistas. Apretando las tuercas puede decirse que Benet no tiene otro precedente serio que el Valle-Inclán tardío.

En ambos casos, tanto en *El ruedo ibérico* como en el ciclo de Región, no puede hablarse estrictamente de novela experimental (entendiendo por experimental algunos aspectos narrativos de Gómez de la Serna, Jardiel Poncela o Julián Ríos, por poner ejemplos muy diversos), sino de esfuerzos técnicos concretos, conscientes y teóricamente bien fundados, para abrir las esclusas de limpia del pantano en que se ha acomodado la novela española «realista». El expresionismo de Valle-Inclán no abandona la mimesis de un modo absoluto, ni mucho menos; asimismo, Benet mantiene bien sujetos sus enlaces con la tradición mimética europea. Si se me permite una brutal analogía, Benet es a Baroja lo que Proust es a Balzac: una distorsión general de los actores y la puesta en escena, conservando tanto los caracteres como el escenario, pero sometidos a una impresionante tensión, la cual no es arbitraria, como en los caprichos experimentales, sino resultado de una concepción entera, tanto de la estructura como de la memoria narrativa. En las novelas de Benet el espacio es reconocible; todo lo que llena un vacío, todo lo que es cosa, se presenta de un modo hiperrealista; pero lo que se extiende en el tiempo, sea por duración psicológica, caracterológica o por el puro engarce de sucesos y avatares, requiere un uso nuevo de la memoria que plantea serios problemas al lector aficionado o infrecuente.

En mi opinión, Benet, junto con Valle-Inclán y Rafael Sánchez Ferlosio, son, hasta hoy, los únicos casos sólidos de invención literaria propiamente moderna que ofrece la narrativa castellana del siglo. No es aberrante, por lo tanto, la suma atención que ha dedicado la siguiente generación (la mía) a la obra de Benet, y tengo por seguro que los aún más jóvenes, más distanciados del trato personal con el escritor, aprenderán con mayor eficacia a explotar los recursos técnicos que han ido apareciendo en su ya muy abundante producción. Cada uno de los libros de Benet es un interrogante que puede ser respondido por una o más novelas, así como de cada drama de Esquilo han nacido cien nuevos dramas.

Siendo así que entiendo las novelas de Benet como un punto de arranque y no de llegada, es natural que me produzcan la misma sensación que debía de suscitar un retablo gótico en el observador decimonónico: signos de un espíritu primitivo, más fuerte e infinitamente más próximo a lo real; modelo de una ya casi imposible armonía entre el arte y la técnica, condenadas como están a superponerse y extinguirse en una muerte mutua.

Cuando Benet procede a narrar alguna anécdota, por ejemplo después de la cena, suele guardar unos segundos de silencio antes de comenzar a hablar. Se concentra, creo yo, para fijar en la imaginación una visión global del asunto y entonces inicia el relato por el extremo más alejado, por el rincón más remoto de la panorámica. Así, si va a contar una reciente visita al mausoleo de Lenin, comienza diciendo: «En el verano de 1794, ninguno de los múltiples ayudantes del coronel Tchitchikof había leído, todavía, la *Teodicea* de Leibniz.» El relato recorre luego laberintos endemoniados, rasga telarañas, sube atalayas, desciende simas, para, al final, cobrar una enigmática coherencia en la que ningún detalle resulta superfluo u ornamental. La milagrosa exactitud de un sendero cuya primera apariencia posee la alarmante arbitrariedad del vuelo de las moscas, pero que al cabo muestra su inexorable legalidad, es la mayor satisfacción que produce la prosa de Benet.

Una prosa a la que en ocasiones se acusa de difícil o tediosa. No lo puedo comprender. Es probable que quien eso diga también se aburra leyendo la *Ilíada*. La prosa de Benet es un instrumento de precisión, sólido y complejo, que exige una atención especial. Reconozco que es muy difícil prestar atención a la lectura, a cualquier lectura, dada la enormidad de entretenimientos que nos torturan todos los días, pero cada cual ha de saber lo que espera recibir a cambio de la diversión o del esfuerzo.

Algunos amigos tenemos un respeto tan incondicional por la literatura de Benet que solemos parodiar su estilo en nuestra correspondencia: «ciento cincuenta años más tarde comprendería que la inexistente puerta del cobertizo aún no construido no pudo ser la causa de que nadie penetrase en el nunca concluso edificio habiendo olvidado los sellos de correos que, en consecuencia, no podré pegar en el sobre, por lo que jamás llegará hasta ti lo que todavía me queda por decir», leo en una carta reciente, enviada por otro de los discípulos de Benet. Mala parodia, sin duda, porque puede aprenderse mucho de la sádica presión a la que Benet so-

253

mete el lenguaje, pero no puede imitarse más que de un modo paródico. Y por esta razón digo, con manifiesta cursilería, que Benet es nuestro clásico, a saber, un modelo para quien desee aprender el oficio, pero un modelo inimitable porque cualquier imitación cae, inexorablemente, en la caricatura. Además, a él, como a Cervantes, le cabrea muchísimo que le imiten.

(No tengo ni idea de con qué motivo escribí este resumen de los valores narrativos de Benet. Pero bien está repetirlo sin descanso.)

PRÓLOGO PARA UN BENET

Así como en las costas se alzan los rascacielos para ver cómodamente la playa y el mar, pero al precio de destruir la playa y el mar que pretenden contemplar, así también la literatura sobre literatura cumple a veces esa por lo menos paradójica función. Mi intención no es, desde luego, ponerme como una barrera delante del texto, ocultando la vista de lo que yo pretendo ver. Más bien voy a dejar algunas pistas a ras de suelo que puedan servir de guía al excursionista. Garabatos de tiza sobre una piedra, trazados por alguien que ya hizo ese recorrido y cuyo único mérito es haber pasado antes. Por tal razón, quienes deseen seguir leyendo este prólogo, son humildemente invitados a hacerlo después de haber leído los cuentos.

Nadie que en 1961 hubiera hojeado aquel feo libro cuya cubierta gris se adornaba con una fotografía de mala calidad en la que aparecían cuatro ramales del ferrocarril de la estación de Lugo de Llanera en tan pésimo estado que sólo podían pertenecer a un monopolio español, habría dado un duro por su autor. De hecho, nadie lo dio. Ni el editor, ni la crítica, ni los posibles lectores, los cuales por aquellos años, preferían leer a Ignacio Agustí o a Álvaro de Laiglesia. Y, sin embargo, aquél era el primer libro del mayor talento literario de la posguerra. Se trataba, además, de una extraordinaria colección de relatos sobre la que no caería el tiempo y buena prueba de ello es la presente edición, a treinta años de la primera, más fresca que nunca.

Hasta tal punto no es exagerado decir que nadie hubiera dado un duro por *Nunca llegarás a nada,* que fue el propio Benet quien hubo de proveer las 12.000 pesetas que importaba la impresión de los mil y pico ejemplares de aquella primera edición. El propietario de la editorial Tebas, don Vicente Giner, que con excelente criterio comercial se había negado en redondo a imprimir el libro incluso pagándolo su autor, antes de compadecerse del mismo y liquidar con las 12.000 pesetas una deuda contraída en cierta cafetería de la Cuesta de Santo Domingo, consiguió vender un centenar de ejemplares, aunque un cliente de León le conminó a devolver el importe del libro (sesenta pesetas) tras leerlo. Sólo dos críticos saludaron al nuevo autor: Melchor Fernández Almagro, muy favorablemente, en *ABC,* y Santos Fontenla, sañuda y despectivamente, en *Ínsula.*

Es comprensible que así sucediera. A comienzos de los años sesenta algunos españoles cultos –muy pocos, quizás mil o dos mil– leían novelas de Robbe-Grillet y veían películas de Antonioni. En ambos casos el protagonista solía ser un muro desconchado o, con mucha suerte, un ventilador. Se trataba de un mundo sólido, sin sujetos, y muy indicado para el análisis marxista. La parálisis en que había quedado el continente, tras una guerra mundial en la que el predominio de la maquinaria había sido absoluto, tenía trazas de prolongarse.

Pero el primer libro de Benet no cuadraba con esa imagen de hormigón. No traslucía la más mínima preocupación existencial, moral o ideológica. Era literatura en estado puro. No exponía convicciones éticas, sino juicios estéticos. En su primera aparición pública, Benet pudo ser tachado (pero nadie le tachó ni de eso ni de nada, porque a nadie se le ocurrió que aquello fuera tachable) de formalista o experimentalista. Habría sido un error. Lo que en aquellos años se denominaba «experimentación formal» era un juego de hipótesis cuya finalidad se agotaba en la mera representación de un sujeto, y no es de extrañar que su éxito quedara reducido a las artes plásticas. Un Picasso o un Warhol son el espejo provisional y siempre cambiante del juego individual, y de ahí nace la enorme importancia de la firma y la fecha, sin la cual no son nada. Pero el esteticismo, a diferencia del formalismo, huye del planteamiento «genial» y «original» porque no juega con hipótesis, sino que propone juicios. El esteticismo no experimenta; construye con una gramática única y monótona. No juega con las formas; las somete a un juicio. Ésa es la diferencia entre Picasso y Mondrian, el uno siempre cambiante y juguetón, obsesionadamente igual a sí mismo el otro; o bien entre Warhol y Giacometti, supermercado de ocurrencias el primero, implacable juez de nuestra conciencia el segundo.

En Benet no hay formalismo de ningún tipo, por muchas que sean las novedades formales que invente; no hay ni sombra de juego, ni un ápice de «genialidad». Cada libro repite tercamente el juicio iniciado por *Nunca llegarás a nada*, aplicándolo una y otra vez con el propósito de ofrecer el mayor número de perspectivas posible. Esta peculiaridad ha sido malinterpretada con frecuencia. Se le acusa de ser un autor monótono, cuando ésa es su virtud; se le acusa de provocar el tedio.

¡El tedio! De existir algo a lo que podamos llamar «obra de arte», nada indica que su función sea, fatalmente, la de producir distracción y diversión. Aun cuando algunas de las más excelentes narraciones son concebidas por sus autores como espectáculos de masas (Dickens, por ejemplo), no por ello lo narrativo está condenado a proporcionar diversión a un número muy elevado de clientes. Muchas narraciones pretenden, por el contrario, ser como los ejercicios espirituales: un esfuerzo que, de proporcionar placer, éste sea de una sustancia enteramente distinta de la que proporcionan los entretenimientos masivos. Tal pretensión no es sólo, claro está, la que caracteriza al Nuevo Testamento o a las obras completas de Kafka, sino también, aunque de modo distinto, la que subyace en novelas como *Don Quijote* y *Molloy*, por poner dos ejemplos muy similares entre sí.

Las novelas de Benet pertenecen a esa estirpe, y del mismo modo que Kafka o Beckett son permanentemente iguales a sí mismos, también Benet permanece inalterable y al margen de cualquier experimentalismo. He ahí lo más chocante de este primer libro: su extraordinaria decisión. Puede afirmarse sin exageración que en estos relatos de un hombre apenas llegado a los treinta años (los cuentos fueron escritos entre 1959 y 1960, cuando Benet residía en Oviedo por razones profesionales), se encuentra aproximadamente el setenta y ocho por ciento de los recursos técnicos –estilísticos, si se prefiere– que configuran sus huellas dactilares hasta el día de hoy.

No ya en el primer libro, sino en el primer cuento, nacido a raíz de unos viajes veraniegos por el norte europeo en 1953 y 1954, se encuentra ya el modelo perfectamente horneado. Observará el lector con qué descaro se destruyen las pistas desde la primera página «un inglés borracho al que encontramos no recuerdo dónde...», «en el curso de cualquiera sabe qué mortecina... conversación...», «empeñados en viajar sin sentido...», «probablemente no le hicimos caso...». Desde la primera línea el lector se encuentra embarcado en un viaje sin destino, acompañado por un extraño de quien ignora el nombre y desconoce cuándo o cómo le conoció, con el cual habla de no se sabe qué, y cuya peripecia carece de dirección, necesidad o relevancia. Poco después Benet cierra la puerta a cualquier explicación causal: «nunca me acordaré por qué emprendimos aquel viaje». La frase no expone una duda sino que afirma una voluntad: el autor se niega a recordar; el lector tendrá que arreglárselas por sí solo.

Es típico de Benet frustrar las expectativas (comprensibles por otra parte) que cualquier lector habituado a la prosa naturalista posee en el punto de arranque de la lectura. Con Benet es muy aconsejable aplicar la regla de oro que Adorno recomendaba a quienes deseaban iniciarse en la música dodecafónica: no esperar el acorde o la tonalidad a que nos tiene habituado un siglo de música; no escuchar con inercia, no anticiparse a lo que el artífice quiere ofrecernos en el orden que él ha decidido. Para leer a Benet hay que ser sumiso, pero también hay que tener iniciativa; la iniciativa debe conducirnos más allá del naturalismo, pero la sumisión ha de proveernos de paciencia para aceptar los datos en el orden (o desorden) en que se nos ofrecen.

Junto al habitual oscurecimiento del espacio y del tiempo narrativos (una técnica que Benet aplica con maestría en todas sus novelas), también en este primer relato hace uso de la frase desmesurada, tortuosa, levemente construida, que introduce al lector convencional en un laberinto del que sale completamente confundido. La primera gran frase de Benet (p. 6) comienza así: «Jamás se le vio discutir un ejercicio...» y continúa, implacable, hasta «tras una tarde en las afueras en compañía de unas amigas amaneradas». Para el habitual de Benet, la frase posee una música inequívoca, tan personal como la coloración orquestal de Brahms o la paleta de Rembrandt; su aparición, en medio del relato, llega como momento de emoción (no de diversión) y se la espera del mismo modo que esperamos de nuestro actor favorito ese instante en el que se enfrenta lentamente con el público para recitar su fragmento de bravura.

La belleza de estas turbulencias no es sólo musical, sino también arquitectónica, ya que Benet aprovecha la carrera de obstáculos (paréntesis, guiones, digresiones, notas a pie de página...) para marear al lector y cuando ya lo tiene en posición de tiro descargarle su artillería lírica, la cual nunca habría sido aceptada por un lector con la cabeza fría y el sentido de la orientación intacto. El habitual de Benet estima las inacabables frases como el cazador sus cotos; aquellos lugares en donde con toda seguridad cobrará una presa. Véase, si no, más adelante, la segunda gran exhibición, desde «Para aquellas personas que lo tienen...» hasta «el vuelo de una mosca en torno a una tulipa verde» (p. 12), de una calidad lírica muy infrecuente en la literatura castellana. Eran éstos los primeros tanteos de un alargamiento que, años más tarde, con la experiencia adquirida, alcanzaría proporciones monstruosas: hay en *Saúl ante Samuel* algunas frases que, como saurios prehistóricos, han llegado al tamaño previo a la extinción.

Otro rasgo característico aparece muy pronto en el relato: la resolución caricaturesca de un personaje, mediante un apunte grotesco que lo decapita en cuanto aparece. En este caso es un capitán del ejército, frustrado cónyuge de la tía Juana, muerto de cólico la noche previa a la boda; el militar, celoso de su deber, tira de la cadena del retrete en plena agonía, lo que le vale, en la esquela, una mención extraordinaria: «muerto en acto de servicio». La presencia constante del humor (frecuentemente negro) es uno de los aspectos menos resaltados por los comentaristas, pero el pudor, fuente de los sarcasmos, no falta en ninguna de las más trágicas (o aparentemente trágicas) escenas. Es más: precisamente son los momentos emotivos los que contienen mayor dosis de comicidad; procedimiento, de otra parte, constante en Kafka, Dostoievski, Faulkner, Beckett y tantos otros novelistas asqueados por el sentimentalismo.

Hay en este primer relato muchos más rasgos personales que luego se harán perpetuos, pero acabemos subrayando uno de cierta importancia. Se trata de la aparición de dos o más escenas que se superponen como veladuras y que en *Volverás a Región*, la obra maestra, juega un papel muy notable. Reparará el lector en que otro de los inexplicables personajes del cuento, una mujer, comienza un relato sobre su padre (quizás mexicano, quizás cuatrero, quizás violador), relato que se superpone a la narración principal. Este solapamiento se asemeja al efecto producido por una voz externa que recreará acontecimientos enteramente distintos de los que el espectador tiene ante sus ojos. El narrador principal está describiendo el cabello de la mujer («en aquel

259

terrible y estupefaciente remolino de color epiceno junto a la oreja pequeña»), pero se ve constantemente interrumpido por la voz externa (la de ella) que continúa con su relato («estamos en el momento en que mi padre y Joel...»); de inmediato el narrador recupera su propia voz («tratando de llegar a aquel mechón...»), y ambas voces se van alternando, no a la manera de un dúo sucesivo, sino en el único contrapunto que permite la literatura, la cual no puede mezclar dos voces en un solo tiempo.

Ahora bien, alguien puede preguntar, con todo derecho, qué finalidad persigue tanta maniobra de cocina literaria. O bien, por emplear una expresión benetiana: *de quoi s'agit-il?* En efecto, ¿qué relata este relato? Muchos lectores se ven frustrados en el puro acceso a lo más inmediato, acostumbrados como están a historias que «imitan la vida», aun cuando la imiten de un modo ideal o, en ocasiones, perverso. Pero lo que se relata es siempre lo mismo: un viaje a París, una historia de amor (trágica), una huida por la Westfalia, el Mecklenburgo y Dinamarca, una precipitada boda en Hamburgo, un crimen, y un final desdichado en Colonia. Son los ingredientes clásicos de toda narración, sumergidos aquí en una atmósfera que sólo puedo comparar con la que caracteriza a los mejores artífices del género negro. También los personajes femeninos pertenecen a la *serie noire:* «Ella tenía un paso lento, inalterable, y no le importaba quedarse atrás; no le importaba comer patatas y dejar pasar las horas mirando las gabarras, escondida tras las gafas oscuras, las manos metidas en los bolsillos del abrigo canela, con el cinturón muy apretado y el pañuelo anudado en la nuca.» Es aquella atmósfera de hollín, exaltada y patética, del invierno europeo de la posguerra, con un destello dorado: los cabellos de una muchacha que pasea por el *quai des brumes,* presa del hastío, absorta en las oleosas aguas del Sena. La quintaesencia.

Baalbec, una mancha, es un cuento casi lineal y de aspecto más tradicional, en el que se propone, de nuevo, un viaje a ninguna parte. En esta ocasión el lugar inalcanzable, imposible de localizar, quimérico, maldito, es Región, un lugar que no pertenece a la fantasía (como Jauja) sino a la imaginación (como la Sierra Morena de Cervantes, por mucho que esta última figure en los mapas actuales). Siempre que surge Región en las novelas y cuentos de Benet, la única fuerza viviente es una entidad abstracta: la ruina. No se trata, sin embargo, de una ruina económica o social, sino de una potencia que ha tomado encarnadura terrestre, se ha autobautizado «Región», y somete a sus habitantes (hombres, animales, vegetales, pero también minerales) a una dominación trituradora. En esta primera configuración del mito, el paisaje está ya concluido con la precisión característica del arte descriptivo de Benet; fluye el Torce, decae Macerta y sólo de milagro no aparece la casa de Mazón.

La importancia que, con el paso de los años, tomará esta geografía literaria, da al cuento su aureola de acto inaugural e iniciático. La borrascosa historia del tío Enrique, con unos trazos de exotismo valleinclanesco, y las siete inscripciones funerarias de la tumba de los Benzal, poseen ya la carga de romanticismo finisecular que impregna la crónica, aún inacabada, de Región. Ahora bien, sería tarea inútil buscar una coherencia entre las numerosas historias de Región: aun cuando en diversos libros aparezcan los mismos nombres y lugares, nada más lejos de esta saga que la configuración histórica o generacional. Región no es un espacio físico y humano en el que puedan reconocerse los personajes en tránsito, sino un lugar del espíritu dominado por un dios maligno que todo lo reduce a escombros, incluida la personalidad de los caracteres. Por ser un lugar del espíritu, Región está en todas partes y ningún personaje puede aspirar a tener la duración del ente que lo destruye. El París de Balzac se transforma con el paso de los años; el Londres de Dickens crece y se desarrolla; pero Región es inmutable como el Ser parmenideo. Sólo los personajes desaparecen tras una breve salida a escena. Son notas musicales; vienen del silencio y regresan al silencio.

261

Señalemos, como curiosidad, un *pentimento* significativo. En la edición original (p. 97), Benet utiliza un recurso que luego empleará con frecuencia y que insiste en ese imposible contrapunto musical al que antes hacíamos referencia. Consiste el recurso en la introducción de un paréntesis dentro de otro paréntesis, como si una voz narrativa se engastara sobre otra. En la segunda edición (1969) Benet suprimió este doble paréntesis (aunque no otros). Puede parecer una impertinencia, pero no lo tengo por una decisión acertada: aquel primer doble paréntesis era el mayorazgo de una generosa descendencia, y aunque hubiera nacido algo esmirriado, tenía un derecho, por decirlo así, bíblico a la existencia.

También *Duelo* relata un suceso de Región –la horrenda muerte de Rosa y el sádico duelo de don Lucas– con tintas mucho más cargadas que *Baalbec*. Todo en este cuento es desproporcionado y grotesco, incluida una coloración en amarillo y rosa que Benet usa muy infrecuentemente. La narración se desarrolla en secciones alternadas y heterogéneas. De una parte se presentan en escena dos supervivientes (don Lucas y Blanco) que se agitan como monigotes beckettianos, mientras la voz externa comenta los acontecimientos, a veces con un descaro extraordinario: «Pero aquella mañana especialmente tranquila», dice en un momento dado (p. 100); tan sólo «especialmente tranquila» y punto; el comentario queda allí truncado, inconexo, tan extravagante y abortado como los mismos protagonistas.

De otra parte, las secciones dedicadas a la difunta Rosa, quizás las más barrocas y exaltadas del primer Benet, tanto que, en algún momento, rozan la autoparodia, como en ese desmesurado párrafo entre guiones de la segunda sección (p. 109), tremendista y muy bello, que separa dos mínimos pero esenciales cuerpos de frase: «Cuando murió su padre» (aquí empieza la interrupción) y «solamente Rosa asistió al funeral». El ímpetu rapsódico del relato, su coloración chillona y la embriaguez lírica que a veces llega al delirio, quizás recuerden a algún lector la *Noche transfigurada* de Schönberg.

Pero aún nos queda otro aspecto del relato que merece ser subrayado. Benet ha inaugurado, él solo, la literatura contemporánea en lengua castellana. No voy a defender este aserto. Sería largo, inadecuado para este lugar, quizás pedantesco, pero, sobre todo innecesario. Sólo juro que puede ser demostrado. Poner al día una lengua literaria quiere decir: permitir en ella la expresión de lo que nosotros sabemos o conocemos distinto de lo que se supo y conoció en el pasado (lo que nosotros consideramos nuestro propio pasado). Algún narrador contemporáneo, a quien un despiste esquimal encumbró hasta hacerle estallar la boina de vanidad, continúa escribiendo con una prosa en la que sólo cabe el pensamiento de un labriego carlista, por respetable que éste sea. Sin embargo, algunos periodistas lo tienen por el más «literario» de los narradores castellanos. Es, naturalmente, grotesco, y una de las mejores pruebas de su inanidad es la seriedad con la que toma sus propios chascarrillos. Pero dar a la lengua literaria su máxima capacidad, como hacen Benet o Joyce o Bernhard, impide todo tipo de chascarrillo; es más, les condena a lo opuesto al chascarrillo: a la parodia. Muy rara vez las historias de Región evitan la farsa. El trabajo lingüístico es de tal envergadura que los sucesos del relato, su materia épica, resultan irrelevantes. Las historias, los avatares, las aventuras o los caracteres están supeditados a una función de mero soporte para el ejercicio del virtuosismo técnico. De ahí que Benet acuda a los arquetipos y a los lugares comunes (o a los mitos) seguro de que nadie busca en su prosa la edificación moral o el conocimiento psicológico. Pero, por tratarse de lugares comunes, los acontecimientos y los personajes están distorsionados paródicamente, ya que en ningún momento deben ser tomados con la circunspección moral o filosófica con la que se han de tomar, por ejemplo, los personajes de *Á la recherche*, de Proust, o los protagonistas de las novelas de Tolstói.

Quizás ahora se contemple con menos prejuicios el calificativo de esteticista que pusimos al comienzo del prólogo sin la menor sombra de reproche. Otro asunto sería discutir si en un juicio estético como el de Benet no va implícito, también, un juicio moral.

Recorrido por la incertidumbre, *Después*, último relato del libro, está construido con pinceladas engañosamente dubitativas («parecía haber iniciado...», «debían de beber bastante...» «pocas personas, acaso sólo una...», «tal vez se quedaba muy cerca...», «puede incluso que no pase nada...», «éste es seguramente tu primer...», etc.) y brochazos de un lirismo exasperado y caótico. Una vez más, la historia es mero soporte –más defunciones, un heredero idiota, la visita al burdel, una llamada misteriosa...– porque lo esencial es la asfixiante agonía de los indígenas de Región, la cual está expresada con un vigor y una audacia incomparables. Si antes poníamos un símil de Schönberg, ahora deberíamos ponerlo de Alban Berg.

Éste será, seguramente, el cuento que más perplejidades produzca en el lector novato, acostumbrado a una disposición más cómoda o rutinaria del tiempo, del espacio y del sujeto narrativos; una disposición que suele calificarse, muy equivocadamente, de «realista», como si hubiera tal cosa como una «realidad» a la que se puede acudir a tomar vistas. Pero también será uno de los favoritos de quienes ya tengan el oído hecho a la nueva música, y de quienes le robamos lo que podemos. Porque lo extraordinario de Benet no es sólo el impresionante conjunto de novelas que lleva escritas; lo más extraordinario es el conjunto de novelas que pueden escribirse gracias a que Benet ya ha escrito ese impresionante conjunto de novelas. Decía Eduardo Mendoza, en una noche de pindárica exaltación, que ahora debería traducirse de nuevo todo Conrad y todo Thomas Mann, y todo Kafka y todo James (así como Miguel Sáenz ha traducido a Bernhard), y todo Dickens y todo Flaubert, aprovechando el aprendizaje que se adquiere (y es casi gratuito) por el mero hecho de leer los libros de Benet. Y nadie que no haya leído los libros de Benet debería traducir a los autores antes mencionados, porque entonces corre el peligro de convertirlos en pseudobarojas y pseudogaldoses.

Es bien cierto. Hace ya muchos años, a finales del siglo pasado, escribió Burckhardt que los maestros pertenecen a dos categorías. Los de la primera categoría son aquellos que con minuciosa exactitud, mucha paciencia y admirable sabiduría te muestran todas y cada una de las calles de la ciudad, y en cada calle te hacen ver el edificio más notable, y en el edificio su detalle más significativo. Pero los otros, los de la categoría suprema, te agarran del cuello, te arrastran ladera arriba pisando espinos y zarzales, si manifiestas fatiga o desesperación te ignoran, intentas descansar y te empujan a codazos, pero, llegados al punto más alto de la montaña, con un solo gesto brusco muestran la ciudad extendida a tus pies desde la única y más rica perspectiva, aquella que evidencia las grandes líneas de crecimiento y los motivos del constructor. «Y ahora», dicen, «eres libre de elegir lo que te convenga.» Benet pertenece a esta categoría magistral. A todos aquellos que puedan tragarse el orgullo y tengan verdadera necesidad de aprender, les ha llegado su oportunidad. Gracias a este primer libro, por ejemplo.

(Editado como prólogo de *Nunca llegarás a nada*, Debate, 1990.)

BENET EN CASA

La primera impresión que producía era la de largura, quizás porque llevaba enroscada al cuello una bufanda casi tan larga como él mismo. Benet era el feliz poseedor de uno de esos apersonamientos que los catalanes llamamos «esfilagarzados», y que tanto han contribuido a la gloria de la escultura gótica. Pero en su alargamiento se advertía de inmediato la tendencia salomónica, el giro barroco, el retorcimiento acusadamente cómico, semejante al de algunos caricatos que figuran a contraluz en los carteles de Toulouse Lautrec. La convivencia entre lo sublime (algún profeta hebraico según el escultor de Moissac) y lo sarcástico (nunca el Quijote de Doré, pero sí el de Daumier) era la sorprendente armonía que iluminaba su vida. O la oscurecía, según veremos.

No es en absoluto habitual que el ojo en general, y el ojo hispánico en particular, tenga acceso a una doble medida. La doble medida es algo categóricamente infrecuente. No es difícil encontrar un ojo que trabaje a ras de suelo, como una hoja de afeitar que nivela el terreno pero al tiempo guarda memoria de lo rebanado, una memoria que dibuja luego sobre el vacío del recuerdo el gráfico de las alturas segadas. Tal es el ojo de Valle-Inclán, por ejemplo, el más radical de los críticos y el más ideal de los artistas, cortando en su raíz toda protuberancia producida por el espíritu en la península, para dar cuenta de su deformada bajura ya que el país, al igual que no produce camellos aunque pueda albergarlos, tampoco produce alturas.

Asimismo, no es difícil encontrar un ojo que trabaje a alturas vertiginosas, rasgando el aire junto al águila y frente al sol, divisando la diminuta vida terrestre desde una perspectiva colosal, olímpica, en perpetua y desdichada comparación con la vida de los Inmortales. Es la pavorosa mirada de Hölderlin, cuya versión hispana puede rastrearse en Juan de la Cruz (a quien no hago santo porque los propietarios de semejante mirada no admiten una calificación administrativa por parte de la divinidad: son sus pares) y en algún apunte del más desesperado Mairena.

Ahora bien, que ambas miradas se junten en una, que puedan convivir las dos medidas, la de la eternidad negativa y la de la eternidad positiva, como los ojos de algunas aves juntan en el cerebro de esas bestias una derecha y una izquierda abismalmente desunidas, eso es de una rareza escalofriante y sólo pensarlo marea, pues se penetra en el laberinto de los tamaños. ¿Qué ha de ser una altura empírea para la mirada de la bajura, y qué precipicio insondable puede percibir el ojo acostumbrado a la altura del sol? Sólo un caso se me ocurre, el de Rimbaud, poeta de la gusanera urbana y de la más satánica altivez. Pero si llego a decirle al buen Benet que algún día iba yo a compararle con Rimbaud, me habría partido la cara.

¿Sería esa adaptabilidad a dos medidas incompatibles lo que prestaba su carácter retorcido a la largura de Benet, como si el esfuerzo por alcanzar la cima, mostrándose de una insoportable soberbia, retrocediera avergonzado de sí mismo hacia la bajura y entonces se enroscara sobre el fuste que le había permitido alzarse? Quizás entonces, por causa de esa fuerza negativa integrada al impulso sublime, se explicaría que la caricatura del mundo pudiera vivir civilizadamente junto a su ideal, bajo la forma de un retorcimiento salomónico, y no en vano habría sido el más sabio de los hombres, el rey Salomón, el inventor de la columna serpentina. También el sarmiento de la vid, canalizador de los fluidos que transmutan el fuego solar en vino terrestre, parece obedecer a esa ley del retorcimiento.

Podríamos utilizar otra analogía, la del tornado que, como una trompa de mosca gigante, barre la tierra chupando cuanto encuentra a su paso, y lo alza luego hasta alcanzar el sol, pero viéndose impotente a pesar de su fuerza para mantener allí, en ese lugar de perpetua iluminación, a las pobres cosas y bestias terrenas, entonces las escupe y desintegra para que rieguen el mundo con su destrucción. En esta segunda imagen nos acercamos a lo íntimo del retorcimiento, al espíritu mismo de la columna salomónica, en la cual tanto juega la potencia del impulso hacia el sol como la impotencia de una prolongada estancia a la luz.

Así era Benet; en un primer impulso alzaba el punto de mira de su artillería hasta el sol. Ninguna menor distancia le podría haber satisfecho. ¿Para qué? ¿Qué sentido, qué dignidad puede haber en un arte *menor?* Nosotros, los modernos, nos hemos habituado a admitir los infantilismos, los caprichos, la ornamental coquetería de una práctica fútil. Pero las épocas clásicas –y toda inteligencia digna de ese nombre es una inteligencia clásica, como quería el desdichado Nietzsche, último defensor del *grand style*– sólo toleran lo óptimo y rechazan como grosero o decadente lo nimio, lo meramente ornamental, en resumen, lo novedoso.

Pero, una vez puesta la vista en esa altura y concluido el juicio inapelable sobre la grandeza del arte (y en consecuencia, el rechazo sorprendente de toda la música francesa, excepto algún Oficio de Tinieblas), entonces quedaba Benet preso de su propia ambición y el recorrido inmenso del obús comenzaba de inmediato a retorcerse en cuanto la consciencia de la desmesura llegaba a aflorar, lo que hacía en el instante mismo del disparo.

Quienes asistíamos amedrentados a la batalla que Juan sostenía con la Altura, veíamos la nubecilla blanca y bien formada en su ojo. Veíamos luego la traza del proyectil elevándose con agilidad y gracia. Pero casi sin tiempo para gozar del espectáculo, veíamos también los primeros síntomas de hastío, los primeros ascos a la altura, el primer vértigo, y un descenso precipitado o una precipitación, girando enloquecidamente sobre sí misma, enroscándose sobre la columna blanca del trazado del proyectil (a la manera de la serpiente en el tronco del árbol edénico) para no derrumbarse sobre la tierra como una serpentina de papel, y escuchábamos sobrecogidos la carcajada cósmica que resumía todo el recorrido, desde su nacimiento hasta su muerte de risa. La literatura moderna es inevitablemente irónica.

Este pecado, la *hybris*, que tan adecuadamente descrito por Homero nos muestra la fuerza mágica de un primer y juvenil impulso convertida en terrible derrota y caricatura del héroe, con las debidas distancias, era lo que daba a Benet, creo yo, ese aspecto de personaje enroscado en sí mismo. Y su literatura, lo mismo. Porque el país (me refiero a España) es parco en pecadores de entidad. El pecado, entre nosotros, quiero decir los españoles, es siempre cosa de poca monta, latrocinios, sevicias, degüellos de alpargata, palizas conyugales con olor a vinazo, y mucha estafa chula

268

(hace ya un tiempo, encontrándome yo en Madrid con uno de los más grandes escritores castellanos actuales en un hotel palaciego de la capital, coincidimos con una boda o un bautizo o un funeral de alcurnia; «mira» me dijo señalando a los presentes, en su mayoría calvos por cierto, «todos delincuentes»), mucho quedarse con unos duros del sueldo de· los empleados, mucho pecado de sacristía. Pero grandes pecadores, lo que se dice grandes pecadores, ni uno.

Benet, dicho sea en su honor, era un gran pecador. Trató en todo momento a los magnates con la liberalidad que sólo da un alma para siempre condenada. Y a sus inferiores, con la simpatía de quien comparte con ellos una opinión francamente irónica sobre la salvación. No hay nada que ganar, no hay nada que perder en esta vida. Quien hace bien su trabajo, ése es el santo y el héroe, y quien lo hace mal, ése es un criminal o, en el mejor de los casos, un capullo. No hay más moral.

Otro hombre dotado de la doble visión, Dostoievski, a quien Benet detestaba precisamente porque era como un Benet escrito en caracteres cirílicos, lo había ya manifestado del modo más cegador: una vez muerto Dios, todo está permitido, efectivamente, menos la chapuza. Incluso en el mal, en el crimen o en la desvergüenza, hay un arte. Y la chapuza es inadmisible. De ahí que nuestro país, quiero decir España, se encuentre entre las naciones que con mayor éxito cultiva la maldad, pues aunque la población tomada de uno en uno es de buena ley y agradable trato, el conjunto resulta en cambio una desembocadura amazónica de la chapuza, siendo ésta lo único que recibe auténtico premio de la judicatura y de los medios (como ahora, adecuadamente, se llaman).

No hace ni un mes leí la sentencia que condenaba a cierto personaje a dos años de cárcel por haber atropellado y matado con su potente automóvil a una madre y a su hija, dándose luego a la fuga. Su atenuante era que conducía borracho. Y de todos modos no va a pisar la cárcel por falta de antecedentes. Ya está de nuevo en la carretera al volante de su potente automóvil, buscando madres e hijas a las que aplastar, como quien dice. Un país así no merece figurar en el mapa. Todo lo que Benet escribió en este mundo iba destinado a desenmascarar chapuceros como el borracho asesino, los jueces que le exculparon y, por encima de todo, los legisladores que los legitiman.

Las cosas hay que hacerlas con ganas. No otra cosa es el arte, y ya está bien, creo yo, de delirios filosóficos. Arte quiere decir eso, hacer las cosas como es debido o como Dios manda, siendo Dios, en este caso, uno mismo si tiene agallas para serlo. Y si no, que se ponga a las órdenes. Si ahora yo afirmo que Juan Benet es uno de los más grandes artistas que ha dado el siglo, no estoy diciendo nada extraordinario, ni le estoy añadiendo calificativos cursis y de peluquería. Benet era un gran artista porque hacía las cosas bien; ni se le rompían las presas, ni se le hundían los túneles, ni dejaba los campos hechos unos zorros tras el paso de los *bulldozers*, ni le salía una prosa blandengue, o cruda, o chirriante, o de piedra pómez que es lo que nos suele salir a todos los demás.

Sin embargo, debemos distinguir entre artistas y artistas si queremos ser justos y benéficos. Todo el mundo puede hacer las cosas bien en aquello a lo que se dedica o a lo que ha sido dedicado. Hay un arte del camarero y un arte del taxista y un arte, quién lo duda, del albañil y del fontanero. Pero otra cosa es practicar el arte del bien y del mal, como otra cosa es practicar el arte de la visión y de la ceguera, o el de la significación y la insignificancia. Son éstas artes mayores, como ya determinaron los antiguos, y es bueno que así sea. No hablemos más.

Llegó, pues, con la bufanda enroscada al cuello, y me invitó a entrar en su casa. Y así como su figura iba gritando las peculiaridades internas de su juicio y entendimiento, pero también buena parte de los caracteres de su arte a quien quisiera oírlos, así también su casa, como construcción plenamente voluntaria de un escenario personal y dramático para uso propio y de su familia, mostraba de un modo impúdico cuál era el juicio de Benet acerca de cues-

270

tiones tales como el decoro, la presencia, la representación, la imagen, la autoridad, la sintaxis, lo privado y lo común, y otros asuntos que atañen tanto al arte de vivir como al arte de escribir y a todas las artes, pues una es la retórica, como una sola y resplandeciente es la verdad.

Quien haya tenido ocasión de ver a Juan Benet en persona, habrá comprendido, en una parte notable y por vía intuitiva, la *hybris* de su juicio y también la esencia íntima de sus alargadas, retorcidas, salomónicas oraciones, esa peculiaridad de su *maniera* que tanta influencia ha tenido sobre los escritores más jóvenes. Y si no tuvo ocasión de verlo con vida, podrá verlo en fotografía o en los múltiples reportajes y entrevistas visuales que se han conservado de él y que, por cierto, habría que recoger en un vídeo unitario, aunque sea pedir la luna en un país, me refiero a España, que desprecia a sus mejores contribuyentes. Pero su casa, el chaletito de la calle Pisuerga, ya es más difícil que llegue a verla, o que la vea con la escenografía que Benet se construyó para disfrute propio y de sus amigos y familiares.

La casita de la calle Pisuerga, de aspecto vagamente racionalista, fue amueblada de un solo golpe y ya no cambió más que en cuestiones de detalle. Yo la vi idéntica a sí misma a lo largo de veinte años, imponiendo la férula de lo que sin duda fue una decisión artística de Benet en los años setenta, a los sucesivos benets de los años ochenta y noventa. Fue la casa lo que en innumerables ocasiones determinó el comportamiento y la escritura de Benet, como a todos nos sucede, lo sepamos o no, pues es bien conocido que un hombre angelical llegado de algún lejano pueblecito sureño a la capital de España se transforma en un feroz navajero por el mero hecho de habitar una chabola a temperatura madrileña y verse sometido a la férula de su casa o habitación, por no hablar del pago del teléfono. Todos estamos determinados por nuestra vivienda, la cual, como su nombre indica, es una entidad que produce vida, o mejor aún, que produce vidas. Es algo demostrado.

271

En la casa de Benet se cruzaban, de nuevo, los dos órdenes estilísticos que marcaron su prosa y su existencia con una tinta indeleble. El chaletito de dos plantas y sótano (y deberemos volver sobre él, sobre ese sótano), más un breve jardín sin apenas uso, y otro discreto patio frontal para el acomodo del magnolio que ocultaba la entrada, tenía una peculiar aura de independencia. Era un chalet autista. Incluso ahora se me hace imposible recordar las casas adyacentes. ¿Las había? ¿No despedía, el chalet de Pisuerga, un fulgor propio, como el de las casas de Anthony Perkins, que lo mantenía aislado en su narcisismo maligno? ¿Podía realmente convivir aquella vivienda? Son preguntas que todavía hoy me puedo hacer una y otra vez. El aislamiento, el carácter insular de la casa de Benet es indudable.

El interior de aquella resplandeciente (aunque maligna, insisto: miltoniana) soledad que sólo puede pensarse en términos nocturnos (yo creo que nadie recuerda esa casa *de día*) era un híbrido, tercamente buscado, de aposento británico ochocentista y de celda monacal en el otoño de la Edad Media. Dos modelos de habitación perfecta, rotundamente incompatibles, que mostraban en otro y más augusto registro el doble y fundamental constructo del juicio de Juan y de su escritura, la residencia de una reflexión apoteósica y directamente apuntada contra Dios y el inmediato e irónico descenso a la caricatura de lo moderno, en este caso construido como *confort*.

Algún visitante hubo que, habiendo sólo visitado la planta baja, se quedó con el sentimiento de que Juan llevaba la vida convencional de un coronel de colonias retirado en el Londres de Sherlock Holmes tras una carrera brillante y bien pagada. Si le hubieran permitido subir hasta la planta noble, lo que a muy pocos estaba reservado, habría descubierto la celda de un atormentado escolástico y hubiera podido observar el desorden caótico que transpira toda lucha contra la Omnipotencia Eterna. Montañas de libros desplomados alfombraban el suelo en rara mezcla con rollos de papel virgen polvoriento, una peculiar máquina de madera someramente luliana presidía la diminuta celda, ilustraciones y planos cabalísticos se veían por las apretadas paredes clavados con chinchetas, el banco mismo donde obraba el metafísico estaba situado de cara a la pared; en fin, se daba allí toda la muebladura de un laboratorio tal y como puede uno imaginar el gabinete del doctor Fausto.

Allí Benet alzaba el vuelo *ad astram* y atormentaba y retorcía sus frases tratando de subir más alto dándoles otro giro, imponiendo una subordinada más, otra metáfora a las oraciones desproporcionadas y satánicas hasta que el vuelo se mostraba no sólo imposible sino indecente, y entonces emprendía ese regreso precipitado y salomónico, en hélice alrededor de su propio cuerpo o frase en una caída libre a la que ya tantas veces he hecho referencia. No bien pisaba el suelo, sin embargo, con pies de algodón, sudoroso y confuso, cegado aún por la proximidad de la luz, emprendía el veloz descenso de la escalera como arrastrado por la inercia de la hélice y aterrizaba en el saloncito de la planta baja, donde le esperaban siempre sus amigos, decenas de amigos, algunos de los cuales vivían permanentemente en el saloncito y allí dormían y se llevaban ropa de muda para vivaquear más cómodamente, y con el tono carrasposo de quien acaba de regresar del desierto y trae aún la arena incrustada en los ojos y en la lengua, nos proponía una botella de vodka, de snapps, de cazalla, y, tras la ruidosa negativa, mostraba dos botellas de whisky, una en cada mano, alzando los brazos en la uve de la victoria.

De modo que todo aquel que sólo le hubiera visto en el saloncito, se quedaba con la impresión de que Benet era un escritor hacendoso, a la manera británica, un constructor de bonitas (o perversas) historias para los días de lluvia, un fantaseador de vidas y psicologías, uno de esos embaucadores elegantes y discretos que no levantan la voz en las reuniones pero cuando lo hacen dicen la frase exacta, discreta, ingeniosa que todo el mundo repite luego durante una semana. Ese arquetipo que han inventado el suplemento literario del *Times* y la BBC para que la provinciana sastrería de Bond Street pueda competir con la sastrería cursilísima de la Rive Gauche.

Pero aquel otro que por venturosa ocasión (seguramente alcohólica) sólo le vio bregando en su celda del segundo piso, mascullando frases de negra hechicería contra la Altura, mientras golpeaba la máquina de escribir como si contra ella fuera dirigida su cólera, siendo así que, en realidad, era contra el cielo inclemente y padrastro, ese tal, digo, se quedaría con el sentimiento de que Benet era una poscarnación de algún brujo teutónico conjurador de las oscuras fuerzas naturales, un explorador de la enseñanza dejada por aquellos titanes que aún podían plantarle cara al Amo de los signos celestes. Y también un energúmeno y un maleducado, uno de esos escritores que gritan en las reuniones, no dejan hablar a nadie, se emborrachan, vomitan sobre la anfitriona, le quitan la palabra al invitado más relevante, tratan de imponer su criterio cuando a nadie le importa el criterio de ninguno sino pasar el rato civilizadamente, y se van insultando a la concurrencia y pellizcando a la criada. En fin, uno de esos escritores mediterráneos y americanos, genialoides, atiborrados de teoría y raquíticos de ideas, que se matan por una beca o una subvención administrativa mientras aúllan su independencia y ferocidad revolucionaria.

Pero Benet no era de ésos. El sótano del chalet de Pisuerga, donde estaba instalado el comedor de todos los días, daba la nota final, el acorde perfecto, la dominante que esclarecía los oscuros rincones del gabinete fáustico, al tiempo que ensombrecía los demasiado claros del saloncito británico. En aquel sótano donde apenas penetraba la luz del sol si no era por el frío chorro de un ventanuco rasante con el patio de entrada, en aquella cueva teñida por el verde retinto del magnolio y en perpetua iluminación artificial, Benet se reunía con la familia y oficiaba de *pater*. El sótano era un ámbito sereno, reconciliado, trascendente, y sin un solo libro en las paredes o por el suelo. Allí no penetraba la literatura, ni el mal.

Y no por falta de ganas: en los últimos años se había ido instalando, con el crecer de los niños, un aparato de televi-

274

sión de tamaño regular, pero yacía olvidado de todos, generalmente encendido en el fondo de una recámara sin que nadie hiciera el menor caso de las majaderías que supuraba. Cuando la sobremesa se alargaba, a la quinta o sexta cafetera, al noveno o décimo whisky, alguien se apartaba de la incomodísima mesa de obra, y como con descuido se retiraba al cuartucho adyacente donde el televisor proseguía su monólogo descoyuntado y pelmazo. Yacía allí el comensal en purificación transitoria observando la maldad, y regresaba como nuevo al cabo de un cuarto de hora, tiritando de frío y horror. Se sentaba a la mesa y se reconfortaba con un nuevo café, un nuevo whisky, o ambas cosas.

El sótano era el lugar convivencial y oral, el *habitat* de la fidelidad, en donde el tiempo, no siendo eterno porque era un tiempo de humanos, no dejaba de ser, sin embargo, interminable. Es el tiempo en común, llamado también el tiempo de la «puesta en familia». De una portezuela lateral que comunicaba con la cocina iban saliendo bandejas de macarrones o de morcillas, cestillos con pan cortado, platos de arenques y patata en aceite, lechuga abundantísima, ternera empanada, sardinas en lata, rábanos, uva, queso de cabrales. Y jarra tras jarra de vino tinto. Aquello podía durar entre seis horas y dos meses.

Sólo en una ocasión creo haber hablado por teléfono desde el sótano, un acto contra natura porque allí sólo estaban los que había, si se me permite la expresión, y el resto del mundo era algo lejano y vago. Hablé entonces con uno de los más grandes escritores castellanos de la actualidad y cuando más tarde me reuní con él en un hotel palaciego de Madrid, tras señalar a los presentes, muchos de ellos calvos, con gesto hastiado («mira», exclamó, «todos delincuentes»), quiso saber desde dónde le había llamado por teléfono. «¿Por qué?», le pregunté. «Es que me pareció que hablabas desde el otro lado de la muerte», respondió, y entonces supe que el sótano de Benet era una catacumba; un lugar previo a algo o posterior a todo; el lugar en donde las contradicciones y la dialéctica pierden su dentadura.

275

Éste era el valor del sótano y la armonía de la «puesta en familia» que propiciaba. En el ejercicio diario de su combate contra la Altura (que acababa por precipitarle en lo más bajo y rastrero) Juan había logrado superar lo actual, la actualidad, o quizás habría que decir *las actualidades*. Cuando nos reuníamos en aquel sótano éramos hombres y mujeres libres de muerte, como los primeros cristianos, antes de que la luz del sol determinara jerarquías propiciadoras de conflicto. No sabíamos entonces que era la confluencia de un lugar excepcional, la catacumba de Pisuerga, con un buen gerente de lo intempestivo o atleta de las alturas y bajuras (Benet), lo que propiciaba la reconciliación y la huida de las actualidades que son el abismo por el que nos precipitamos todos, día tras día, en la muerte. Allí nunca se habló de nada actual, de ninguna actualidad. Absolutamente.

Algo semejante tiene lugar cuando desaparecen los abuelos: aquellos primos y tíos a quienes unía el lazo de sangre *inventado* por los abuelos, se disgregan faltos de la fuerza unificadora que sólo puede ejercer una autoridad natural, y dejan de verse para siempre jamás. Venga el recuerdo de aquellos días (o noches, o días, porque eran lo mismo) transcurridos en la catacumba de Pisuerga, comentando lo inactual e intempestivo, a hacer más llevadero el descubrimiento tardío de lo que daba Benet calladamente o incluso sin saberlo, a saber, la comunidad y la fidelidad prerrománicas. E imagino, como si lo estuviera oyendo ahora mismo, a Benet diciendo con su habitual sarcasmo (el del segundo piso): «¿Así que yo daba comunidad y fidelidad prerrománicas? ¿Eh?» Pues sí, eso creo, a pesar de todo.

Si volvemos ahora al estilo de Benet, que es lo relevante para sus lectores y no los recuerdos triviales de algún conocido suyo que yo me he permitido incluir en este prólogo, he aquí lo sorprendente: que en la imposible convivencia de órdenes elevados y rústicos, que en la enorme tensión que genera cada una de sus salomónicas frases, que en la fuerza que esa tensión despliega párrafo a párrafo y en la desesperada soberbia con la que Benet construye su monu-

276

mento en espiral a lo intempestivo, hay siempre, en todo momento, un flujo subterráneo, sereno y convivencial, fiel a la tradición oral y a la memoria común, que perora pausadamente como desde una catacumba, sobre los lugares habitables de este mundo, es decir, sobre la gloria. Pues no otra gloria conocemos ni conoceremos que la gloria terrestre, la de nuestra tierra nutricia. Y a pesar del retorcimiento y la tensión en que se cuecen, todos los libros de Benet tienen el mismo motivo: la fidelidad y la entereza con la que algunos hombres y casi todas las mujeres sobreviven a su propia destrucción. Creo que ése fue el motivo que le llevó a elegir como escenario obsesivo la carnicería española de 1936, porque en el más fosco de los espantos fue posible (o él habría querido que fuera posible) alguna claridad convivencial e intempestiva. Y así son los libros de Benet: la mejor prosa posible para la mejor vida de algunos mortales.

Archipiélago, n.º 16, 1994

BENET INGENIERO

Aunque un cúmulo de imprevistos me impida estar presente en el homenaje que el Colegio de Ingenieros de Madrid tributa hoy a Juan Benet, sí quisiera, por lo menos, sentirme junto a los familiares y amigos suyos, aun cuando sea a través de persona interpuesta, ya que estar en vuestra compañía es también estar en la suya. Hablar de él es continuar disfrutando de su existencia un rato más. Hablemos, pues, de él.

En muchos de los recuerdos y anécdotas que sobre Juan se han escrito durante los últimos meses, sobresale con frecuencia su talento para la imitación. Como todo narrador de raza, Benet tenía la facultad de meterse en la piel de los arquetipos, y cuando imitaba a un factor de ferrocarril, a un *gentleman farmer* o a un gimnasta alemán, lograba encarnarlo con una economía de gestos y una elegancia dramática que habría envidiado Beckett. Cuando el talento imitativo llega a esas alturas deja de ser copia y comienza a ser creación.

Como diría Benet imitándose a sí mismo, tengo para mí que entre sus muchas imitaciones, una de las más notables fue la del arquetipo de ingeniero. El suyo fue un ingeniero inspirado por la literatura inglesa y francesa del XIX, pero sin olvidar a los canalizadores y polemólogos renacentistas, ni a los pontífices latinos. Podría haber elegido una encarnación más actual, más tecnológica, más informática, pero él, sin la menor duda, prefirió para su imitación al ingeniero romántico.

Todos le recordamos en alguna que otra visita de obra, impostando al ingeniero fáustico que avanza a zancadas entre el barro y los hierros retorcidos, con las manos enlazadas a la espalda y la mirada aquilina avizorando una vaguada. O bien, agachándose de improviso para desmenuzar un terrón, y aun olerlo, como le vi hacer en una visita pirenaica en la que por un momento sospeché que se lo iba a llevar a la boca. Era una imagen magnífica, de rotundo decoro, y siempre aligerada por su actitud *tonge-in-cheek*, porque aquellas representaciones nos las dedicaba a nosotros, los profanos. Aquél era el ingeniero que había soñado Julio Verne: el hombre que domina a la naturaleza con su inteligencia, sin nunca violentarla.

En dos de sus escritos técnicos, *Soluciones constructivas en obras de regadío*, editado el año 1965, y *Panorama actual en las relaciones contractuales en la construcción de túneles*, editado en 1974, puede rastrearse esa intención fabuladora. Son textos de absoluta relevancia técnica, pero están escritos con la prosodia de sus novelas. En Benet se producía ese maridaje tan infrecuente en nuestro país: la eficacia nunca le cedía el terreno a la elegancia. Para él habría sido inconcebible que como ingeniero no redactara piezas tan plutarquianas como las que escribía haciendo de escritor.

Así por ejemplo, el texto de *Soluciones constructivas* comienza del siguiente modo:

«Para mí es indudable que la larga tradición que en nuestro país tienen las obras de regadío –tradición que se remonta a los tiempos de las dominaciones romana y musulmana– es la gran responsable de la rutina que, por lo general, caracteriza su planteamiento y ejecución.»

Esto es Benet al ciento por ciento. Podría perfectamente tratarse del inicio de uno de sus relatos regionatos. Y obsérvese que el argumento del informe posee esa carga irónica que da carácter a toda página suya. El argumento afirma que si la obra de regadío española es defectuosa, ello se debe a la tradición romano-musulmana. Algo así como escuchar a Le Corbusier afirmando la decadencia de la arquitectura francesa por causa de la monumental tradición gótica de aquel país.

Les ofrezco, para concluir, un hermoso párrafo de la conferencia titulada *Panorama actual en las relaciones, etc.* que leyó en el Primer Simposio Nacional sobre Túneles:

«Semejante manera de pensar no puede ser sustentada, a mi parecer, por un hombre responsable y deseoso de hacer la obra que se le ha encomendado, porque pone de manifiesto su mala conciencia respecto a un problema que no ha querido abordar en su generalidad, y su deseo de transferirlo a otro que ha acudido a prestarle un servicio –y en ello pone toda su capacidad– pero no a resolver los enigmas de su competencia ni a asumir las responsabilidades de su función.»

Basta cambiar la frase «hacer la obra» por la frase «ganar la batalla», y nos encontramos en el oscuro, oracular, ominoso ámbito de *Herrumbrosas lanzas*.

Dicen sus colegas que Juan fue un gran ingeniero, y sobre ello no me cabe la menor duda. Pero la fuerza épica y el ácido de su escritura permearon todos los estratos de su personalidad. No es un juego de palabras la afirmación de que una de sus más notables obras de ingeniería fue su propia encarnación del ingeniero. No permitió que la hipertecnicidad o la dependencia cada vez mayor de peritajes ajenos en aspectos cada vez más especializados, disminuyeran su responsabilidad; quiso conservar intactos los caracteres de una tradición digna y admirable.

Para Benet, como para la tradición que él respetaba, un ingeniero ha de ser siempre un moralizador de la naturaleza. Aquel que introduce la finalidad en el caos para ordenarle un destino. Eso fue para él la ingeniería. Pero no otra cosa fue siempre para él la escritura. Por eso, creo yo, siempre dijo ser un ingeniero que escribía, y nunca le oí cambiar el orden de las palabras.

(Leído en el homenaje que el Colegio de Ingenieros dedicó a Benet el 14 de octubre de 1993. Lo leyó en mi ausencia algún buen amigo.)

BENET Y LA RENFE

No puedo recordar el año, sería quizás 1970. Recuerdo muy bien, en cambio, la temperatura bajísima, el frío cielo madrileño, y a don Juan caminando hacia su casa con la bufanda enrollada al cuello como un estudiante inglés de los años treinta. Don Juan era entonces más joven que yo ahora. En realidad, lo ha sido siempre. Don Juan ha sido siempre más joven que sus propios discípulos. A partir de los cuarenta años es muy difícil mantener con vida la curiosidad. Mejor dicho: mantener vivientes las curiosidades. En la edad madura la curiosidad se vuelve selectiva y las personas tienden a centrarse en una pequeña parcela del mundo para conocer algo, un detalle posiblemente, un ornamento, antes de que sea demasiado tarde. Pero don Juan mantenía abierta toda una batería de curiosidades. Se le podía ver un mes leyendo a Leibniz, y, al siguiente, apasionado con un tratado de heráldica o un estudio sobre las religiones del Tibet, o viajando a Calcuta o a La Habana, construyendo presas o inspeccionando túneles, y en cada ocasión como si tuviera toda la vida por delante. Era, ha

280

sido siempre, joven en el único buen sentido que se le puede dar a la palabra; don Juan era un feroz enemigo de la resignación. Sólo es joven quien todavía no se ha reconciliado con el mundo y sigue investigándolo sin fatiga. Don Juan no se resignó jamás.

Para gentes que vivían en la más desesperante de las complicidades entre población y tiranía, con la cotidiana dosis de mentira pública y resignación privada, en aquella infame nación sin nombre, arrasada finca explotada por unos cuantos rufianes (no muy distintos de los actuales), descubrir que aún era posible la insolencia frente a la resignación era un alivio. Los libros de don Juan tenían la insolencia que es imprescindible en toda creación artística verdadera; una insolencia que él había aprendido leyendo a Dickens, a James, a Faulkner, a Kafka, a los insolentes. Pero no hablaba de eso apenas.

En aquellos años se hablaba principalmente de música. En una buena sesión don Juan podía, con suma facilidad, imitar los gestos escénicos de media docena de personajes wagnerianos, con el tocadiscos a todo volumen y la concurrencia vaciando botella tras botella de JB. De madrugada, sin embargo, era imprescindible la escenificación de un viaje en Renfe, con los invitados cabeceando por el suelo, la llegada del revisor (don Juan cubierto por una gorra espléndidamente torcida sobre la oreja) que abre de golpe la puerta corredera pegando con el perforador en los cristales, la luz cegadora que se enciende sobre las fatigadas cabezas, don Juan gritando «¡Hagan el favor! ¡Biiiilleteeees, biiiiilleeeetees!», y alguien (¿Sarrión?) que pregunta, invariablemente: «¿Cuánto falta para Sabiñánigo, señor interventor?»

Nadie se iba a dormir sin su viaje en Renfe. A veces, incluso lo repetíamos por lo bien que nos había quedado. Siempre era posible mejorar los detalles; alguien sugería que en lugar de Sabiñánigo era más apropiado preguntar por Motilla del Palancar, pero entonces se hacía necesario consultar la guía de Renfe para averiguar qué tren pasaba

por Motilla, ¿correo, expreso, semidirecto?, y así sucesivamente hasta el amanecer. Nadie quería irse a dormir sin su
viaje en Renfe. Nadie debería irse a dormir sin su viaje en
Renfe. Nadie debería irse a dormir.

(Este pequeño apunte me pone muy triste, así que es mejor
editarlo de una vez y que aquí concluya la benetiana.)

UNA ODISEA EN EL FANGO.
JAVIER FERNÁNDEZ DE CASTRO

Bajo su apariencia barroca, la última novela de Javier Fernández de Castro, *Laberinto de fango*, es de una rigurosa composición clásica, pero es inevitable que el efecto formal domine la lectura hasta muy avanzada la narración. Ello es así porque, sin duda, el lector se siente seguro y bien conducido por esa prosa escueta, de una helada perfección, que no le deja un minuto de reflexión y que hace sospechar una elaboración minuciosa, escrupulosa, de orfebrería, con un punto de violencia que jamás estalla, más emparentada superficialmente con la vanguardia que con la academia.

Y, sin embargo, a pesar de la compleja superposición de tiempos y la casi inexistente encarnadura de los personajes, el relato responde al modelo más universal de la novela: la historia de una iniciación o aprendizaje; el recuerdo de un viaje a cuyo término aguardan una mujer y la muerte. Si prescindimos de los encabalgamientos históricos (la novela se inicia cuando en realidad todo ha terminado), el esqueleto o andamiaje de la peripecia es el siguiente: en algún lugar del Maresme catalán vive Campa, pero ese lugar comienza a ser transformado por un forastero activo y ecónomo; la llegada del forastero conduce al exilio a Campa, quien sufrirá un conjunto de aventuras formativas o pedagógicas a lo largo de las cuales perderá varias veces el nombre y será dado por muerto; una vez alcanzado el conocimiento, Campa regresa a su lugar, en donde le espera una Juana-Penélope en trance de escribir un libro interminable que nunca se concluirá; la llegada de Campa, como efecto inverso, provoca el suicidio del extranjero.

Sobre este esquema juega Fernández de Castro sus variaciones, del mismo modo que Joyce o el Kafka de *América* eligen un soporte universalmente reconocido para recrear la visión original y entroncarla con los múltiples ejemplos acumulados por la historia de la literatura. Aquí todo depende, pues, de la entidad misma de las variaciones. Así por ejemplo, el libro eterno que ocupa el tiempo de Juana es una reflexión sobre el héroe en general y también una descalificación de Campa, quien, al elegir su propio destino, se hace insolidario con su gente y no podrá ya esperar de ellos cariño o comprensión. Así también las aventuras de Campa, como las de Odiseo, son acuáticas, pero en clave sarcástica; Campa es el héroe de un sórdido negocio deportivo de competición submarinista, acaba tragado por el mar, vomitado en Bélgica, ahogado en uno de sus canales y, resumiendo, es perseguido vorazmente por un agua más afín con los lodazales flamencos que con el Mediterráneo.

Error en el título

Permítaseme aquí un paréntesis. El título del libro tal y como aparece en la cubierta de Argos-Vergara es, a todas luces, un error del diseñador: no puede ser un laberinto *del* fango, sino *de* fango, como bien aclaran las páginas 171 y 194, y como en cierto modo se rectifica en el colofón. No se trata de ninguna trivialidad; el laberinto en que Campa está metido es lodoso, resbaladizo, pegajoso, pero es el contenido mismo del aprendizaje de Campa. Si el laberinto no fuera *de Campa*, sino *del fango*, la educación de Campa dejaría de ser el motivo esencial del relato y yo me equivocaría de medio a medio. Ahora bien, la educación de Campa es, según creo, la adaptación de todo hombre a la convicción de que debe morir; idea que encierra como condición previa el aprendizaje de la muerte ajena, y en lugar privilegiado la muerte del padre.

Precisamente, Campa escapa a su lugar de origen tratando, mediante esta estratagema, de evitar la muerte de su padre, viejo maestro de pueblo, hombre sin ambición, triturado por los vencedores de la guerra civil. Es lógico que Juana, en lugar de escapar con Campa, acuda en ayuda del padre ya que por encarnar la ley oscura, lo femenino, acepta la muerte como un acontecimiento natural y contribuye a aliviarla en lo posible, como aquella indescriptible ama de cría que Bergman utilizaba en *Gritos y susurros*. Es Campa quien no puede admitir la muerte de su padre y huye para no reflexionar sobre el verdadero sujeto de su dolor. De tal modo que, una vez muerto dos o tres veces durante el viaje iniciático (como inmersionista, como limpiador de canales, como invitado de un camionero apresurado), acomodado al anonimato y a la desaparición, puede entonces regresar a su lugar de origen, porque ya se ha hecho hombre, o *un* hombre.

Su regreso, como es canónico, coincide con la muerte de los mayores, pero ahora eso ya no es un signo trágico. Y hasta tal punto no lo es que probablemente el suicidio del forastero es en realidad un asesinato de Campa, quien puede ahora tomar con sus propias manos la muerte, es decir, el destino propio y el ajeno.

Monopolio de máquinas

No quisiera dar la impresión de que esta novela es de una árida complejidad. Aquí lo único árido es mi análisis. Fernández de Castro posee un talento inigualable para la descripción, un talento que comparte (¿en exclusiva?) con Sánchez Ferlosio y Juan Benet. Su prosa es de una limpieza, de una fluidez, asombrosas, y el efecto barroco es debido no sólo al juego *faulkneriano* de los distintos planos temporales, sino al universo de objetos que describe. Porque esta novela es un monopolio de máquinas, utensilios, aparatos, ingenios y artefactos. No hay apenas paisaje, no hay territorio (uno no distingue a Campa en Flandes o Campa en el Maresme), casi ni siquiera hay personajes, ya que, aparte del nombre, que es como una tarjeta de identificación para embalaje, carecen de conducta propia; de hecho, también son máquinas.

¡Pero qué máquinas! No hay un solo cable, tornillo, perno, calibrador, gubia, torniquete o carburador que escapen al amor descriptivo del autor; hasta el modesto gesto de servir café es una excusa para describir complicadas maniobras con un mango caliente y una abrazadera. Es como visitar un museo de pintura flamenca, pero en un Flandes exclusivamente formado por garajes.

El resultado es abrumador. Como en una pesadilla nos vemos inmersos en un mundo técnico donde somos ciudadanos de segundo orden. La preponderancia de lo mecánico sobre lo orgánico acaba por decidir nuestro propio comportamiento: los héroes de la novela son androides con una biela quemada o un circuito en malas condiciones. Hay soberbias escenas que admiten sin desdoro la comparación con las más siniestras páginas de Samuel Beckett, y eso, para muchos, sigue siendo síntoma de perfección.

Este héroe, este caballero andante que es un maniquí con una pérdida de aceite por los bajos del pantalón, cuya iniciación a la vida y la muerte es un continuo rebotar del agua al fango vestido de inmersionista o de pocero; cuya Ítaca es una mezquina factoría de glutamatos en un descampado del Maresme rodeado de chabolas, desperdicios, ruinas industriales y desolación; este Quijote, cuya Dulcinea carece de físico, de sexo, de alma y casi de voz, sería una de las figuras más cómicas de la herencia cervantina, de no ser porque se parece demasiado a nosotros mismos. Y como no podemos sentir por él ni siquiera compasión, cuando cerramos el libro nos recorre el espinazo un escalofrío. Al cabo de unas horas, reparado el manguito del ventilador, nos percatamos de que posiblemente hemos leído una obra maestra.

(Esta muestra de admiración hacia el menos popular de los narradores de mi generación consiguió que el libro vendiera sobre los trescientos ejemplares. Lo celebramos, con su autor, cada año. Se editó en *El País*, el 20 de marzo de 1983.)

V. Madrid-Barcelona

LA NOVELA DE UNA CIUDAD.
RAFAEL CANSINOS ASSENS

Uno de los misterios de la literatura es el de su función de memoria impersonal, cuando logra recordar y revivificar el conjunto o totalidad de una época, conjunto que sería inabarcable por una sola persona o experiencia aislada, lo que hace imposible que la obra sea de un autor (el que la firma) y sólo de él. Aparece ahí como una especie de autoría anónima o colectiva. Un buen manual de historia, completado por sendos tratados de sociología y economía, más un estudio de las ideologías y sus encarnaciones políticas... pueden llegar a dar una idea del Madrid de principios de siglo, pero una idea bastante abstracta. Será eso: una idea; es decir, algo sobre lo que podemos discutir porque es *seguro*; tiene la firmeza de lo discutible. Pero un buen libro de memorias, como el recientemente aparecido de Cansinos-Assens, *La novela de un literato* (Alianza Tres), consigue trasladarnos en el tiempo y en el espacio a lo indiscutible, y sin apenas información real, verídica, científica, nos hace vivir en el más auténtico y empírico Madrid de principios de siglo. Sin que él lo escriba, al terminar el libro sabemos a qué huelen las avenidas o qué ruido suena en los oídos al caminar por la calle de Alcalá, datos que no son proporcionados por el escritor, sino que son añadidos por nosotros mismos que nunca estuvimos allí, y en eso consiste el misterio.

Ese Madrid de 1906 a 1914 (aproximadamente ya que el autor no da fechas y hay que deducirlas de los acontecimientos que relata, como el atentado de Mateo Morral de 1906) es en verdad sorprendente. La sordidez, la chabacanería, la bajeza infinita de la clase pensante de la capital de España en aquellos años decisivos, pone la carne de gallina. Cansinos ha escrito un verdadero monumento a partir de unos personajes ínfimos, mezquinos; ha logrado reproducir el horror de aquel Madrid, poblachón manchego, complacido en su mugre y en su casticismo. Los personajes de Cansinos son los escritorzuelos, chupatintas, prebendados, inútiles y tarados que componían la vida intelectual, artística y política de una capital europea en uno de los períodos más dinámicos de la cultura industrial.

Son los enanos de la historia, los Catarineu, los Felipe Trigo, los López de Haro, los Hamlet Gómez, los Guillermo Rittwagen, periodistas en el filo de la delincuencia, artistas del sablazo y del chantaje, la orda infame de sanguijuelas políticas y administrativas, quienes componen este gran canto épico de la abyección. De vez en cuando aparece un buen hombre, o simplemente un hombre, pero se mantiene alejado, sea por su silencio (ese dignísimo Antonio Machado que se insinúa en un par de ocasiones), sea por su acabada destrucción (como Rubén Darío, golpeando su magnífica cabeza de borracho contra el mármol de la mesa), sea por la misma incomprensión de Cansinos (no ha sabido ver, por ejemplo, la ironía de Valle, a quien toma por un modernista más), lo que confirma la exactitud de su pupila para seleccionar la hez.

Y cuando en ocasiones aparece en el escenario un personaje sobre el que siempre mantuvimos algunas sospechas, de pronto comprendemos cuánta razón teníamos. Siempre sospechamos que Juan Ramón Jiménez había sido un espantoso cursi, pero sólo tras leer los retratos que de él hace Cansinos se da uno cuenta de hasta qué punto el padre del burro Platero es un personaje desmesuradamente hinchado. Igual sucede con Ramón Gómez de la Serna, a quien Cansinos deja al final de este primer volumen en brazos de *Colombine*, la Madame Verdurin de esta sociedad, una Madame Verdurin de garbanzo y sobaquillo.

Hay detalles que resumen la vida misma de una ciudad. Cuando estalla la Primera Guerra Mundial un periodista le pide al director de uno de los mejores diarios de la capital de España que le compren un Atlas. «Se lo facilitaremos», contesta el ampuloso director. Esos mismos periodistas hacen esgrima en la oficina, por temor a los desafíos de cómicos y politicastros criticados. Cuando llegan Tina y Raquel Meller a Madrid, dos coristas catalanas no demasiado conocidas todavía, se produce un verdadero terremoto, como si llegaran las *vedettes* del Follies o su Santidad el Papa. El aislamiento absoluto del Madrid de principios de siglo, su tibetanización que decía otro que tal, se hacen por completo evidentes.

Pero ese aislamiento resulta tanto más chocante si se hojea, por comparar, otro de los grandes libros de memorias de principios de siglo, el *Quadern gris*, de Josep Pla. Resulta muy chocante porque Pla habla de Barcelona, pero sobre todo de Palafrugell, de Palamós, de Llançà, en 1918 y 1919. Son diarios de la vida aldeana en Cataluña a comienzos de siglo. Pues bien, comparados ambos escenarios, y habida cuenta de que la capacidad para la recreación artística tanto en Cansinos como en Pla es portentosa, no puede uno sino echarse las manos a la cabeza.

A principios de siglo, y hasta los años veinte, es comprensible que muchos escritores catalanes mantuvieran una actitud irónica y displicente hacia la capital, justamente por la escandalosa diferencia entre sus pretensiones de metrópoli y los resultados de su vida intelectual y artística. Actitud displicente que sin embargo escondía o disimulaba la humillante necesidad de acudir a Madrid para «hacerse un nombre», pues el poder era ya uno e indivisible. El propio Pla hizo el peregrinaje en 1921 y sería divertido comparar sus diarios con los de Cansinos. Lo evidente en este período anterior a la guerra del 14 es que Madrid no existía como verdadera metrópoli, carecía de vida ciudadana «moderna»; era una prolongación de la vida aldeana del XIX. Sin embargo, ya era inevitable acudir a sus fuentes de financiación y divulgación, vicarías del poder administrativo. No sólo Raquel Meller acudía desde el litoral, también Marquina, Azorín, Grau y tantos otros de todas las partes y provincias, pues la vida intelectual de Madrid estaba nutrida por elementos de aluvión. No está explicada todavía, creo yo, la capacidad de atracción de Madrid en esas fechas. E insisto en lo de «esas fechas» porque en los años veinte (y supongo que gracias a los beneficios de la guerra del 14) Madrid se transformó, finalmente, en una verdadera ciudad.

Si los próximos volúmenes de Cansinos mantienen la calidad del primero, el monumental conjunto será una historia de la capital de España. Una novela de su vida interior, de la biología anímica que es la verdadera fuerza de las ciudades históricas. Porque la fuerza de una ciudad no está en las butacas administrativas, sino en las calles, o debiera estarlo. Y el resto es la mecánica del poder, el cual poco más puede hacer que dar vida legal a lo que ya vive espontáneamente. Y esa vida espontánea es la que revive en los libros de Cansinos o de Pla; la verdadera vida de la historia, su carne y su sangre.

(Los tres volúmenes de Cansinos Assens constituyen, a mi modo de ver, una obra maestra de la literatura española de posguerra, pero no han tenido mucho eco. Es verdaderamente sorprendente. El artículo apareció en *La Vanguardia* el 12 de julio de 1983.)

NOVELAS Y CIUDADES: BARCELONA 1900-1980

Aunque desde hace siglos muchas novelas transcurren en ciudades, éstas no empiezan a convertirse en objeto literario de primer orden hasta el siglo XIX. Antes, los personajes pueden moverse en un espacio urbano, como cuando don Quijote llega a Barcelona, pero sin que la ciudad misma tenga una presencia decisiva en el planteamiento narrativo. En esas novelas anteriores al Ochocientos, lo relevante de la ciudad, para el relato, son sus habitantes, no la propia urbe. En mi opinión (aunque es asunto que requiere demostraciones imposibles de plantear en este breve artículo), la ciudad aparece muy pronto en tanto que objeto visible unitario, es decir, como imagen con carácter definido, pero tarda mucho en tomar estado en la literatura en tanto que objeto retórico, como personaje. La subjetivación de la ciudad, pues de eso se trata, es un fenómeno exclusivo de la modernidad.

Desde el gótico hay espléndidas estampas de vida ciudadana, como los murales de Ambrogio Lorenzetti en la Sala de la Pace del Palazzo Pubblico sienés pintados hacia 1340, en los que la ciudad aparece como una indudable unidad espacial y vital, aunque todavía predomina la actividad de los ciudadanos sobre el perfil y la personalidad de la urbe. A partir del renacimiento abundan las cartografías y los grabados de algunas ciudades muy peculiares como la Venecia del célebre grabado de Giacopo de Barbaro (1550) o los cientos de grabados con vistas de Roma, la ciudad sagrada de Occidente; pero son obras informativas, mnemotécnicas o documentales sin verdaderas pretensiones artísticas.

Lo opuesto, es decir, las representaciones de ciudades plenamente artísticas, pero sin un correlato geográfico y sociológico, no pertenecen al orden de lo narrativo. Las arquitecturas fantásticas que imaginan los pintores italianos desde el Cuatrocientos no dan a imaginar espacios habitables sino que representan ideas y conceptos, tanto técnicos como filosóficos, aplicables al arte de la arquitectura.

En el siglo XVII sí comienzan a producirse grabados y pinturas de ciudades históricas cuyo carácter es indudablemente paisajístico, con una visibilidad original y propia; el Amsterdam recreado por Vermeer es sólo uno entre cientos de ejemplos posibles. Es lógico que los primeros paisajes urbanos aparecieran en los Países Bajos, una sociedad obsesionada por todo lo relacionado con lo visual; los miles de microscopios, lentes, telescopios, catalejos, planimetrías, mapas, láminas de historia natural, etc. que se produjeron en los talleres de los Países Bajos a lo largo del siglo XVII iban acompañados de las primeras teorías ópticas realmente científicas.[1] Pero Holanda era sólo la aurora de la visibilidad de las ciudades; a partir del barroco, el crecimiento de la ciudad va en paralelo con el crecimiento de lo visual y la expansión de la sociedad ciudadana trae consigo el predominio acelerado de lo visual sobre lo literario, de la imagen sobre la palabra, signo indudable de que la era moderna va sustituyendo los mecanismos simbólicos de la edad media y del gótico.[2]

Con esta minúscula introducción pretendo llamar la atención sobre la temprana aparición de una imagen artísti-

1. Svetllana Alpers, *The Art of Describing*, University of Chicago Press, 1983 (hay versión española).
2. Está todavía por escribir una historia de la ciudad que informe sobre la génesis de su composición visual en el imaginario artístico, y la influencia que las artes tuvieron, a su vez, en la construcción de la ciudad. Por ejemplo, la influencia de la fotografía aérea que comenzó con Nadar hacia 1860.

ca convencional de la ciudad, mientras que en literatura la ciudad no aparece como objeto artístico antes de la expansión de las metrópolis industriales: Londres y París primero, Berlín y Viena más tarde. La construcción de la ciudad en tanto que personaje, alma, espíritu o carácter suele situarse hacia mediados del siglo XIX, cuando todos los románticos europeos se mostraban contrarios al «progreso» de la ciudad industrial, pero Baudelaire, en la colección de poemas en prosa conocida como *Le Spleen de Paris* así como en el artículo sobre *El artista de la vida moderna*, comienza a proponer una personalidad antropomórfica para la ciudad de París. La ciudad, no sus habitantes, aparece en esos poemas como un ser vivo con carácter propio; un carácter tan fuerte como para determinar las vidas de sus ciudadanos.

Pero en el terreno de la novela el primer escritor de gran entidad que dio un tratamiento artístico a una ciudad, es decir, que la presentó como un ser viviente y como protagonista de la narración, fue Dickens. El Londres de Dickens es un sujeto tan activo y responsable de la acción como cualquier otro carácter psicológico y humano de sus novelas. Este animismo urbano se constata ya en las breves viñetas ciudadanas conocidas como *Esbozos de Boz*, pero toma solidez con *Los papeles del club Pickwick*, de 1836. Poco más tarde, en 1842, Eugene Sue comenzaría a publicar sus *Misterios de París* y la ciudad se convertiría, para una inmensa masa de lectores, en un ente animado, con su carácter propio, su comportamiento y sus diferentes barrios como metáforas de los variados estados de ánimo del personaje o según las necesidades de la acción narrativa.

Pero no todas las ciudades tienen la misma fuerza artística. Algunas ciudades son lugares literarios por naturaleza: las grandes capitales ocupan un espacio escenográfico en donde el poder político y financiero carga de fuerza simbólica a los caracteres. El San Petersburgo de Tolstói, la Viena de Musil, el París de Balzac o el Madrid de Galdós se comportan como demiurgos, cada uno con su personalidad propia, y mueven a los humanos por el laberinto de sus calles como si fueran encarnaciones de los distintos aparatos políticos o económicos y de sus conflictos puntuales o históricos.

Es raro, sin embargo, que ciudades no capitalinas tengan una literatura histórica extensa. No es una cuestión de tamaño o de capacidad industrial o económica; hay grandes ciudades como Munich, Hamburgo, Liverpool, Milán, Lyon o Rotterdam, a veces más importantes que muchas capitales, que no han generado una visión simbólica, o bien tienen vacíos históricos considerables.[1] Pero, no habiendo poder político, es muy difícil dar verosimilitud a una trama histórica. En mi opinión, además de las capitales nacionales, gozan de esa peculiaridad ciertas ciudades-estado, como es el caso de algunos centros urbanos italianos cuyo ejemplo más perfecto es Nápoles. Pero hoy me ocuparé de la ciudad que mejor conozco, la de Barcelona.

* * *

El caso de Barcelona es infrecuente. Madrid posee una riquísima literatura capitalina que nos permite seguir su historia (que es la de la España moderna) prácticamente desde su fundación. Y eso es lo habitual en cualquier capital europea: el entramado de poder, dinero e intriga política da verosimilitud específica a sus personajes literarios y a los avatares psicológicos y morales que son el sustento de la novela. Muchas narraciones del Ochocientos cuentan cómo se han construido las modernas naciones europeas tras la Revolución Francesa, mediante el recurso de utilizar una capi-

1. En abril de 1998, un comentarista americano del *New York Review of Books* se asombraba ante la ausencia de novelas protagonizadas por las grandes ciudades del Pacífico norteamericano, lugares que hasta hoy carecen de esa virtud que permite excitar la imaginación de un lector, a pesar de que su imagen lleva tiempo impresa en nuestro imaginario a través del cine y la televisión.

tal como símbolo del proceso en cuyo escenario se resumen acontecimientos sociales e históricos muy complejos.

Así como una caricatura sintetiza procesos de dificilísima explicación, así también los personajes de una novela hacen asequible y atractivo un conjunto de problemas económicos e ideológicos a veces de endiablada dificultad.[1] Un modelo evidente es, por ejemplo, la novela de Balzac *Las ilusiones perdidas,* en la que se explica de un modo perfectamente verosímil y riguroso el inmenso poder que la prensa comienza a adquirir en las ciudades industriales europeas.

Por eso es sorprendente que pueda componerse una historia bastante completa de la ciudad de Barcelona a través de novelas de suficiente calidad literaria, y ello parece indicar que posee un estatuto especial dentro del conjunto de las ciudades industriales. A su manera, Barcelona posee la literatura que le correspondería a una capital, pero sin el entramado de poder a ella aparejado, de tal manera que sus novelas de género histórico o con un fuerte componente histórico, aunque dan cuenta del proceso social y político de la ciudad, poseen a la vez un carácter peculiar, más irónico, distanciado, y sobre todo sumamente melancólico, que las distingue de las novelas parisinas o madrileñas. No hay nunca vencedores, ni de uno ni de otro bando, en las novelas barcelonesas; todas ellas producen una notable sensación de que la lucha es inútil y que el juego social se reduce a una inmensa mentira ya que ni siquiera es posible alzarse con el poder y la gloria, como los personajes de Balzac, de Dickens o de Proust, ni con el triunfo moral, como en las novelas de Galdós. Es esta doble derrota asumida lo que dota a las novelas barcelonesas de una atmósfera tan singular y asfixiante.

Cualquiera que desee hacer el recorrido histórico de la

---

1. Sobre la capacidad de síntesis de la caricatura, *vid.* Ernst Gombrich, *Meditaciones sobre un caballo de juguete,* Seix Barral, 1968. Los procedimientos sintéticos de la caricatura y los de la narración son analógicos, pero no conozco ningún trabajo específico sobre esta cuestión.

Barcelona del siglo XX puede encontrar al menos una buena novela por cada decenio. Yo propongo el siguiente conjunto narrativo, elegido de un modo casi pedagógico, con la advertencia de que la selección obedece al mero entretenimiento y sólo contempla aquellas novelas que he tenido ocasión de leer. Naturalmente hay innumerables novelas junto a éstas, y de la más alta calidad literaria, pero o bien son menos específicas en su descripción del proceso urbano e histórico, como las de Terenci Moix, o bien aún no he tenido ocasión de leerlas, como es el caso, entre muchas otras, de la extensa saga de Luis Goytisolo titulada *Antagonía*. Así pues, el conjunto de novelas que ahora voy a comentar debe tomarse como una invitación a la lectura y no como un trabajo académico.

1900. La primera inmigración rural.

El primer decenio del siglo XX tiene un testigo excepcional: Joan Puig i Ferrater (1882-1956). En su excelente novela *Camins de França* editada en 1934, da una imagen típicamente noventayochista de la Barcelona del despegue industrial, la pobreza del proletariado y la potente burguesía emergente. Es un síntoma de la escasa vertebración hispánica el que esta notable novela no se haya traducido al castellano, pues su autor es muy superior a algunos coetáneos suyos que disfrutan de gran notoriedad.

Puig y Ferrater construye una representación muy exacta y emocionante de cómo malvivía en la ciudad de esos años un muchacho de origen campesino, empujado a la emigración por la miseria y obligado a ejercer oficios menesterosos próximos a la delincuencia. Es la novela del primer aluvión de inmigrantes, los campesinos de las comarcas catalanas arruinadas por los inicios de la mecanización que se asentaban en las proximidades del puerto o en los laberínticos pasillos del barrio gótico. Aquí hace su aparición lo que pronto será el mítico Barrio Chino, tan apreciado por los literatos franceses, junto con una vida portuaria que más tarde desaparecería por completo de las novelas. La miseria, la enfermedad y un tratamiento compasivo del mundo *lumpen* dan a esta novela un aire algo ruso que no es infrecuente en los relatos barceloneses. De hecho, como veremos, es sumamente frecuente.

1910. La implantación de la burguesía.

Eduardo Mendoza (nacido en 1943) ha escrito un espléndido fresco de la Barcelona que se enriqueció con la Primera Guerra Mundial. Es la terrible ciudad de los escuadrones parapoliciales, de los atentados anarquistas, de los patronos que contrataban asesinos a sueldo para liquidar a los líderes obreros en connivencia con el delegado del poder central. Aunque Mendoza utiliza el disfraz de la novela negra, en *La verdad sobre el caso Savolta* (1975) describe con mucho detalle el ambiente ciudadano desde la perspectiva de una familia de la burguesía industrial de reciente enriquecimiento, cuya heredera cae en manos de un cazafortunas. La figura del arribista y sobre todo del arribista que sólo cuenta con sus genitales para alcanzar la fortuna, es otra de las constantes del modelo barcelonés. Sorprende la cantidad de buscadotes que aparecen en las novelas, en consideración de los pocos casos conocidos de braguetazo histórico.

Si a esta novela se le añade *La ciudad de los prodigios* el panorama es entonces completo, pues abarca la historia de la ciudad entre 1888 y 1929, con un extraordinario y divertidísimo capítulo en el que se cuenta la construcción del Ensanche de la ciudad y los métodos especulativos aparejados. Una parodia genial de los capítulos catastrales de *La comedia humana* de Balzac. Mendoza ha novelado toda la etapa previa a la república y en los últimos años también la Barcelona de los años cincuenta. La comparación con Balzac no es gratuita.

1920. El derrumbe de la aristocracia.

Para los felices años 20 no hay mejor novela que *Vida privada* de Josep Maria de Sagarra, editada en 1932. Sagarra (1894-1964) describe con suma acidez los círculos de la aristocracia terminal catalana (los grandes títulos ya habían emigrado a Madrid a lo largo del siglo XVIII) carcomida por la Iglesia y por el vicio, así como los nuevos ricos que dominaban ya la ciudad desde sus industrias aunque todavía carecieran de auténtico prestigio y representación social.

Podría tenerse por un *Gatopardo* de Barcelona, ya que permite vivir desde dentro el derrumbe de los restos de la aristocracia catalana, pero está descrito con la tinta eficaz y cruel del poder industrial y no con el bucólico consuelo del feudalismo agrario, y retrata unos aristócratas degenerados que son lo más opuesto que quepa imaginar del refinado Príncipe de Salina.

En *Vida privada* es muy conspicua la ausencia de política verdadera en la ciudad, lo que produce escenarios muy peculiares en los que sólo interviene el poder del dinero sin apoyo institucional o cortesano. Así por ejemplo, cuando en los capítulos finales de la novela aparece el dictador Primo de Rivera visitando la ciudad, las grandes damas de la ciudad industrial se enzarzan en una pelea grotesca para acceder al espadón que muestra hasta qué punto la sociedad catalana necesitaba espacios de autoridad pública, espacios simbólicos de poder de los que carecía. Sagarra es el primero en mostrar el ruinoso peaje que los dos dictadores de nuestro siglo impusieron a una ciudad que de hecho permanece en hibernación política durante cincuenta años.

1930. La catástrofe.

Los años republicanos tienen su mejor testimonio en la obra de Mercè Rodoreda, pero si hubiera que elegir un título quizás recomendaría *Aloma* antes que *La calle de las camelias*, *El espejo roto*, o la muy famosa (gracias a la televisión) *Plaza del Diamante*. El mundo de Aloma, una muchachita apenas salida de la adolescencia, es el de los años previos a la guerra civil, pero con una peculiaridad: Rodoreda lo observa todo desde los barrios de la pequeña burguesía, desde la atalaya de pueblecitos como San Gervasio, Gracia, Horta o Sarriá que formaban una corona alrededor del corazón de la urbe y que la gran metrópoli industrial todavía no había contaminado. Ni siquiera los ha absorbido completamente en la actualidad.[1]

La de Rodoreda es una república atípica y pone de manifiesto las raíces realmente populares del republicanismo en Cataluña. La historia de Aloma, por ejemplo, triste y sórdida, posee esa atmósfera de extrañeza y sinsentido que es el rasgo más sobresaliente de *El extranjero* de Camus. Los personajes están siempre al borde del suicidio en una agonía prolongada que parece simbolizar la de la misma ciudad y la república entera, porque si la novela de Sagarra describía el hundimiento de la aristocracia, la de Rodoreda describe la derrota de las clases medias republicanas.

Sin embargo, aunque los sucesos políticos, las huelgas y manifestaciones apenas figuran como telón de fondo de unos personajes sin horizonte ni fuerzas para inventarlo, el final es sorprendentemente esperanzador. Aloma no se mata y cuidará de su hijo, nacido de una relación casual y estúpida, aunque deba hacerlo, como su propia autora, en el exilio, ya que la muchachita será desahuciada de su casa en los albores de la guerra civil y enviada a un destino espeluznante; una premonición de la expulsión y el exilio de los republicanos catalanistas, tras la entrada en Barcelona de los ejércitos franquistas y sus representantes catalanes y no catalanes. La novela se publicó pocos meses antes de la rebelión militar.

1936-39. La guerra.

Mención aparte merecería la Barcelona de la guerra civil, sea desde el bando republicano, como por ejemplo en *Incerta gloria* de Joan Sales, o desde el franquista con *Los cipreses creen en Dios* de J. M.ª Gironella, otra novela tan extensa como pesada; o bien a partir de algún título de Manuel Vázquez Montalbán; pero este ejercicio precisaría su propio capítulo y no podemos desarrollarlo ahora. La es-

---

1. Yo recuerdo a mis familiares que vivían en la zona norte de San Gervasio, en la frontera con Sarriá, utilizar la fórmula «bajo a la ciudad» cada vez que iban a la Diagonal o al Paseo de Gracia, es decir, a dos paradas de metro. Y eso todavía en los años ochenta.

pantosa situación que se vivió en Barcelona durante el período del terror negro y rojo sólo ha merecido hasta ahora relatos comprometidos con una u otra ideología, tan parciales que impiden una lectura objetiva. Todavía no se ha escrito una novela convincente sobre los años de la revolución y la guerra civil en Barcelona.

1940. La destrucción de las clases medias.

Tampoco se ha publicado todavía una novela de suficiente entidad sobre la Barcelona de los años 40, de la miserable posguerra, de la inmigración, de la miseria y de la represión fascista. En 1997 se publicó *L'Àngel de la segona mort*, de Julià de Jòdar, un escritor nacido en 1945, primera parte de una trilogía que quiere dar cuenta de ese período en el que las masas de emigrantes pobres comenzaron a poblar la ciudad derrotada. Será curioso leer el último volumen porque Jòdar, hijo de inmigrantes, es hoy un nacionalista radical, como tantos otros «nuevos catalanes»; un ejemplo perfecto de aquellos hijos de la inmigración que rechazan sus orígenes y defienden una «identidad» que de hecho no es la de sus parientes más próximos. De momento, el primer volumen es demasiado confuso para servir de modelo y habrá que esperar a las próximas entregas.

Pero es muy instructivo comparar la novela del inmigrante pobre y cargado de esperanza que llega a Barcelona en los años 40, con la de una pequeña burguesía que por esos mismos años vivía en la Barcelona franquista y se supone que había ganado la guerra. La novela *Nada*, de Carmen Laforet, muestra el universo sórdido, cerrado, asfixiante, de una familia que ha sobrevivido a la guerra pero sucumbe a la posguerra. Se editó en 1944 y retrata con verosimilitud un grupo de personajes ruinosos y medio locos que habitan el mundo muerto de los vencedores pobres. Su propia frustración, su odio, les empuja a matarse entre ellos con una violencia casi expresionista, y en consecuencia es la novela más rusa de todo el conjunto.

Aunque está escrita con la torpeza de un adolescente (la

304

autora contaba entonces veinte años de edad) posee una genial intuición literaria. Los personajes son artistas absurdamente exagerados, maridos de una violencia psicopática, mujeres enigmáticas o amargadas, ancianas angélicas, en fin, un conjunto de clichés, un melodrama que por milagro resulta inolvidable. Es, además, el modelo mismo de la «novela de Barcelona». La heroína, situada en el centro geográfico de la ciudad, en la calle Aribau más o menos a la altura de Aragón o Mallorca, hace de enlace entre el maligno mundo del sur y el poderoso e hipócrita mundo del norte; entre el perverso Barrio Chino y el refinado Pedralbes, un esquema que se observa en casi todas las novelas históricas barcelonesas. Y por supuesto el enlace entre ambos mundos, además de la joven protagonista que actúa de mero testigo, es un cazafortunas.

Yo diría que *Nada* es el perfecto complemento de *Aloma:* si en este último se asiste a la destrucción de la pequeña burguesía catalanista, en el libro de Laforet vemos el derrumbe del otro bando, la pequeña burguesía católico-fascista, la cual no por haber apoyado el nacional-catolicismo se vio libre de la ruina y la miseria.

1950. Los charnegos.

Opuesto a los dos anteriores es el caso de Juan Marsé, cuya célebre novela *Últimas tardes con Teresa*, de 1966, es un relato irónico y lúcido sobre los deseos y la imposibilidad de integración de un charnego que trata de ligar con una pija.[1] Utilizando una ironía próxima al sarcasmo, Mar-

1. Para quienes lo ignoren, «charnego» era el apelativo injurioso con el que los nacionalistas catalanes designaban a los inmigrantes pobres de Murcia o Andalucía. Los «pijos» eran los hijos de las familias dirigentes, casi todas partidarias del franquismo, los cuales también llamaban «charnegos» a los charnegos. Buena parte de la política barcelonesa no se comprende sin los múltiples resentimientos sociales que se entrecruzan entre herederos de los charnegos integrados y los hijos de la pijería españolizada o desclasada, así como los innumerables matrimonios entre charnegos y nacionalistas, nacionalistas y pijos, pijos y charnegos, etc. La desintegrada izquierda catalana no ha podido resolver este problema de castas hindúes.

sé presenta toda una serie de tipos de los años 60, desde el izquierdista universitario hasta la burguesa que no renuncia a sus privilegios pero se siente sexualmente atraída por el inmigrante sureño, tan exactos como enternecedores. Pero el alma de la novela es el retrato de esa gente nueva, la sangre «forastera» capaz de acabar con la exangüe, colaboracionista e hipócrita burguesía catalana de posguerra. La acción comienza en una verbena de San Juan de 1956 y el pobre charnego se verá en la obligación de hacerse pasar por un obrero comprometido en la resistencia comunista para así poder acceder a la codiciada Teresa. Una vez más el sur aspira a penetrar en el norte. Y nunca mejor dicho. Pero el mundo del norte sólo admite al inmigrante si se disfraza de comunista, es decir, si acepta las reglas de juego de la burguesía. Una exigencia que no ha variado con el tiempo.

Si bien la pujanza sexual del inmigrante no llega a introducir sangre nueva en la vieja estirpe catalana, como proponía Gil de Biedma en sus poemas, se adivina que tarde o temprano lo conseguirá. En esta novela, aunque el protagonista fracasa en su intento por acceder a la burguesía catalana, se advierte que los inmigrantes van abriéndose camino esforzadamente y pronto se integrarán sin dificultades. Incluso sin necesidad de satisfacer a las bellas herederas.

1960. El final de un régimen.

No creo que exista todavía una novela suficientemente convincente sobre la Barcelona del franquismo terminal, el de la *gauche divine* y el de la resistencia izquierdista. La dificultad de que aparezca es grande. El conflicto nacionalista ha dividido a la sociedad literaria en dos conjuntos que se ignoran mutuamente, pero tanto los jóvenes autores en catalán como en castellano (Pàmies, Monzó, Palol, Vila-Matas, Fernández Cubas, Moret, etc.) suelen elegir localizaciones abstractas o territorios extranjeros para sus novelas. Y cuando aparece Barcelona, lo hace sin pretensión de singularidad, como cualquier ciudad del mundo, como mero escenario convencional.

Sólo por esta razón, y para justificar mi presencia en este lugar, les propongo una novela mía, *Diario de un hombre humillado,* editada en 1976. En ella utilicé distintos ámbitos ciudadanos para cada momento en el desarrollo del protagonista, el cual trata de convertirse en un marginal sin conseguirlo y fracasa como todos los personajes de las novelas barcelonesas. Podría resumir la novela como el intento desesperado de un hombre relativamente educado por encontrar una vida digna de vivirse en los bajos fondos de Barcelona, la peripecia de un desclasado al que el mundo acomodado y farisaico de la sociedad burguesa que hace negocio con el franquismo ha situado al borde del suicidio. Una especie de inversión de *Últimas tardes con Teresa,* ya que en mi novela es el habitante del norte quien acude al sur en busca de salvación. Con tanto éxito en su empresa como el charnego.

El protagonista se pasea por la ciudad, desde Vallcarca hasta el inevitable Barrio Chino, desde el Putxet hasta Pedralbes, en donde vive El Chino, un delincuente profesional al que trata de imitar ahondando en lo que él denomina «la banalidad». Sus pesquisas son más ridículas que heroicas y acaban cuando se convence de que la vida del delincuente es más ordenada y burguesa, lleva una contabilidad más profesional y tiene unos principios de orden más fuertes que la misma burguesía franquista. El enlace entre el norte y el sur descubre que ambos mundos son el mismo.

El fin del modelo.

En resumidas cuentas, las novelas de Barcelona poseen un fuerte carácter propio y describen un espacio diferenciado del de otras novelas urbanas capitalinas en donde el poder político, mediático y económico acompaña y da verosimilitud sociológica a los personajes. Las novelas de Barcelona forman por sí mismas un conjunto bastante coherente, tanto en catalán como en castellano, y están pidiendo un estudio que las analice con todo rigor.

Su elemento formal más sorprendente es la presencia de ese personaje que trata de poner en comunicación la parte alta y la parte baja de la ciudad, iniciando un juego de espejos en el que los malos son los buenos y los buenos acaban mostrándose perversos, lo que implica un alto grado de moralismo. La ciudad se presenta como un organismo único escindido mentalmente en un Dr. Jeckyll educado y burgués, vecino del Ensanche o de los barrios del norte, generalmente catalanista y culto; y un Mr. Hyde agresivo, salvaje, medio loco, un inmigrante criminoide o estúpido que malvive en el sur. Pero, como en el cuento de Stevenson, siempre es el delincuente, el inmigrante, el charnego, el criminal quien posee la verdadera conciencia de lo real y por ello mismo la justificación moral, en tanto que su desdoblado oponente se refugia en un sueño de seguridad, opresión y control en el que arrastra una fría existencia de cadáver social. Por supuesto, carece de vida sexual.

La estructura urbana de la ciudad, tan clara y racional, con sus barrios burgueses empinándose hacia el norte a cien mil pesetas el palmo por metro de ascenso, facilita enormemente este juego metafórico. La ausencia de instituciones políticas da al dinero una fuerza inusitada, así que todos los conflictos parecen sólo monetarios y muy rara vez se elevan por encima de la pura exposición de una ruina empresarial o individual. Pero la obsesión dineraria no es la continuación de una caricatura arcaica, la presunta avaricia de los catalanes, sino el único correlato simbólico, el único signo comprensible de poder, en una metrópoli cuya potencia social no se corresponde con su insignificancia política. Y esa rareza es el resultado de una real y verdadera represión que ha durado siglos y que ha dejado a la ciudad sin instituciones propias hasta hace poco más de veinte años.

Sin embargo, es posible que debamos marcar un punto final para este modelo ya que todo lo expuesto sólo sirve para novelas que hablan de la Barcelona anterior a los años 80. A partir de esa década la aparición y el desarrollo de instituciones propias, emanadas de la Generalitat, comienzan a transformar el panorama social y urbano, de tal manera que en la actualidad sería posible ya una novela en cuya trama aparecieran espías, abogados bien conectados con ministros, lobbies internacionales, altos funcionarios corruptos, grupos de presión con tentáculos en el gobierno, o incluso crímenes de Estado, es decir, una simbología de tipo capitalino que nos aproximaría a la novela parisina, londinense o madrileña.

La transformación del alma de la ciudad ha coincidido con la transformación de su cuerpo, como no podía ser de otra manera. Los Juegos Olímpicos y el gobierno municipal de Maragall transformaron tan profundamente y con tanta intensidad el imaginario de la ciudad que no es extraño que los jóvenes se sientan desconcertados y no sitúen sus novelas en una Barcelona concreta. En la actual Barcelona el sur ya no es el mal, el vicio y la miseria, sino el lujo, el ocio y el turismo, y las ciudades de la periferia urbana como San Cugat o Badalona están tomando el relevo de la vieja ciudad histórica como centros de la marginación, el crimen y la inmigración africana. Los recientes barrios situados junto al mar, como Nueva Icaria, con su población de jóvenes burgueses bien situados, han destruido el viejo modelo que vivía mirando hacia la montaña del Tibidabo. Nadie sabe, por lo tanto, en qué lugar simbólico se colocan ahora el Mal, el Bien, la Riqueza, la Inocencia o la Perversión. La ciudad ha perdido sus señas de identidad seculares e incluso el mar, que durante un siglo no aparece en la literatura barcelonesa, comienza ahora a apuntar como espacio de diversión caribeña, con sus rubias tostadas y sus surfistas. El modelo de la ciudad, cada vez más escorado hacia Miami, Niza o Montecarlo, anuncia inmensas posibilidades narrativas, sobre todo en la serie negra.

Pero para que la nueva Barcelona recobre una imagen literaria verosímil, harán falta varias generaciones de escritores rigurosos que vayan trabajando la nueva figura de la metrópoli y definiendo sus nuevos centros simbólicos. Y sólo Dios sabe si para entonces aún se escribirán novelas.

(Conferencia dictada en Roma en la primavera de 1998.)

Las ciudades son más duraderas que sus habitantes. Los ciudadanos mueren sin previo aviso, con buen ánimo las más de las veces, persuadidos de que no serviría para nada dar la lata o buscar algo de compasión. ¿Quién, en la ciudad, atendería su lamento? Lo más probable es que llamaran a la policía.

Pero si bien las ciudades son longevas, las ciudades sólo nacen gracias a unos pocos ciudadanos que las inventan. No es cierto que las ciudades sean el producto de todos sus habitantes, así como un cocido es el resultado de cuanto se le echa al puchero. La mayor parte de los ciudadanos viven en su ciudad como podrían vivir en cualquier otro lugar o debajo de un pino. Nada, excepto la supervivencia, les importa, y por lo tanto la ciudad es para ellos una glándula mamaria de hormigón armado. No vaya a creerse que ese nivel de mera subsistencia es cosa de pobres; quienes más viven de ese modo animal y bullicioso, que toma caracteres dantescos los fines de semana, son, justamente, los trivialmente ricos.

Algunos ciudadanos, sin embargo, aceptan su condición de inventores y con notable fatiga inventan una ciudad. Eso hizo Dickens con Londres, Musil con Viena, Joyce con Dublín, Scott Fitzgerald con Nueva York, Pérez Galdós con Madrid, Balzac con París y tantos otros con otras tantas ciudades. Tampoco son tantas. No exageremos. Son tan sólo medio centenar.

Aquellas ciudades que no han contado con un inventor sufren el hastío de la temporalidad sin fin y viven escupidas de la vida del espíritu. En ellas se puede uno encontrar muy a gusto. Es posible que la vida en Mindanao o en Luxemburgo sea algo prodigioso, pero no podemos *imaginarlo*, de manera que lo negamos rotundamente. En cambio sí podemos imaginar la vida, diminuta pero alzada sobre coturnos trágicos, de un pequeño pueblo siciliano, gracias al príncipe de Salina.

Barcelona ha tenido y sigue teniendo un buen número de inventores. Es quizás la ciudad española más inventada si tachamos las policromías artesanales de Sevilla. Hay una Barcelona de Pla y otras de Gaziel; una de Puig y Ferrater, pero otra de Soldevila; también hay una Barcelona de Mandiargues, de Orwell, de Simon, y así sucesivamente.

Pero de todas ellas la más convincente hasta la fecha es la de Sagarra porque se limita a un punto de vista exacto y duro como el diamante. Los restantes inventores han acudido a una fantasía casi aérea, con panorámicas tremendas sobre la totalidad de la población, abarcando todo el recinto urbano en un impresionismo oceánico. O bien han presentado una Barcelona de aspecto exótico, como Puig y Ferrater, cuya Barcelona se parece al Madrid de Baroja. O como la de Soldevila, que parece Montpellier.

Sagarra, en cambio, agarró por el cuello un segmento en extinción, la pequeña nobleza y la alta burguesía de preguerra, y logró proponer un cuadro (clínico) de tal exactitud que todavía hoy es pertinente. Porque aquellos aristócratas se extinguieron, pero los actuales propietarios de la finca catalana se comportan exactamente igual, lo que quiere decir que Sagarra tocó una fibra eterna y no sólo sociológica del músculo barcelonés. Esa fibra bronca, de voz áspera, untuosa como un párroco faldero; fibra morena y correosa que mira con sonrisa satisfecha al violinista del metro y le arroja dos pesetas desde la altura beocia de un cigarro puro.

Dada la velocidad con la que Barcelona se precipita en el sepulcro de las ciudades prescindibles, novelas como la de Sagarra nos recuerdan que una vez, hace ya muchos años, hubo una Barcelona totalmente ajena a las subvenciones y a las cuchilladas entre burócratas.

(Cansinos es a Madrid lo que Sagarra es a Barcelona. Este breve apunte fue uno de los prólogos de la edición castellana de *Vida privada* de Josep Maria de Sagarra. Anagrama, 1994.)

ÍNDICE

COLECCIÓN ARGUMENTOS